21世纪中国语言文学系列教材

《现代汉语》练习与参考

XIANDAI HANYU LIANXI YU CANKAO

张谊生　主编

中国人民大学出版社
· 北京 ·

前　言

本书包括《现代汉语》教材练习、参考答案和现代汉语参考资料，是《现代汉语》教材的辅导材料、参考材料。

本书的练习和参考答案由教材编写者撰写，具体分工如下。

张谊生：绪论；

皇甫素飞：语音；

余颖：文字；

白云：词汇；

樊中元：语法第一至三节；

宗守云：语法第四至八节；

韩蕾：语法第九节；

宗守云：修辞。

需要指出的是，本书的统稿阶段，宗守云老师付出了大量心血。此外，上海师范大学汉语言文字学专业研究生胡培培、刘卫也作出了一定的贡献，她们不仅增补了语音、语法、修辞部分的填空题和选择题，还对全书的内容、体例进行了统一处理。

本教材的“参考资料”部分总共提供了八份参考资料。这八份资料都是由皇甫素飞、余颖、宗守云负责收集整理的，这些资料都有很高的实用价值。

张谊生

2013 年 4 月 14 日

目　　录

第一部分　练习

第二部分　参考答案

第三部分　参考资料

第一部分　练习

绪论

简答题

1. 请从研究目的和研究方法两个角度谈谈语法学的类型。
2. 语言符号的系统性表现在哪些方面?
3. 简述历史比较语言学、结构主义语言学在语言史上的地位和作用。
4. 什么是语言?什么是言语?指出二者的联系与区别。
5. 为什么说语言是人类最重要的交际工具?
6. 为什么说语言是思维的工具?
7. 什么叫外部言语、内部言语?二者之间有什么关系?
8. 谈谈汉语音节、语素、汉字三者之间的关系。
9. 对于现代汉语离合词的性质,应该怎样认识?
10. 为什么说汉语动词是一种复杂的词类?其复杂性表现在哪些方面?

第一章 语音

第一节 语音概说

一、填空题

1. ________是语言的物质外壳，是语义的表达形式。

2. 语音具有物理、________、________和________四种基本属性，其中，________是语音的本质属性。

3. 人的发音器官可分为三个部分：发音体、________、________。

4. 语言中音义的结合是全体社会成员________的。

5. 在拉丁字母的基础上根据“一个符号一个音素，一个音素一个符号”的原则创制出的国际通用的一套记音符号是________。

6.《汉语拼音方案》分为五部分：________、声母表、韵母表及说明、声调符号、________。

7. 用一个比较容易认识的汉字来给另一个汉字注音的注音方法是________。

8. 从组成音节的成分而言，汉语字音（音节）由________、________和________三个部分组成。

9. 音位是一个语音系统中________的最小语音单位。

10. 音节是由音素（或音位）构成的语音片断，是________的最小语音单位。

二、选择题

1. 音素是人类语音从（　　）角度划分出的最小语音单位。

A. 音高　　B. 音长
C. 音强　　D. 音色

2. 汉语里有几种声调、语调的不同，主要是由（　　）的相对不同变化决定的。

A. 音高　　B. 音长
C. 音强　　D. 音色

3. 语言中的轻音、重音是由（　　）不同所致。

A. 音高　　B. 音长
C. 音强　　D. 音色

4. 造成不同音色的条件不包括（　　）。

A. 发音体不同　　B. 发音方法不同
C. 发音部位不同　　D. 共鸣腔形状不同

5. 元音和辅音最主要的区别是（　　）。

A. 受阻与否　　B. 紧张度
C. 气流强弱　　D. 响度

6. 人耳有较强的语音分辨能力。人们能区分普通话不同的元音、辅音及声调。通过训练，这种分辨能力还可以提高。这是语言中（　　）属性的表现。

A. 物理　　B. 生理
C. 心理　　D. 社会

7. 下列关于现代汉语普通话中音节和汉字的关系中，正确的是（　　）。

A. 汉语普通话中有两个汉字对应一个音节的，也有两个音节对应一个汉字的情况。
B. 汉语普通话中有用两个汉字表示一个音节的现象。
C. 汉语普通话中有两个音节对应一个汉字的情况。
D. 汉语普通话中一个汉字就表示一个音节。

8. 表示“肯定”这一概念意义，汉语的语音形式是 shì [ʂʅ^{51}]，英语是 yes [jes]，法语是 oui [wi]，俄语 да 是 [da]，德语是 ja [ja]。这是因为语言具有（　　）。

A. 物理性　　B. 生理性
C. 心理性　　D. 社会性

三、简答题

1. 动物的鸣叫声能传达某些信息，这也可以称为“语音”吗？
2. 《汉语拼音方案》有哪些主要使用领域？
3. 汉语拼音方案同以前的注音方法相比有什么优点？
4. 国际音标与汉语拼音有哪些不同？
5. 谈谈汉语拼音字母和普通话音素的关系。
6. 人们是怎样分辨声音的？为什么听到猫叫的声音不会误认为是狗叫？人耳为什么能分辨不同的声母、韵母？

四、分析与操练题

试分析下列现象。

1. 响鼓还得重槌敲。
2. 舌头是最灵活的器官，在发音中起很大的作用。
3. 同样是“春天”，汉语叫 chūntiān，英语叫 spring。

4. 上海话、长沙话没有 zh、ch、sh。

第二节 辅音和声母

一、填空题

1. 辅音的不同是由__________和__________两方面所决定的。

2. 普通话共有声母__________个，其中辅音声母__________个，零声母__________个。

3. 辅音发音时气流在发音器官受到阻碍的位置，叫“__________”。辅音发音时喉头、口腔和鼻腔节制气流的方式和状况，叫“__________”。

4. 辅音的发音方法可以从____________________、声带振动与否及__________________等三个方面来观察。

5. 根据发音时声带是否振动，可以把声母分为__________和__________。

6. 根据发音时呼出气流的强弱，可以把声母分为__________和__________。

7. 声母“f”的发音特征是__________、清、__________。

8. 声母“m”的发音特征是__________、__________、鼻音。

9. 声母“r”的发音特征是__________、__________、__________。

10. 普通话中不能做声母的辅音是__________。

二、选择题

1. 按照发音部位，普通话辅音 j、q、x 是（　　）。

A. 舌尖前音　　B. 舌尖后音　　C. 舌面前音　　D. 舌面后音

2. 按照发音部位，普通话辅音 d、t、n、l 是（　　）。

A. 舌尖前音　　B. 舌尖中音　　C. 舌尖后音　　D. 舌面前音

3. “zuo yige youliyu renmin de ren”（做一个有利于人民的人）这句话中一共有（　　）个辅音声母。

A. 5　　B. 6　　C. 7　　D. 8

4. 普通话中浊辅音有（　　）。

A. l、m、n、r、x　　B. f、h、m、r、ng

C. f、h、n、ng、l　　D. n、ng、l、m、r

5. 发音特征是“舌面后、清、擦音”的声母是（　　）。

A. h　　B. g　　C. x　　D. sh

6. 发音特征是“舌面前、送气、清、塞擦音”的声母是（　　）。

A. j　　B. q　　C. z　　D. c

7. 发音特征是“舌尖前、不送气、清、塞擦音”的声母是（　　）。

A. z　　B. c　　C. d　　D. t

8. 声母“n”与“l”的区别在于（　　）。

A. 发音部位不同　　B. 形成和解除阻碍的方式不同

C. 声带是否颤动不同　　D. 气流的强弱不同

三、简答题

1.《汉语拼音字母表》中不包括哪些声母？为什么？

2. 鼻音 m、n、ng 都是软腭下垂，气流振动声带从鼻腔中透出成声，为什么会形成不同音色的辅音？

四、分析与操练题

1. 根据所提供的发音部位和发音方法，写出相应的普通话辅音。

（1）舌面后不送气清塞音

（2）唇齿清擦音

（3）舌尖中浊鼻音

（4）舌尖后不送气清塞擦音

（5）双唇浊鼻音

2. 根据所提供的声母，写出它们的发音条件。

（1）l　（2）r　（3）c　（4）h　（5）q

3. 试将普通话的 22 个辅音分别用汉语拼音字母和国际音标写出来。

4. 写出并读准下面《采桑歌》中每个字的声母，并按发音部位重新排列。

春日起每早，采桑惊啼鸟。

风过扑鼻香，花落知多少。

5. 怎样分析辅音？请画一个简表把辅音填上。

6. 发音操练。

（1）零声母音节吐字练习

恩爱　按语　艾叶　婴儿　诱饵　洋溢　野营　阴影　译文　异物　因为　引文

晚安　威望　玩味　委婉　余额　昂扬　遨游　烟雾　演绎　仰卧　影院　应邀

（2）声母对比辨别练习

zh—z	主力—阻力	终止—宗旨	志愿—自愿	支柱—资助
ch—c	出操—粗糙	蝉联—残联	成精—曾经	插嘴—擦嘴
sh—s	近视—近似	师长—司长	特赦—特色	树木—肃穆
b—p	败兵—派兵	步子—铺子	辫子—骗子	布面—铺面
d—t	肚子—兔子	淡化—碳化	调动—跳动	读书—图书
g—k	跪拜—溃败	关心—宽心	天公—天空	烛光—竹筐
zh—ch	摘除—拆除	质问—斥问	直到—迟到	住所—处所
j—q	集市—骑士	尖子—签子	揭开—切开	长江—长枪
z—c	坐落—错落	字迹—刺激	子弟—此地	自序—次序
n—l	男衣—蓝衣	腻子—栗子	年薪—连心	大怒—大陆
r—l	天然—天蓝	乳汁—卤汁	如—卢	润—论

（3）声母综合训练

删繁摘要　老师指示　平时重视　自己支撑　口齿清晰

沙皇时代　恃势压榨　驱逐豺狼　制止战争　插翅难溜

施展本事　翻天覆地　呼风唤雨　回光返照　矢志不渝

（4）绕口令练习

A. 念一念，练一练，n、l 的发音要分辨。l 是边音软腭升，n 是鼻音舌靠前。你来

念，我来练，齐努力，攻难关。

B. 老龙恼怒闹老农，老农恼怒闹老龙。农怒龙恼农更怒，龙恼农怒龙怕农。

C. 八百标兵奔北坡，北坡炮兵并排跑。炮兵怕把标兵碰，标兵怕碰炮兵炮。

D. 调到敌岛打特盗，特盗太刁投短刀。调到狄岛打大盗，大盗太刁投短刀，挡推顶打短刀掉，踏盗得刀盗打倒。

E. 哥挎瓜筐过宽沟，过沟筐漏瓜滚沟。隔沟挎筐瓜筐扣，瓜滚筐空哥怪沟。

F. 四是四，十是十。四十是四十，十四是十四。谁能说准四十、十四、四十四，谁来试一试。谁说十四是四四，就罚他说上十四次。谁说四十是细席，就罚他说上四十次。

G. 风吹花飞，灰飞花上花堆灰。风吹花灰灰飞去，灰在风里飞又飞。

H. 小金到北京看风景，小京到天津买纱巾。看风景，用眼睛，还带一个望远镜；看纱巾，带现金，到了天津把商店进。买纱巾，用现金；看风景，用眼睛。巾、金、京、津、睛、景都要读标准。

（5）句段朗读

A. 现在正是枝繁叶茂的时节。这棵榕树好像在把它的全部生命力展示给我们看。那么多的绿叶，一簇堆在另一簇的上面，不留一点缝隙。翠绿的颜色明亮地在我们的眼前闪耀，似乎每一片树叶上都有一个新的生命在颤动，这美丽的南国的树！

B. 将圆未圆的明月，渐渐升到高空，一片透明的灰云，淡淡的遮住月光，田野上面仿佛笼起一片轻烟，股股脱脱，如同坠入梦境。晚云飘过之后，田野上烟消雾散，水一样的清光，冲洗着柔和的秋夜。

C. “大音希声，大象无形”，绚烂之极而归于平淡。

第三节
元音和韵母

一、填空题

1. 现代汉语普通话中韵母有__________个，元音只有__________个，元音中单元音有__________个，复元音有__________个。

2. 单元音就是发音时口形（包括________、________和________）始终不变的元音。

3. 单元音又可以分为__________、舌尖元音、__________三大类。

4. 元音发音时，舌头收紧而隆起的最高点，舌头较高的部位叫“__________”，口腔开合的程度叫“__________”。

5. 舌位滑动的过程叫“__________”。

6. 根据主要元音所处的位置，可以把复元音分为三类：__________元音、__________元音、__________元音。

7. 普通话的韵母按结构可分单元音韵母、复元音韵母和________三类；按韵母开头的元音发音口形，又可分开口呼、________、合口呼、________四类，简称“________”。

8. 根据韵母韵尾的不同，可以把普通话韵母分为无韵尾（开尾）韵母、__________韵母和__________韵母三类。

9. 就韵母内部的结构而言，韵母的结构可分为韵头、__________、__________三部分，凡韵母必须有__________。

10. 以 i、u、ü 开头的零声母音节，拼写时开头都用了 y 或 w，y 或 w 是__________。

二、选择题

1. 发音情况是“舌面、前、半低、不圆唇元音”的单元音是（　　）。

A. ê　　B. e　　C. ɑ　　D. i

2. 发音情况是“舌尖前、高、不圆唇元音”的单元音是（　　）。

A. -i [ɿ]　　B. er　　C. i　　D. -i [ʅ]

3. 发音情况是“舌面、后、高、圆唇元音”的单元音是（　　）。

A. o　　B. ɑ　　C. u　　D. ü

4. 复元音韵母有（　　）个。

A. 10　　B. 13　　C. 15　　D. 16

5. u 和 ü 的区别在于（　　）。

A. 舌位的高低不同　　B. 舌位的前后不同

C. 唇形的圆展不同　　D. 舌面舌尖的不同

6. 下列（　　）组都是中响复元音。

A. iɑ、ie、uɑ、uo、üe　　B. ɑi、ei、ɑo、ou

C. iɑo、iou、uɑi、uei　　D. iɑ、iɑo、ei、uei

7. “zuo yige youliyu renmin de ren”（做一个有利于人民的人）中一共有（　　）个韵母有韵尾。

A. 3　　B. 4　　C. 5　　D. 6

8. 下列（　　）组字的韵母都是后鼻音韵母。

A. 能、仍、灵、堂　　B. 真、京、空、争

C. 刚、津、从、翁　　D. 谈、梦、凭、星

9. 下列（　　）组字的韵母都是撮口呼韵母。

A. 云、圆、女、努　　B. 宽、聚、卷、训

C. 鱼、宣、旅、句　　D. 快、无、夸、狂

10. “被、包、摘、占、崩”等汉字中的韵母属于（　　）韵母。

A. 合口呼　　B. 撮口呼　　C. 齐齿呼　　D. 开口呼

三、简答题

1. 单韵母和复韵母的发音有什么不同？

2. 舌面元音和舌尖元音的主要区别是什么？

3. 什么是合辙押韵？押韵的韵和普通话的韵母有什么不同？请举例说明。

四、分析与操练题

1. 默写舌面元音图，标出普通话的七个舌面元音的位置。

2. 列表分析下列各韵母的内部结构，然后按“四呼”归类。

军队　师资　弯曲　围困　英雄　蓊郁　叶片　绞痛

3. 发音操练。

（1）练习韵母的发音，注意它们的异同

i—ü	气味—趣味	移民—渔民	拟人—女人	意见—预见
ai—ei	分派—分配	排练—陪练	小麦—小妹	排场—赔偿
uai—uei	甩手—水手	歪斜—威胁	怪人—贵人	外来—未来
ao—ou	考试—口试	牢房—楼房	稻子—豆子	口哨—口授
iao—iou	谣言—油盐	生效—生锈		
an—ang	水潭—水塘	烂漫—浪漫	施展—师长	寒天—航天
ian—iang	兑现—对象	坚持—僵持	简易—讲义	演化—氧化
en—eng	慎行—盛行	门面—蒙面	分泌—蜂蜜	分数—枫树
in—ing	信服—幸福	频繁—平凡	亲生—轻生	林立—伶俐
ian—üan	皮件—疲倦	潜力—权力		
ie—üe	竭力—角力	猎取—掠取	切实—确实	
ün—iong	因循—英雄	晕车—用车		
uan—uang	完全—王权	手腕—守望	机关—激光	观音—光阴
uen—ong	水准—水肿	滚开—拱开	浑水—洪水	春天—冲天
uen—ueng	余温—渔翁			

(2) 朗读下列短文

A. 清代著名书画家郑板桥晚年才有一个儿子，十分高兴。但是他对儿子从不溺爱，而是经常通过各种方法培养儿子的自立能力。他在临终时，叫儿子亲手做几个馒头给他吃。当儿子做好馒头端到他床前时，郑板桥已经咽气了。儿子悲痛地大哭，突然，他看到茶几上有一张郑板桥早已写好的字条，上面写道："流自己的汗，吃自己的饭；自己的事情自己干，靠天靠人靠祖宗，不算是好汉。"这是郑板桥临终前的遗嘱，也是给儿子上的最后一堂"自立"课。

B. 我珍惜每一个清新的早晨。我珍惜每一个宁静的黄昏。我珍惜每一朵蓓蕾、每一片绿叶、每一声虫鸣。——我珍惜大自然点点滴滴的馈赠。

我珍惜时代为我提供的每一级台阶，我珍惜事业为我打开的每一扇大门。

我珍惜成功的经验，我珍惜失败的教训。我珍惜痛苦的记忆，我珍惜欢乐的情景。——成功与失败，痛苦与欢乐，都将融进我的血肉，陪伴我去书写更充实的人生。

我珍惜，珍惜生活的每一个片断、每一个进程。我珍惜，珍惜人生每一次坎坷、每一步奋进。

C. 新年将至，他却没有欢乐；也就在这时，他收到了一张贺年卡。这令他意外。

妻子去世一个月来，他始终无法从痛苦中挣脱。他冷漠地对待这个世界，消极地生活。

贺年卡的封面图案很简单，洁白的纸上画着一片绿色的叶子，叶子上方印着五个字："默默的祝福"。打开贺年卡，他却没有看到寄卡人的姓名，只有钢笔写的几行字——"别去猜我是谁，也不必去寻找。只要你知道，这世界上有人在默默地祝福你。生活依然美好，依然充满热情，依然充满爱。新年与你同在！"

(3) 读准下面的绕口令

A. 扁担长，板凳宽，扁担没有板凳宽，板凳没有扁担长，扁担绑在板凳上，板凳不让扁担绑在板凳上，扁担偏要绑在板凳上。

B. 真冷、真冷、真正冷，猛的一阵风，更冷。说冷也不冷，人能战胜风，更能战胜冷。

C. 粉红墙上画凤凰，凤凰画在粉红墙。红凤凰，粉凤凰，粉红凤凰花凤凰。

D. 同姓不能念成通信，通信不能念成同姓。同姓可以互相通信，通信不一定是同姓。

第四节 声调

一、填空题

1. ________是指声调的实际音值或读法，也就是依附在音节里高低升降的音高变化的固定格式。

2. ________是用五度竖标来标记相对音高走势的一种方法。

3. 调类指________的种类，即把一种语言或方言里调值相同的字归纳在一起所建立的类。

4. 普通话有四种基本调值，就有________、________、________、________四个调类。

5. ________即声调的类型，指声调高低、升降的变化模式。

6. 现代汉语普通话的声调与古汉语语音的声调相比最明显的变化是________消失。

7. 古代诗词讲究平仄，其中"仄"指古四声中________的总称。

8. 普通话四声的调值分别用声调符号"________"、"________"、"________"、"________"来标示。

二、选择题

1. 下列关于古今调类的历史演变情况的描述不正确的是（　　）。

A. 平分阴阳　　B. 浊上归去　　C. 入派三声　　D. 入派四声

2. 下列（　　）组字都是阳平字。

A. 残、惭、馋、搀　　B. 呈、程、逞、橙

C. 除、厨、橱、雏　　D. 蓝、篮、滥、栏

3. 下列（　　）组字声调完全相同。

A. 娄、搂、缕、屡　　B. 甫、浦、辅、缚

C. 非、绯、菲、霏　　D. 风、疯、枫、讽

4. 下列（　　）组字的声韵相同调不同。

A. 喻—渝　　B. 矮—蔼　　C. 娇—胶　　D. 续—旭

5. 声调四声不全的一组字是（　　）。

A. 撑、承、趁、骋　　B. 其、启、泣、期

C. 倾、顷、擎、庆　　D. 猩、幸、腥、刑

6、声调不相同的一组字是（　　）。

A. 撤—彻　　B. 霖—邻　　C. 悔—诲　　D. 耸—悚

三、简答题

1. 声调是怎样形成的？怎样理解声调是相对音高？

2. 说说古汉语的入声与现代汉语声调的对应关系。

3. 两种方言调值相同，调类是否一定相同？调类相同，调值是否一定相同？

四、分析与操练题

1. 下列词语的声母都是古浊音，请用普通话写出它们的声母和声调，并体会一下声母和声调之间的联系。

陪伴　齐备　台柱　排队　健全　并排　动弹　近期　前程　图腾　奠定　巨大

2. 拼读下列词语并注上汉字，比较每组中声调的异同。

jìngyì—jīngyì	rényì—rènyì	qīngchú—qīngchǔ
qiángdiào—qiāngdiào	jiānjù—jiǎnjǔ	shíxiàn—shìxiàn
shēnglǐ—shènglì	liànxí—liánxì	miánmào—miànmào
gǔshī—gùshi	yōuxiān—yōuxián	cáiyuán—càiyuán

3. 下列词语都是古入声字，请用调值数码法标出其在普通话里的调值，并反复练习。

出席　束缚　毕业　博学　哲学　骨骼

压缩　雪白　屈辱　激烈　积极　习作

4. 朗读下列各字，体会声调的高低升降。

(1) 同声同韵按四声顺序排列

晕	云	允	运	街	结	解	界
yūn	yún	yǔn	yùn	jiē	jié	jiě	jiè
依	宜	椅	意	眯	弥	米	蜜
yī	yí	yǐ	yì	mī	mí	mǐ	mì
疵	磁	此	次	猪	竹	煮	住
cī	cí	cǐ	cì	zhū	zhú	zhǔ	zhù

(2) 按同调排列

江	山	多	娇	豪	情	昂	扬
jiāng	shān	duō	jiāo	háo	qíng	áng	yáng
理	想	美	好	现	代	社	会
lǐ	xiǎng	měi	hǎo	xiàn	dài	shè	huì

(3) 声韵不同按四声顺序排列

阴	阳	上	去	开	足	马	力
yīn	yáng	shǎng	qù	kāi	zú	mǎ	lì
飞	檐	走	壁	胸	怀	广	阔
fēi	yán	zǒu	bì	xiōng	huái	guǎng	kuò
坚	持	努	力	山	明	水	秀
jiān	chí	nǔ	lì	shān	míng	shǔi	xiù
花	团	锦	簇	身	强	体	健
huā	tuán	jǐn	cù	shēn	qiáng	tǐ	jiàn

(4) 不按四声顺序排列

身	体	力	行	集	思	广	益
shēn	tǐ	lì	xíng	jí	sī	guǎng	yì
淋	漓	尽	致	披	星	戴	月
lín	lí	jìn	zhì	pī	xīng	dài	yuè
推	心	置	腹	妙	手	回	春
tuī	xīn	zhì	fù	miào	shǒu	huí	chūn
齐	心	协	力	美	丽	中	国
qí	xīn	xié	lì	měi	lì	zhōng	guó

5. 请以某一首古代格律诗为例，找出其中的入声字。

6. 朗读下列绕口令。

（1）任命是任命，人名是人名，任命人名不能错，错了人名，就下错了任命。

（2）石室诗士施氏，嗜狮，誓食十狮。氏时时适市视狮。十时，适十狮适市。是时，适施氏适市。氏视是十狮，恃矢势，使是十狮逝世。氏拾是十狮尸，适石室。石室湿，氏使侍拭石室。石室拭，氏始试食是十狮尸。食时，始识是十狮尸，实十石狮尸。试释是事。

7. 留心街头巷尾、社区居民的谈话，对其语言使用情况进行调查，分析归纳自己学校所在地方言的声韵调系统的发音特点。

第五节
音节

一、填空题

1. 一个音节中可以充当韵尾的有高元音__________、__________和鼻辅音__________、__________。

2. __________就是把从音节中分析出来的声母、韵母、声调拼合起来。

3. 给一个音节注音时，声调符号一般要标在一个音节的__________上。

4. 汉语音节都有__________和__________，可以没有辅音声母（但有零声母）、__________和__________。

5. 双唇音和唇齿音拼合口呼时只能和__________相拼。

6. 舌尖中音 n、l 不能和合口呼中的__________相拼。

二、选择题

1. 普通话中一个音节最少由 1 个音素组成，最多由（　　）个音素组成。

A. 1　　B. 2　　C. 3　　D. 4

2. 音节中不能充当韵头的元音是（　　）。

A. i　　B. o　　C. u　　D. ü

3. 舌尖中音 d、t 不能和（　　）相拼。

A. 开口呼　　B. 合口呼　　C. 齐齿呼　　D. 撮口呼

4. 可以和四呼相拼的声母是（　　）。

A. b、p、m　　B. f　　C. n、l　　D. g、k、h

5. 下列关于普通话辅音在音节中的位置的说法，正确的是（　　）。

A. 一个音节最少有一个辅音，最多有两个辅音

B. 辅音只能出现在音节的开头

C. 辅音只能出现在音节的末尾

D. 辅音只能出现在音节的开头和末尾

三、简答题

1. 用汉语拼音字母拼写的普通话音节连写在一起时，如何区分音节界限？

2. 汉语拼音方案规定 ü 行韵母跟声母 j、q、x 相拼时，ü 上两点省去，跟声母 n、l 相拼时，ü 上两点不能省去，这样处理的理据是什么？

四、分析与操练题

1. 用声韵调分析法列表分析下列各音节的结构方式，并指出其韵母的“四呼”种类。

有缘　退休　用功　月牙　耳光　凑巧　野味　额外

2. 根据《汉语拼音方案》的规定，改正下列词语的拼写错误。

因为 īnuèi　委员 uěiüán　润滑 rùenhuá　杨柳 iángliǔ

流言 lióuyián　原野 üániě　旅游 lǔyioú　跳跃 tiàoüè

醒悟 xǐngù　乌鸦 ūyiā　天鹅 tiāné　令爱 lìngài

3. 根据声韵配合规律，指出并改正下列各音节的拼写错误。

juā（抓）　fuó（佛）　xà（夏）　mòng（梦）　güé（决）　tuēng（通）

tō（拖）　giào（叫）　òng（瓮）　zīng（经）　luì（类）　siòng（送）

4. 用汉语拼音拼写下列词语，注意拼写规则。

憎恨　出租　卧铺　西欧　教诲　潜力　灾难　别墅　亮相　高铁　掠夺

漂流　外汇　手机　隐私　公务　穿越　包帕　刷新　软件　龙飞凤舞

5. 指出下面一首诗的韵脚属于哪个韵部，并用汉语拼音和国际音标给其注音。

月黑雁飞高，单于夜遁逃。

欲将轻骑逐，大雪满弓刀。

6. 给一宣传栏的标题加拼音。

做强企业，尽责社会

7. 朗读下面一段文字。

建设生态文明，是关系人民福祉、关乎民族未来的长远大计。要着力推进绿色发展、循环发展、低碳发展，努力建设美丽中国，实现中华民族永续发展。要促进生产空间集约高效、生活空间宜居适度、生态空间山清水秀，给自然留下更多修复空间，给农业留下更多良田，给子孙后代留下天蓝、地绿、水净的美好家园。

第六节 音变

一、填空题

1. 普通话每个声调在语流音变中都可能变成又轻又短的另外四个调子，这些调子就统称__________。

2. 普通话轻声中的“轻”是就__________而言，“短”是就音长而言。

3. “__________”指的是一个音节中，韵母带上卷舌色彩的一种特殊音变现象，带上卷舌色彩的韵母叫做“__________”。

4. 在语流中，由于音节和音节连读的影响，有些音节的声调会产生变化，与单读时调值不同，这种变化就叫做“__________”。

5. 轻声的主要作用一般有两种，一种是区别词义，另一种是__________。

6. “啊”的音变规律包含了两种音变现象，即连音现象和__________。

二、选择题

1. 关于“人家”（rénjiā）和“人家”（rénjia）两个词，说法正确的是（　　）。

A. 意思一样，没有区别

B. 意思不一样，“人家”（rénjiā）表示“住户”，“人家”（rénjia）表示“别人”

C. 意思不一样，“人家”（rénjiā）表示“别人”，“人家”（rénjia）表示“住户”

D. “人家”（rénjia）感情色彩比“人家”（rénjiā）弱

2. “盖”和“盖儿”两个词（　　）。

A. 意思一样，没有区别

B. 词性有区别，“盖”是动词，“盖儿”是名词，同时意义也有区别

C. 词性有区别，“盖”是动词兼名词，“盖儿”是名词，同时意义也有区别

D. “盖儿”的感情色彩比“盖”强。

3. 下列三个上声相连的词语中变调异化为“35＋35＋214”的是（　　）。

A. 手表厂　　B. 小老虎　　C. 党小组　　D. 冷处理

4. （　　）里的“一”与其他的“一”声调读法不同。

A. 一刀两断　　B. 一尘不染　　C. 一五一十　　D. 一见如故

5. （　　）里的“一”发生变调。

A. 万一　　B. 一九九一　　C. 一号楼　　D. 考一考

6. （　　）里的“不”的读音变为阳平。

A. 不对　　B. 不来　　C. 不安　　D. 不朽

7. （　　）里的“不”不发生变调。

A. 不愿　　B. 不至于　　C. 不拘留　　D. 不变

8. （　　）组词都是轻声词。

A. 豆腐、大夫、皮球、石头　　B. 姑姑、前边、什么、矛盾

C. 女子、学生、出来、我们　　D. 咳嗽、招呼、馒头、身上

9. （　　）组词中的“子”都读轻声。

A. 筷子、桌子、杯子、曲子　　B. 包子、虾子、瓶子、胖子

C. 盖子、帽子、瞎子、瓜子　　D. 鸽子、辫子、庄子、稿子

10. （　　）组词不都是儿化词。

A. 画儿、侄儿、饼儿、心儿　　B. 一会儿、老头儿、小鸟儿、发火儿

C. 哪儿、勺儿、女儿、花儿　　D. 一块儿、一点儿、没准儿、背心儿

三、简答题

1. 历时音变和语流音变有什么不同？请举例说明。

2. 你所熟悉的北京话或方言中还有哪些比较特殊的语流音变？

3. 简述轻声在普通话里的作用。

4. 所有念轻声的字，都有本调吗？轻声音节音高变化的规律如何？

5. 怎样读好儿化音节？

6. 为什么韵母经过儿化以后韵类的数目减少了？试举例说明。

四、分析与操练题

1. 朗读下列词语和句子，指出上声音节的声调变化情况。

打假　　启发　　火柴　　水运　　好产品　　蒙古语　　请你给我买几把小雨伞

2. 读下列各词语和句子，并依照变调规律，用实际调值标记“一”“不”的变调。

统一　一时　一举　一瞬　一瞥　扫一扫　毫不　不行　不仅　不料　吃不完

我是一班的，他是二班的，我们不是一班的。

3. 用国际音标按变调注音，声调用五度标记法（记数值，或画曲线）标出。

铺盖　　裁缝　　点拨　　厚实

4. 依据儿化音变的规律，用国际音标给下面的儿化音节注音并朗读。

书桌儿　　竹竿儿　　板凳儿　　鼻梁儿

5. 朗读下面的对话，注出“啊”音变后的汉字写法和国际音标。

甲：请问，到图书馆怎么走啊？

乙：咳！原来是你啊！我也正想去图书馆，一块儿走吧。

甲：好的。哟，那儿怎么那么多人啊？

乙：买书的呗。什么诗歌啊、小说啊、报告文学啊，全有！

甲：那么多啊，那咱们也去看看啊！

乙：行！快跑啊！

6. 发音操练。

（1）朗读下列成语

一颦一笑	一针见血	一网打尽	一念之差
一前一后	一毛不拔	一粥一饭	一表人才
不折不扣	不卑不亢	不尴不尬	不闻不问
不伦不类	不寒而栗	不见不散	不即不离

（2）运用儿化韵的变读规律，朗读下面的绕口令

进了门儿，倒杯水儿，喝了两口儿运运气儿。顺手拿起小歌本儿，唱了一曲儿又一曲儿。练完了嗓子练嘴皮儿，绕口令儿，练字音儿，还有快板对口词儿。为了艺术不歇气儿，越说越唱越来劲儿。

（3）儿歌练习，注意其中的音变现象

一个老僧一本经，一句一行念得清。不是老僧爱念经，不会念经当不了僧。

（4）句段练习

A. 有些演讲者全神贯注于自己的讲稿，从来不正视听众一眼。肯定地说，这样的演讲者在演讲的当天，就会被听众忘掉。

B. 地球上的人都会有国家的概念，但未必时时都有国家的感情。往往人到异国，思念家乡，心怀故国，这国家概念就变得有血有肉，爱国之情来得非常具体。

C. 我常想读书人是世间幸福人，因为他除了拥有现实的世界之外，还拥有另一个更为浩瀚也更为丰富的世界。现实的世界是人人都有的，而后一个世界却为读书人所独有。由此我想，那些失去或不能阅读的人是多么的不幸，他们的丧失是不可补偿的。

D. 牡丹没有花谢花败之时，要么烁于枝头，要么归于泥土。它跨越委顿和衰老，由青春而死亡，由美丽而消遁。它虽美却不吝啬生命，即使告别也要展示给人最后一次的惊心动魄。

于是，你在无言的遗憾中感悟到，富贵与高贵只是一字之差。同人一样，花儿也是有灵性的，更有品味之高低。品味这东西为气为魄为筋骨为神韵，只可意会。你叹服牡丹卓

尔不群之姿，方知品位是多么容易被世人忽略或是漠视的美。

第七节 音位

一、填空题

1. 音位是按语音的__________属性划分出来的。

2. 普通话的音位有两类：__________音位和__________音位。

3. 一个音位往往包含着一些不同的音，这些音就叫作这个音位的“__________”。

4. 只能在一定条件下出现、受语音环境制约的音位变体叫作“__________”。

5. 不受环境限制，可以自由替换而不影响意义的音位变体叫“__________”。

6. 现代汉语普通话中共有__________个音质音位，__________个声调音位。

7. 如果某种语言的语音差异可以造成意义的不同，这样的语音差异就有音位的对立，构成这种差异的语音特征就叫作“__________”。

8. 在某一语言或方言中，音位的不同条件变体各有自己的分布条件，绝不出现在相同的位置上，因而它们的分布状况是互相补充的，这就叫“__________”。

二、选择题

1. 构成非音质音位的物理属性不包括（　　）属性。

A. 音高　　B. 音长　　C. 音强　　D. 音色

2. 下列韵母中的“ɑ”不是后低元音［ɑ］的是（　　）。

A. an　　B. ao　　C. iao　　D. ang

3. 普通话将声母“b”和“p”归纳为两个音位，是根据（　　）划分出来的。

A. 对立原则　　B. 互补原则

C. 语音近似原则　　D. 系统性原则

4. 普通话中的［m］只出现在音节的开头，［ŋ］只出现在音节的末尾。这两个音存在互补关系，处于互补分布状况，但是他们却是两个音位，这是根据（　　）划分出来的。

A. 对立原则　　B. 互补原则

C. 语音近似原则　　D. 系统性原则

5. 下列拼音中“e”的实际读音不属于普通话元音音位/ə/的是（　　）。

A. e　　B. wen　　C. feng　　D. jie

三、简答题

1. 什么是音位？音位和音位变体的关系是怎样的？

2. ［i］［ɿ］［ʅ］有人归纳为一个音位，有人归纳为三个音位，有人归纳为两个音位，这样的处理各有什么理由？谈谈你自己的看法。

3. 举例说明调位和调类。

四、分析与操练题

1. 用国际音标标出下列音节中字母 e 的实际音值，并指出拼音方案为什么只见 e，不见 ê。

xuéwèi（学位）　　bèngliè（迸裂）　　gèzi（个子）　　hēisè（黑色）

2. 从复韵母 ia、ie 和 ai、ei 的实际发音中，体会 i 作韵头和韵尾时发音的细微差别。

3. 朗读下面的短文。

读小学的时候，我的外祖母过世了。外祖母生前最疼爱我，我无法排除自己的忧伤，每天在学校的操场上一圈又一圈地跑着，跑得累倒在地上，扑在草坪上痛哭。

那哀痛的日子，断断续续地持续了很久，爸爸妈妈也不知道如何安慰我。他们知道与其骗我说外祖母睡着了，还不如对我说实话：外祖母永远不会回来了。

“什么是永远不会回来呢?”我问。

“所有时间里的事物，都永远不会回来。你的昨天过去，它就永远变成昨天，你不能再回到昨天。爸爸以前也和你一样小，现在也不能回到你这么小的童年了；有一天你会长大，你会像外祖母一样老；有一天你度过了你的时间，就永远不会回来了。”爸爸说。

4. 开展朗诵比赛、演讲比赛、辩论赛、诗词吟诵赛、普通话知识竞赛。

第八节 语音规范化

一、填空题

1. ________是指一个汉字在同一个词内却有两种或两种以上不同的读音，但词义没有区别的现象。

2. 异读词的审音标准和原则可以概括为两点：一是通行性的原则，二是________的原则。

3. 普通话异读词的审音标准是________________。

4. ________是指字形相同，字义不同而字音也有区别的一部分字。

5. 评定测试人普通话所达到的水平等级的测试叫“____________”。

二、选择题

1. “机械、步骤、骨髓、亚洲”等词中加点字的注音应该是（　　）。

A. xiè、zhòu、suǐ、yǎ　　B. xiè、zòu、suǐ、yà

C. jiè、zhòu、suǐ、yà　　D. xiè、zhòu、suǐ、yà

2. “酵母、拂晓、琴弦、拙劣”等词中加点字的注音应该是（　　）。

A. jiào、fú、xián、zhuō　　B. jiào、fú、xián、zhuó

C. jiào、fú、xuán、zhuō　　D. jiào、fó、xián、zhuō

3. “请帖、字帖、妥帖”等词中的“帖”字读音正确的一组是（　　）。

A. tiě、tiě、tiē　　B. tiě、tiě、tiè

C. tiě、tiè、tiē　　D. tiè、tiě、tiē

4.“咽喉、吞咽、呜咽”等词中的“咽”字读音正确的一组是（　　）。

A. yān、yàn、yè　　B. yān、yān、yè

C. yān、yàn、yàn　　D. yān、yè、yè

5.“模样、模型、模范、模板”等词中的“模”字读音正确的一组是（　　）。

A. mú、mó、mú、mó　　B. mú、mó、mó、mú

C. mó、mú、mó、mú　　D. mú、mó、mó、mó

三、简答题

1. 如何正确认识“以北京语音为标准音”?

2. 谈谈异读词的审音标准和原则。

四、分析与操练题

1. 读读下面的词语，并用汉语拼音注出下列多音多义字的规范读音。

露宿—星宿　　塞音—木塞　　中途—中肯　　淡泊—湖泊

连累—累赘　　登载—装载　　钻探—钻床　　翘首—翘尾

枝蔓—瓜蔓　　佣工—佣金　　晕厥—晕车　　夹攻—夹袄

2. 读出下列异读词的规范读音。

卓见　法子　绮丽　校勘　通缉　棱角　逮捕　骨头　框架　足迹

麦芒　盟誓　成绩　澎湃　粗糙　乘客　垃圾　倾向　炽热　教室

镜框　塑料　阴凉　卑鄙　档案　脊梁　剽窃　堤岸　歼灭　哺育

3. 朗读下面两段话。

中华民族具有 5 000 多年连绵不断的文明历史，创造了博大精深的中华文化，为人类文明进步作出了不可磨灭的贡献。经过几千年的沧桑岁月，把我国 56 个民族、13 亿多人紧紧凝聚在一起的，是我们共同经历的非凡奋斗，是我们共同创造的美好家园，是我们共同培育的民族精神；而贯穿其中的、最重要的，是我们共同坚守的理想信念。

让人民共享人生出彩的机会，共享梦想成真的机会，共享同祖国和时代一起成长与进步的机会。

4. 对自己居住地的方音、汉语拼音运用情况等进行记录，并与普通话进行比较，寻找对应规律，撰写语音使用调查报告。

第二章 文字

第一节 汉字概说

一、填空题

1. 文字是语言的__________，是人类最重要的__________工具，人类有了文字，就突破了语言在__________上和__________上的限制，它不但能传到__________，还留存于__________，扩大了语言的__________。

2. 文字是为了满足日益复杂的交际的需要，在原始的图画记事的基础上，由汉族人的祖先在长期的__________中逐渐创造出来的。我国历史上流传的汉字是__________一个人创造出的说法，显然是不正确的。

3. 文字是在__________的基础上产生，依附于__________而存在的，不记录__________的任何图形、符号都不是文字。

4. 汉字是记录汉语的__________，它是__________的结合体。汉字是世界上历史最__________的文字，它的历史可以追溯到__________年前，距今有__________年历史的甲骨文，已经是一种相当发达的文字了。

5. 世界上的文字基本上可以分为两大类：一类是__________文字，一类是__________文字。汉字是__________体系的文字。由于现行汉字一般是记录汉语的单音节语素的，所以又被称为“__________文字”。

6. 汉字对邻国的文字发展有着重要的影响。__________、__________、__________、

__________等国过去都借用过汉字记录自己民族的语言，至今，__________、__________等国家还在使用汉字。

7. 联合国把我国的规范汉字作为工作用的__________种文字之一，汉字在国际交往中发挥着重要作用。

二、选择题

1. 文字是（　　）。

A. 书面语言　　B. 记录语言的书写符号系统

C. 人类最重要的交际工具　　D. 口语的加工形式

2. 从汉字跟汉语的关系来看，汉字是（　　）。

A. 音节文字　　B. 词文字　　C. 语素文字　　D. 音素文字

3. 从汉字所记录的对象来看，汉字记录的语音单位是（　　）。

A. 音素　　B. 音位　　C. 音符　　D. 音节

4. 曾经借用汉字去记录本民族语言的国家有（　　）。

A. 日本、朝鲜、越南　　B. 日本、泰国、新西兰

C. 韩国、日本、柬埔寨　　D. 越南、尼泊尔、缅甸

5. 在汉字的传播和使用中，中国内地及港澳台地区与日本、韩国、越南等地区被称为（　　）。

A. 汉字使用圈　　B. 汉字文化圈　　C. 汉字传播圈　　D. 汉字语言圈

三、简答题

1. 为什么说汉字属于表意文字体系？

2. 汉字同拼音文字相比有哪些特点？

四、分析与操练题

1. 试分析汉字与语素和音节之间的关系。

2. 有人说，汉字属于表意文字体系，难写难记，不如见字即可知音的表音文字容易掌握，因此汉字需要拼音化。试对这种观点进行分析。

第二节
汉字的形体

一、填空题

1. 汉字在形体演变过程中，出现过__________、__________、__________、__________、__________、__________、__________等七种各具特色的字体。

2. 甲骨文是指__________时期刻写在__________上的文字，金文是指__________时期铸刻在__________上的文字，也称“__________文”。

3. 大篆有广义、狭义之分。广义的大篆包括小篆以前的__________、__________、__________和__________，狭义的大篆仅指____________________。

4. 秦始皇统一六国后采用的标准字体是__________。大篆指春秋战国时代__________国的文字，一般以__________和__________为典型代表。以上两种字体合称“__________”。

5. 隶书分为________和__________两种。

6. 楷书又叫________、__________。一般说的草书，包括__________、__________、__________。行书产生于__________，是一种介于__________和__________之间的字体，它笔画__________，字形却__________，好写好认，切合实用。

7. __________是我国历史上第一次汉字规范化的产物，它是古汉字的__________阶段。

8. __________是汉字字体演变史上的一个转折点，至此，汉字已经完全符号化了。

9. ________的出现，标志着汉字已基本定型，它是我国历史上使用时间最长的标准字体。

二、选择题

1、甲骨文的发现时间和发现地点是（　　）。

A. 1899 年、河南安阳小屯村　　B. 三千年前、河南安阳小屯村

C. 1899 年、西安半坡村　　D. 1899 年、山东莒县大汶口

2. 秦王朝的标准字体是（　　）。

A. 大篆　　B. 隶书　　C. 金文　　D. 小篆

3. 汉字字体演变的顺序是（　　）。

A. 甲骨文——篆书——隶书——金文——楷书

B. 甲骨文——金文——隶书——篆书——楷书

C. 甲骨文——金文——篆书——隶书——楷书

D. 甲骨文——隶书——篆书——金文——楷书

4. 从汉字形体演变的历史看，打破古汉字象形的传统，奠定现代汉字基础的是（　　）。

A. 小篆　　B. 楷书　　C. 行书　　D. 隶书

5. 目前最通用的楷书的印刷体是（　　）。

A. 宋体　　B. 仿宋体　　C. 楷体　　D. 黑体

三、简答题

1. 什么是隶书？简述“隶变”在文字发展史上的价值。

2. 为什么说汉字形体演变的总趋势是简便易写？

四、分析与操练题

1. 试就汉字字体演变经历的阶段作出分析。

2. “汉字经历了几千年的不断发展，古今汉字有许多差异，但这些差异都没有改变汉字自身的性质。”试就这一说法作出分析。另外，请分析预测一下汉字在未来社会中的发展趋势。

第三节
汉字的构造

一、填空题

1. 从造字方式上来看，汉字可以分为________、__________、__________、________

四种。东汉人许慎《说文解字》中“六书”的后两书“转注”和“假借”实际是__________。汉字是以__________字为主的方块形文字。

2. 现行汉字绝大部分是形声字。如果按照构成形声字的偏旁的作用来划分，现行汉字可以称为“__________文字”。

3. 汉字印刷体常用的变体有下列几种：________、________、________、________。

4. 汉字的构造单位有两级：__________和__________。

5. 1988 年的《现代汉语通用字表》规定了五种基本笔画：________、________、__________、__________、__________。

6. ____________是构成汉字的最小单位，它的组合方式有三种：__________、__________、__________。

7. 汉字笔顺的基本规律是：____。

8. 偏旁是构成__________的基本单位。__________是具有字形归类作用的偏旁，是字书中各部的__________。

9. 部首最早在许慎的《说文解字》里出现，分为__________部。现在通行之 214 部首，是明朝人__________编撰的__________始创的。当前通行的《现代汉语常用字表》中有部首__________部。

10. 形声字是由__________和__________两部分组成的，其组合方法主要有八种，如“语”是__________，“期”是__________，“竿”是__________，“盆”是__________，“阁”是__________，“辩”是__________，“疆”是__________，“施”是__________。

11. 现代汉字的独体字多半是从古代__________字和__________字演变来的。现代汉字的合体字中一小部分是__________字，大部分是__________字，它是汉字向__________方向发展的重要标志。

二、选择题

1. 我国第一部以偏旁部首整理出来的字书是（　　）。

A.《说文解字》　　B.《集韵》　　C.《康熙字典》　　D.《中华大字典》

2. 从汉字的造字方法来看，属于象形字的一组汉字是（　　）。

A. 上、下、刃、月　　B. 山、雨、首、贝

C. 本、火、北、兵　　D. 门、问、休、从

3. 从汉字的造字方法来看，属于指事字的一组汉字是（　　）。

A. 本、刃、上、甘　　B. 下、门、禾、林

C. 磊、聂、烦、看　　D. 亦、末、明、淋

4. 从汉字的造字方法来看，属于会意字的一组汉字是（　　）。

A. 尘、看、林、明　　B. 本、从、上、问

C. 鸟、涉、众、赏　　D. 恭、胶、淼、森

5. 从汉字的造字方法来看，属于形声字的一组汉字是（　　）。

A. 网、沐、刃、忍　　B. 轰、聂、众、竹

C. 惊、功、案、闷　　D. 爨、炎、鸡、囊

6. 从汉字的造字方法来看，“禾、衣、果”三个字都是（　　）。

A. 象形字　　B. 指事字　　C. 会意字　　D. 形声字

7. 从汉字的造字方法来看，“末、下、寸”三个字都是（　　）。

A. 象形字　　B. 指事字　　C. 会意字　　D. 形声字

8. 从汉字的造字方法来看，“益、森、寇”三个字都是（　　）。

A. 象形字　　B. 指事字　　C. 会意字　　D. 形声字

9. 从汉字的造字方法来看，“壁、何、红”三个字都是（　　）。

A. 象形字　　B. 指事字　　C. 会意字　　D. 形声字

10. 从下列四组字中选出造字法与另三组不同的一组（　　）。

A. 萌　旺　佐　　B. 芳　响　何　　C. 草　睛　伙　　D. 莫　明　信

11. 下面四个字中哪一个字不是形声字（　　）。

A. 彰　　B. 彩　　C. 彤　　D. 形

12. 从下面四组形声字中选出一组不是左形右声或左声右形的字（　　）。

A. 岭 扶 依 唱　　B. 修 荆 颖 赖　　C. 政 歌 顶 刊　　D. 期 峰 惜 欣

13. “艰、难、戏、劝、对”等字中的“又”是（　　）。

A. 声旁　　B. 形旁

C. 既非形旁又非声旁　　D. 既是声旁又是形旁

14. 汉字字形的最小单位是（　　）。

A. 笔画　　B. 部件　　C. 偏旁　　D. 部首

15. 一般认为汉字有（　　）等五种基本笔画。

A. 点、横、竖、钩、折　　B. 横、竖、撇、捺、提

C. 点、横、竖、撇、折　　D. 点、横、竖、撇、捺

16. “母、臼、垂、乘”等汉字的笔画数分别是（　　）。

A. 4、6、8、11

B. 5、6、8、10

C. 5、6、9、10

D. 5、6、8、11

17. “插、叟、幽、长”等汉字的笔画数分别是（　　）。

A. 11、8、9、5

B. 12、9、9、4

C. 12、9、8、5

D. 11、9、9、4

18. “凹”和“凸”两个字的笔画数都是（　　）。

A. 5 笔　　B. 6 笔　　C. 7 笔　　D. 8 笔

19. 以姓氏笔画为序，下列姓氏的排列顺序是（　　）。

A. 冯　匡　范　张　倪　姜　　B. 匡　冯　范　张　姜　倪

C. 冯　匡　张　范　姜　倪　　D. 冯　匡　张　姜　范　倪

20. 下列汉字中属于包围结构的一组是（　　）。

A. 痈　遛　圄　画　司　　B. 辩　尼　奚　思　贱

C. 句　赶　呆　项　向　　D. 区　刁　苗　窟　库

三、简答题

1. 什么是象形？什么是指事？它们有什么区别？
2. 什么是形声？它同象形、指事、会意有什么区别？
3. 形声为什么成为汉字主要的造字方法？
4. 什么是笔画？它有哪些类型？笔画的组合有哪些方式？
5. 什么是偏旁？由偏旁构成合体字时有哪些组合类型？
6. 汉字笔顺的主要规律是什么？

四、分析与操练题

1. 用下列各组形似部件各组成三个形声字。

(1) 仑（ ）（ ）（ ）　(2) 仓（ ）（ ）（ ）　(3) 艮（ ）（ ）（ ）
(4) 良（ ）（ ）（ ）　(5) 臽（ ）（ ）（ ）　(6) 臿（ ）（ ）（ ）
(7) 舀（ ）（ ）（ ）　(8) 勺（ ）（ ）（ ）　(9) 匀（ ）（ ）（ ）
(10) 今（ ）（ ）（ ）　(11) 令（ ）（ ）（ ）　(12) 氏（ ）（ ）（ ）
(13) 氐（ ）（ ）（ ）　(14) 叚（ ）（ ）（ ）　(15) 段（ ）（ ）（ ）
(16) 昜（ ）（ ）（ ）　(17) 易（ ）（ ）（ ）　(18) 杀（ ）（ ）（ ）
(19) 余（ ）（ ）（ ）　(20) 免（ ）（ ）（ ）　(21) 兔（ ）（ ）（ ）
(22) 圭（ ）（ ）（ ）　(23) 隹（ ）（ ）（ ）　(24) 犮（ ）（ ）（ ）
(25) 发（ ）（ ）（ ）　(26) 市（ ）（ ）（ ）　(27) 巿（ ）（ ）（ ）
(28) 乞（ ）（ ）（ ）　(29) 气（ ）（ ）（ ）　(30) 釆（ ）（ ）（ ）
(31) 采（ ）（ ）（ ）　(32) 束（ ）（ ）（ ）　(33) 朿（ ）（ ）（ ）
(34) 爪（ ）（ ）（ ）　(35) 瓜（ ）（ ）（ ）　(36) 戊（ ）（ ）（ ）
(37) 戉（ ）（ ）（ ）　(38) 斤（ ）（ ）（ ）　(39) 斥（ ）（ ）（ ）
(40) 印（ ）（ ）（ ）　(41) 卯（ ）（ ）（ ）　(42) 豖（ ）（ ）（ ）
(43) 豕（ ）（ ）（ ）　(44) 卑（ ）（ ）（ ）　(45) 畀（ ）（ ）（ ）
(46) 𦣝（ ）（ ）（ ）　(47) 臣（ ）（ ）（ ）　(48) 幸（ ）（ ）（ ）
(49) 辛（ ）（ ）（ ）　(50) 乌（ ）（ ）（ ）　(51) 鸟（ ）（ ）（ ）

2. 根据下列各字所标笔序，说出笔画名称。

(1) 万 2（ ）　(2) 山 1（ ）　(3) 及 2（ ）　(4) 义 1（ ）
(5) 五 2（ ）　(6) 区 4（ ）　(7) 长 1（ ）　(8) 艽 5（ ）
(9) 凸 4（ ）　(10) 凹 2（ ）　(11) 写 3（ ）　(12) 伪 3（ ）
(13) 肃 5（ ）　(14) 幽 1（ ）　(15) 率 3（ ）　(16) 罪 6（ ）
(17) 鼎 6（ ）　(18) 敝 5（ ）　(19) 出 3（ ）　(20) 脊 5（ ）
(21) 母 4（ ）　(22) 火 2（ ）　(23) 贯 4（ ）　(24) 讯 3（ ）
(25) 冉 4（ ）　(26) 服 5（ ）　(27) 噩 9（ ）　(28) 它 4（ ）
(29) 爽 10（ ）　(30) 童 10（ ）

3. 根据偏旁名称，写出偏旁和例字。

(1) 秃宝盖　(2) 宝盖　(3) 同字框
(4) 包字头　(5) 竖心底　(6) 心字底
(7) 国字框　(8) 单耳刀　(9) 示字旁
(10) 穴宝盖　(11) 病字旁　(12) 广字旁
(13) 左耳刀　(14) 右耳刀　(15) 革字旁
(16) 八字底　(17) 金字旁　(18) 言字旁
(19) 木字旁　(20) 提手旁　(21) 绞丝旁
(22) 虎字头　(23) 四点底　(24) 三框
(25) 反犬旁　(26) 爪字头　(27) 反文旁
(28) 食字旁　(29) 人字头　(30) 立刀旁

4. 分析下列汉字的造字方法。

几、腊、初、甜、伐、帘、采、子、析、恭、囚、桥、闪、剔、寸、锦、止、刃、末、裳、田、众、试、朱、本、尘、牛、刃、上、林、湖、泡、从、二、袋、明、玛、泪、

井、雨、甘、沐、伞、网

象形：

指事：

会意：

形声：

第四节
汉字的形、音、义

一、填空题

1. 繁简字之间，字音和字义都相同。笔画比较多的字为__________，笔画比较少的字为__________。

2. 同音字词在口语中有时会引起混淆，需要依靠________________来区别。

3. 异体字是________________的字，多音字指的是一个字具有________________，同音字则是几个字共有____________________。

4. 形声字中形符声符的表意表音功能____________________。

5. 形旁和声旁在方块汉字中的位置是____________________。

二、选择题

1. 汉字“假”在词语“真假”中读作 jiǎ，在词语“寒假”读作 jià，通过读音和意义，我们可以知道“假”是（　　）。

A. 异读字　　B. 异体字　　C. 多音多义字　　D. 同形多义字

2. 下列各组汉字“读”和“续”、“狼”和“狠”、“旋”和“旅”、“未”和“末”是（　　）。

A. 形似字　　B. 形近字　　C. 多义字　　D. 多音字

3. “竽、筑、筒”三个字的上半部分是（　　）。

A. 形符　　B. 声符　　C. 形符兼声符　　D. 什么都不是

4. 下列例子中，属于异体字的是（　　）。

A. 村—邨　　B. 邻—鄰　　C. 花—華　　D. 疆—强

5. 下列各组形声字，属于形占一角的是（　　）。

A. 颖、旗、徒　　B. 裁、疆、施　　C. 佞、魍、魉　　D. 修、倏、腾、

三、简答题

1. 现代汉字的形音义关系大致可以归纳为哪几种？

2. 现代汉字中的形近字的差异大体表现在哪几个方面？

3. 形声字形符和声符的作用主要表现在哪几个方面？

4. 形声字形符和声符的局限主要表现在哪几个方面？

四、分析与操练题

1. 给下列各组形似字注音。

(1) 崇（　　）祟（　　）
(2) 瞻（　　）赡（　　）
(3) 庇（　　）疵（　　）
(4) 拆（　　）折（　　）
(5) 戌（　　）戎（　　）
(6) 戍（　　）戊（　　）
(7) 惴（　　）揣（　　）
(8) 湍（　　）喘（　　）
(9) 栎（　　）析（　　）
(10) 癸（　　）葵（　　）
(11) 谴（　　）缱（　　）
(12) 渎（　　）赎（　　）
(13) 讷（　　）纳（　　）
(14) 己（　　）已（　　）巳（　　）
(15) 笺（　　）践（　　）栈（　　）
(16) 陡（　　）徒（　　）徙（　　）
(17) 蹇（　　）趸（　　）踅（　　）
(18) 椽（　　）缘（　　）喙（　　）
(19) 绽（　　）淀（　　）锭（　　）
(20) 啜（　　）掇（　　）缀（　　）

2. 改正下列成语中的别字。

(1) 穿流不息（　　）　(2) 莫不关心（　　）　(3) 一促而就（　　）
(4) 一望无银（　　）　(5) 一番风顺（　　）　(6) 世外桃园（　　）
(7) 滥芋充数（　　）　(8) 移笑大方（　　）　(9) 渊远流长（　　）
(10) 相辅相承（　　）　(11) 暗然销魂（　　）　(12) 民生凋蔽（　　）
(13) 披星带月（　　）　(14) 鞠躬尽粹（　　）　(15) 惨绝人环（　　）
(16) 默守成规（　　）　(17) 少纵即逝（　　）　(18) 变本加利（　　）
(19) 歪风斜气（　　）　(20) 不可思义（　　）　(21) 含辛如苦（　　）
(22) 虎视耽耽（　　）　(23) 烩炙人口（　　）　(24) 寥若辰星（　　）
(25) 明枪暗剑（　　）　(26) 奴颜卑膝（　　）　(27) 迫不急待（　　）
(28) 删烦就简（　　）　(29) 事必恭亲（　　）　(30) 肆无忌殚（　　）
(31) 万马齐暗（　　）　(32) 因地治宜（　　）　(33) 意想天开（　　）
(34) 异曲同功（　　）　(35) 饮鸠止渴（　　）　(36) 有持无恐（　　）
(37) 有条不稳（　　）　(38) 一诺千斤（　　）　(39) 言简意骇（　　）
(40) 一愁莫展（　　）　(41) 一股作气（　　）　(42) 一如继往（　　）
(43) 依老卖老（　　）　(44) 遥无音讯（　　）　(45) 谈笑风声（　　）
(46) 指高气扬（　　）　(47) 蛛丝蚂迹（　　）　(48) 坐以待毕（　　）
(49) 姿意妄为（　　）　(50) 明火执杖（　　）

3. 给下列同声旁的字注上读音。

(1) 出

拙（　　）绌（　　）咄（　　）茁（　　）屈（　　）黜（　　）

(2) 皮

被（　　）破（　　）彼（　　）披（　　）跛（　　）坡（　　）

(3) 台

治（　　）冶（　　）怡（　　）怠（　　）笞（　　）胎（　　）

(4) 各

格（　　）路（　　）洛（　　）恪（　　）略（　　）烙（　　）

(5) 良

粮（　　）琅（　　）榔（　　）朗（　　）浪（　　）螂（　　）

(6) 曾

增（　　）缯（　　）憎（　　）赠（　　）蹭（　　）僧（　　）

(7) 令

拎（　　）伶（　　）瓴（　　）聆（　　）岭（　　）邻（　　）

(8) 娄

喽（　　）楼（　　）搂（　　）篓（　　）缕（　　）屡（　　）

(9) 宾

宾（　　）滨（　　）摈（　　）殡（　　）鬓（　　）嫔（　　）

(10) 辰

赈（　　）晨（　　）唇（　　）震（　　）娠（　　）蜃（　　）

(11) 宁

咛（　）狞（　）拧（拧绳子）（　）拧（拧螺丝钉）（　）拧（拧脾气）（　）泞（　）

(12) 化

花（　　）哗（哗啦）（　　）哗（哗然）（　　）华（姓）（　　）桦（　　）货（　　）

(13) 非

绯（　　）扉（　　）霏（　　）诽（　　）蜚（　　）痱（　　）

(14) 分

盆（　　）氛（　　）汾（　　）棼（　　）粉（　　）忿（　　）

(15) 弗

拂（　　）氟（　　）佛（　　）沸（　　）狒（　　）费（　　）

(16) 付

符（　　）府（　　）腑（　　）附（　　）驸（　　）咐（吩咐）（　　）

(17) 方

坊（牌坊）（　　）坊（磨坊）（　　）妨（妨害）（　　）防（　　）舫（　　）放（　　）

(18) 叟

嫂（　　）搜（　　）馊（　　）飕（　　）叟（　　）瘦（　　）

(19) 申

呻（　　）绅（　　）砷（　　）神（　　）审（　　）婶（　　）

(20) 宗

综（　　）棕（　　）粽（　　）淙（　　）琮（　　）崇（　　）

4. 给下列多音字注上正确的读音。

(1) 哄

哄动（　　）哄骗（　　）起哄（　　）

(2) 参

参加（　　）参差（　　）人参（　　）

(3) 塞

瓶塞（　　）要塞（　　）堵塞（　　）

(4) 恶

恶劣（　　）厌恶（　　）恶心（　　）

(5) 差

差不多（　　）差别（　　）出差（　　）参差（　　）

(6) 和

和平（　　）和诗（　　）和面（　　）和药（　　）和了（　　）暖和（　　）

(7) 强

强大（　　）勉强（　　）倔强（　　）

(8) 蔓

蔓菁（　　）蔓延（　　）藤蔓（　　）

(9) 折

折腾（　　）折服（　　）折本（　　）

(10) 宿

宿敌（　　）半宿（　　）星宿（　　）

(11) 帖

碑帖（　　）请帖（　　）妥帖（　　）

(12) 咽

咽喉（　　）狼吞虎咽（　　）哽咽（　　）

(13) 龟

乌龟（　　）龟裂（　　）龟兹（　　）

(14) 择

选择（　　）择菜（　　）

(15) 脉

脉络（　　）含情脉脉（　　）

(16) 胖

肥胖（　　）心宽体胖（　　）

(17) 纤

纤维（　　）纤夫（　　）

(18) 识

常识（　　）标识（　　）

(19) 熨

熨斗（　　）熨帖（　　）

(20) 作

造作（　　）作坊（　　）

5. 分析下列形声字的结构特点。

松、期、旗、囤、魍、腾、阁、袋、裁、理、河、茅、功、瘵、劲、裹、简、园、辨、露、赢、窍、裳、倏、战、竺、颖、贸、招、魉、惜、疆、宇、媚、匣、问、闻、瓣、徙、基、赢、孟、修、姿、肝、鸿、雕、佞、衷、救、施、徒、辩、勇、空、闾

左形右声：

右形左声：

上形下声：

下形上声：

外形内声：

内形外声：

形占一角：

声占一角：

6. 指出下列各形声字的形旁，说明这些形声字的字义与形旁的联系。

(1) 梅　(2) 基　(3) 切　(4) 家　(5) 镜

(6) 篇　(7) 理　(8) 轻　(9) 精　(10) 副

(11) 珍　(12) 括　(13) 布　(14) 然　(15) 冰

(16) 阶　(17) 江　(18) 管　(19) 恻　(20) 鹅

第五节
汉字的标准化和规范化

一、填空题

1. 新中国成立后我国在整理和简化汉字方面曾制定过__________、__________、__________等几个表，初步建立了现代汉语用字的字形规范。

2.《第一批异体字整理表》共废除异体字__________个，《简化字总表》共制定了印刷通用字__________个。

3. 1986 年 6 月国务院批准废止__________方案，并且指出：“今后，对汉字的简化应持谨慎态度，使汉字的形体在一个时期内保持__________，以利于社会应用。”

4.《简化字总表》所用的简化方法主要有以下六种：__________、__________、__________、__________、__________、__________。

5. 1988 年 2 月国家语言文字工作委员会和国家教育委员会联合公布了《现代汉语常用字表》，该表共收字__________个，其中常用字__________个，次常用字__________个。

6. 汉字标准化，要求对汉字进行四定：__________、__________、__________、__________。

7. 汉字的排列顺序有__________、__________、__________三大类。

8. 形序法按照字形排列字的顺序，主要可分为笔画法、__________、__________三种。

二、选择题

1. 现代汉语常用汉字约在（　　）个。

A. 7 000　B. 6 000　C. 3 500　D. 56 000

2. “書（书）”字的简化方法是（　　）。

A. 同音代替　B. 草书楷化　C. 换用简单的符号　D. 保留轮廓

3. 下列四组简化字中哪一组用的是保留特征或轮廓的简化方法？（ ）

A. 曲向谷后　　B. 优灯库贩　　C. 声飞夺齿　　D. 怀观汉区

4. 整理异体字的主要原则是（ ）。

A. 从俗　　B. 从简　　C. 从俗从简　　D从古从正

5. 目前最通用的楷书的印刷体是（ ）。

A. 宋体　　B. 仿宋体　　C. 楷体　　D. 黑体

6. “二”字大写的规范写法是（ ）。

A. 弍　　B. 贰　　C. 弐　　D. 貳

7.《普通话异读词审音表》审定“从容”的读音是（ ）。

A. cóngróng　　B. cōngróng　　C. chóngróng　　D. chōngróng

8. “炫”和“渲”的读音是（ ）。

A. xuàn 和 xuān　　B. xuān 和 xuān　　C. xuàn 和 xuàn　　D. xuān 和 xuàn

9. “登载”和“装载”两个词中的“载”的读音分别是（ ）。

A. zài 和 zǎi　　B. zǎi 和 zài　　C. 都读 zài　　D. 都读 zǎi

10. 1986 年国务院批准（ ）《第二次汉字简化方案（草案）》。

A. 公布　　B. 推行　　C. 暂停使用　　D. 废止

11. 当前要提高汉字的使用效率，首要的是（ ）。

A. 继续简化汉字　　B. 促进汉字规范化

C. 实现汉字拼音化　　D. 提高汉字书写水平

三、简答题

1. 为什么说汉字简化是有限度的？

2. 什么是汉字的标准化？汉字标准化有什么意义？

四、分析与操练题

1. 根据括号里的注音，在横线上填入规范的汉字。

（1）循规____（dǎo）矩　　（2）相得益____（zhāng）

（3）____（tián）不知耻　　（4）____（cāng）海一粟

（5）乌烟____（zhàng）气　　（6）不屈不____（náo）

（7）好高____（wù）远　　（8）____（niān）轻怕重

（9）披荆斩____（jí）　　（10）耳濡目____（rǎn）

（11）____（bǎn）上走丸　　（12）____（chèn）心如意

（13）____（chēng）目结舌　　（14）____（yí）笑大方

（15）____（dān）精竭虑　　（16）破____（fǔ）沉舟

（17）不____（jìng）而走　　（18）心怀____（pǒ）测

（19）怙恶不____（quān）　　（20）____（qìng）竹难书

（21）如法____（páo）制　　（22）草____（jiān）人命

（23）众口____（shuò）金　　（24）如火如____（tú）

（25）____（shān）然泪下　　（26）从中____（wò）旋

（27）竭泽而____（yú）　　（28）开门____（yī）盗

（29）____（zhǐ）掌而谈　　（30）____（zhǎn）露头角

（31）额____（shǒu）相庆　　（32）鞭辟入____（lǐ）

（33）别出____（xīn）裁　　（34）病入膏____（huāng）

（35）不落____（kē）臼　　（36）不____（máo）之地

(37) 陈词____（làn）调　(38) 重蹈____（fù）辙
(39) 出____（qí）不意　(40) 大名____（dǐngdǐng）
(41) 动____（zhé）得____（jiù）　(42) 肝肠寸____（duàn）
(43) 各行其____（shì）　(44) ____（gū）名钓誉
(45) 汗流____（jiā）背　(46) ____（huàn）然冰释
(47) ____（hóng）篇巨制　(48) ____（hé）盘托出
(49) ____（jiǎo）揉造作　(50) 洁白无____（xiá）

2. 改正下列词语中的错别字。

(1) 遗撼（　）　(2) 判徒（　）　(3) 忘想（　）
(4) 感概（　）　(5) 瞻养（　）　(6) 浮浅（　）
(7) 仑库（　）　(8) 祟高（　）　(9) 编缉（　）
(10) 恣态（　）　(11) 按排（　）　(12) 欢渡（　）
(13) 必竟（　）　(14) 供猷（　）　(15) 题纲（　）
(16) 婉惜（　）　(17) 急燥（　）　(18) 脉膊（　）
(19) 靡烂（　）　(20) 欧打（　）　(21) 沉绽（　）
(22) 寒喧（　）　(23) 编篡（　）　(24) 鞭鞑（　）
(25) 沉缅（　）　(26) 打腊（　）　(27) 蹉商（　）
(28) 发韧（　）　(29) 抵毁（　）　(30) 海蛰（　）
(31) 蒙弊（　）　(32) 篾视（　）　(33) 哈蜜瓜（　）
(34) 名信片（　）　(35) 媒灼（　）　(36) 帽沿（　）
(37) 狼籍（　）　(38) 痉孪（　）　(39) 荟粹（　）
(40) 寂漠（　）　(41) 浩翰（　）　(42) 黄莲（　）
(43) 悍卫（　）　(44) 海棉（　）　(45) 悱闻（　）
(46) 幅射（　）　(47) 白晰（　）　(48) 报憾（　）
(49) 拔冗（　）　(50) 消毁（　）

3. 改正下列词语中不合规范的字。

(1) 仃车（　）　(2) 质另（　）　(3) 尸览（　）
(4) 仪件（　）　(5) 比啻（　）　(6) 鸡旦（　）
(7) 照炏（　）　(8) 冖传（　）　(9) 迠设（　）
(10) 午趴（　）　(11) 帏子（　）　(12) 机四（　）
(13) 油沘（　）　(14) 咀巴（　）　(15) 讦虚（　）
(16) 勑奋（　）　(17) 宊贵（　）　(18) 祘术（　）
(19) 芁菜（　）　(20) 夻齐（　）　(21) 歺厅（　）
(22) 收芏（　）　(23) 阮来（　）　(24) 纩分（　）
(25) 山寉（　）　(26) 灯原（　）　(27) 年令（　）
(28) 苳事长（　）　(29) 下跕（　）　(30) 桂鱼（　）
(31) 汘伏（　）　(32) 垟壁（　）　(33) 瓦叙汤（　）
(34) 表泞（　）　(35) 小卖卩（　）　(36) 疒房（　）
(37) 点揥（　）　(38) 啤氿（　）　(39) 彐花（　）
(40) 厷心（　）　(41) 忈义（　）　(42) 欢迊（　）
(43) 偷恾（　）　(44) 电彤（　）　(45) 光明叕落（　）
(46) 予习（　）　(47) 四人邦（　）　(48) 雪地戏（　）

(49) 玻玏（　　）　　(50) 树叉（　　）

4. 给下列词语中加点的字注音。

(1) 凹陷（　　）　　(2) 矩形（　　）　　(3) 针砭（　　）
(4) 便秘（　　）　　(5) 裨益（　　）　　(6) 觊觎（　　）
(7) 肋骨（　　）　　(8) 鼻衄（　　）　　(9) 龟兹（　　）
(10) 龋齿（　　）　　(11) 鞭挞（　　）　　(12) 绰约（　　）
(13) 谶纬（　　）　　(14) 悖论（　　）　　(15) 辅弼（　　）
(16) 秉持（　　）　　(17) 孱弱（　　）　　(18) 褫夺（　　）
(19) 整饬（　　）　　(20) 彳亍（　　）　　(21) 校雠（　　）
(22) 反刍（　　）　　(23) 命运多舛（　　）　　(24) 跌宕（　　）
(25) 遏制（　　）　　(26) 凫水（　　）　　(27) 户枢不蠹（　　）
(28) 鳏夫（　　）　　(29) 麾下（　　）　　(30) 商榷（　　）
(31) 百喙莫辩（　　）　　(32) 孑孓（　　）　　(33) 抓阄（　　）
(34) 遽然（　　）　　(35) 诡谲（　　）　　(36) 矍铄（　　）
(37) 罹难（　　）　　(38) 乖戾（　　）　　(39) 妆奁（　　）
(40) 撂挑子（　　）　　(41) 梦寐（　　）　　(42) 静谧（　　）
(43) 奸佞（　　）　　(44) 戕害（　　）　　(45) 暴殄天物（　　）
(46) 卖官鬻爵（　　）　　(47) 笑靥（　　）　　(48) 向隅（　　）
(49) 栀子花（　　）　　(50) 炙热（　　）

5. 给下列人名、地名注上正确的拼音。

(1) 查（　　）　　(2) 卜（　　）　　(3) 种（　　）
(4) 褚（　　）　　(5) 盖（　　）　　(6) 芮（　　）
(7) 过（　　）　　(8) 哈（　　）　　(9) 扈（　　）
(10) 华（　　）　　(11) 阮（　　）　　(12) 纪（　　）
(13) 蒯（　　）　　(14) 邝（　　）　　(15) 解（　　）
(16) 燕（　　）　　(17) 朴（　　）　　(18) 覃（　　）
(19) 仇（　　）　　(20) 任（　　）　　(21) 单（　　）
(22) 佟（　　）　　(23) 万俟（　　）　　(24) 令狐（　　）
(25) 尉迟（　　）　　(26) 鄱阳（　　）　　(27) 綦江（　　）
(28) 荥阳（　　）　　(29) 邛崃（　　）　　(30) 兖州（　　）
(31) 北碚（　　）　　(32) 蚌埠（　　）　　(33) 泌阳（　　）
(34) 亳州（　　）　　(35) 堡镇（　　）　　(36) 郴州（　　）
(37) 嵊州（　　）　　(38) 儋州（　　）　　(39) 砀山（　　）
(40) 涪陵（　　）　　(41) 东莞（　　）　　(42) 邗江（　　）
(43) 济南（　　）　　(44) 鄄城（　　）　　(45) 阆中（　　）
(46) 耒阳（　　）　　(47) 六安（　　）　　(48) 番禺（　　）
(49) 汶水（　　）　　(50) 台州（　　）

6. 下列各字是怎样被简化的？

(1) 劉（刘）　(2) 婦（妇）　(3) 醜（丑）　(4) 雜（杂）　(5) 幾（几）
(6) 習（习）　(7) 體（体）　(8) 眾（众）　(9) 適（适）　(10) 難（难）
(11) 鬥（斗）　(12) 奮（奋）　(13) 蝦（虾）　(14) 專（专）　(15) 後（后）
(16) 興（兴）　(17) 東（东）　(18) 滅（灭）　(19) 庫（库）　(20) 書（书）

7. 改正下列各句中的别字。

(1) 激情的泪水变成文字——这就是最初我呈现给你看的文字。

(2) 他谱写了一篇高吭激越的激流之歌。

(3) 摄制组原想在这里拍摄戚继光当年曾等了几年也没有看到的海市唇楼，让观众一开眼界，然而，那醉人的海市奇观终不肯露面。

(4) 它反映了一个王朝行将末落的情景。

(5) 这些译作微妙微肖地传达了中国古诗的神韵。

(6) 这一下你这个卫戍司令也甘败下风了吧？

(7) 他们出于为实现四化多学知识的良好愿望，刻苦学习，拼命读书，精神实在可佳。

(8) 朱委员长全神灌注地看着，高兴地说：“问同志们好！”

(9) 不可否认，也会有极少数人，为了一己之私利而去“头悬梁，锥刺骨”。

(10) 她即会写诗，又会画画。

(11) 即然你说了，就该照着办。

(12) 我的水平有限，他不会嫌我滥芋充数。

(13) 两人的学业都有成就，如果能成婚，可说是珠联壁合。

(14) 我军必须在敌军尚未站稳脚跟的情况下一股作气，尽快地消灭他们。

(15) 回到故乡，他用两手捧起一杯土，深情地闻着那故乡的香味。

(16) 树上的叶子现在是绿的，但只须吹第一阵寒风，倾刻之间就会枯黄。

(17) 她的母亲专程从国外赶到上海照顾女儿做月子。

(18) 他总觉得有人在袒护，于是更加有持无恐。

(19) 树林间雾蔼弥漫，葛藤交错，幽静阴森。

(20) 驾驶帆船，全凭舵手的丰富经验，能看风驶舵。

(21) 以创新精神探询学校管理之路是学校推进素质教育进程的核心。

(22) 暗淡了刀光剑影，远去了鼓角争鸣。

(23) 40岁时鹰的喙、羽毛和爪子上的指甲都开始老化，无法有效地飞翔并捕捉猎物。

(24) 事实证明，很多自称有特意功能的人，其实都是在变魔术。

(25) 欧委会公开辟谣是为平息欧洲国家说欧盟将推迟向欧洲单一货币过度的日期。

(26) 据国外媒体报到，欧洲航天局计划使用3D打印技术建造一座月球基地。

(27) 在实施过程中要关注到企业重组可能带来的不稳定和由此可能引起的社会振荡。

(28) 在秩序景然的星座之间，有时会突然出现一颗异常明亮的天外来客，甚至在白天也能见到。

(29) “复员乳”就是用生鲜牛奶加工成奶粉再液化成液态奶。其加工方式主要有两种：一种是在鲜牛奶中掺入比例不等的奶粉，另一种是以奶粉为原料生产的调味乳。

(30) 当遇到地震时切记恐慌，要沉着冷静，迅速采取正确行动。特别是在高楼和人员密集场所，就地躲避最现实。

8. 改正下面短文中的别字。

(1) 圆明园既有宫庭建筑的庸容华贵，又有江南水乡园林的委婉多姿，同时，又吸取了欧洲的园林建筑形式，把不同风格的园林建筑融为一体。它不仅以园林著称，而且也是一座收藏相当丰富的皇家博物馆。雨果曾说：“即使把法国圣母院的全部宝物加在一起，也不能同这个规模洪大而富丽堂皇的东方博物馆匹美。”园内各殿堂装饰华美，有难以计数的紫檀木家具，还陈列着许多稀世文物。

(2) 雄伟壮观的万里长城象一条巨龙，在重峦迭嶂之间蜿蜒盘旋，从山海关到嘉峪关

全长六千七百多公里。它是人类建筑史上罕见的古代军事防御工程，凝聚着我们祖先的血汗和智慧，象征着中华民族艰不可摧的意志和力量。它以幽久的历史，浩大的工程，雄伟的气魄著称于世，与埃及的金字塔、印度的泰姬陵等一起被喻为世界的奇迹。

(3) 古人付予月亮许多传说，从月中蟾蜍到玉兔捣药，从吴刚阀桂到嫦娥奔月，人们通过丰富的想象力为月宫世界描绘了一幅幅斑驳陆离的胜景。自汉至唐，骚人墨客纷纷吟咏月亮及月中之事，八月十五月圆时成为输发感情的极佳时刻。至北宋太宗年间，官家正式将八月十五日订为中秋节，取意于三秋之正中，界时万民同庆。中秋之夜，明月当空，清辉洒满大地，人们把月圆当作团圆的象征，把八月十五作为亲人团聚的日子，因此，中秋节又被称为“团圆节”。

(4) 平乐的山虽不及峨眉的巍峨，青城的青秀，但它却有自己的性格，山不在高，有“仙”则灵。平乐的“仙”就是久负胜名的西蜀茶马古道，西蜀茶马古道是西蜀人走向世界文明的窗口。平乐的水虽然没有岷江丰泽万物的神功，也没有九寨沟灵动飞舞的风蕴，但它却有小女子一样的玲珑。平乐，镶嵌在邛州的山水田园间，远远望去就像一幅人间的自然画定格在了一张混然天成的幕布上，诉说着它的久远，讲述着它的深遂。

(5) 黄河之水天上来。到了壶口，黄河一下子像愤怒像高昂像要直抒胸意地站了起来。猴子站立起来是向人进化的重要标志，黄河站立起来也是一个飞跃，就像个鼎天立地的人活了。活了便要说话，那浪涛卷起雷鸣般的吼声，便是她第一声啼哭，第一声就不同反响。注视着从上而下的水，第一次看到自然里的生命在毫无勒绊的状态下的兴奋和放纵。那啪啪的水击之声便是欢笑，便是真正的快感，便是真正的淋漓尽致。看久了，心也会溶进那飞溅的黄色水流里。

第六节
汉字的信息化处理与应用

一、填空题

1. 目前汉字输入的方式主要分为________和非键盘输入，其中键盘输入包括______、______、______和形音码等输入方法。

2. 非键盘输入中包含手写输入、语音输入和__________等。

3. 计算机直接对汉字信息进行输入输出和加工处理的技术就是__________。

4. 能将任意文字信息实时转化为标准流畅的语音朗读出来的技术被称为“__________”。

5. __________是汉字信息处理的重要基础。

二、选择题

1. 我国第一个简体汉字编码的国家标准是（　　）。

A.《信息交换用汉字编码字符集·基本集》

B.《信息交换用汉字编码字符集·辅助集》

C.《中文标准交换码》

D.《信息技术和信息交换用汉字编码字符集·基本集的扩充》

2.《CJK 统一汉字编码字符集》是由（　　）三个国家电脑用汉字字符集合并在一起，去掉重复的，取其“合集”而成，共收 20 902 个汉字。

A. 中国、日本、越南　　B. 中国、韩国、朝鲜

C. 中国、日本、韩国　　D. 中国、日本、朝鲜

3. 已故中国科学院院士支秉彝先生于 20 世纪 70 年代发明的“见字识码法”属于（　　）。

A. 音码　　B. 形码　　C. 音形码　　D. 形音码

4. 下列输入法中属于形码的有（　　）。

A. 五笔字型码、郑码　　B. 智能 ABC、自然码

C. 元码、智能狂拼　　D. 搜狗、中文之星

5. 汉字的信息处理与通用的字母数字类信息处理有很大差异，突出表现在汉字输入输出技术和汉字处理系统的软件方面，现有计算机汉字信息处理系统构成的指导思想是（　　）。

A. 借鉴并援引西文的处理方式

B. 在原有处理西文的基础上，增加处理中文的功能

C. 创立中文特有的处理方式

D. 修订西文的处理方式使之适应中文的处理功能

三、简答题

1. 目前常用的汉字输入方法主要有哪些？

2. 优秀的输入法应该具有哪些特点？

3. 目前常用的汉字的输入、输出方式主要有哪些？

四、分析与操练题

1. 试分析在现代社会中汉字的应用领域有哪些变化，以及现代汉字是否还适应现代社会对书写符号的需求。

2. 试分析汉字的信息化处理应该如何实行，以及汉字信息处理系统构成的指导思想。

第三章 词汇

第一节 词汇概说

一、填空题

1. 词汇包括了一种语言中所有的词，除此之外，还包括了作用相当于词的固定结构，主要是__________和__________两类。

2. 基本词汇和一般词汇是词的两个大的类聚。这两大类聚主要依据是否具有__________、__________和__________等特点聚合而成。

3. 词汇学是以__________作为研究对象的科学。

4. 词是音义结合体，__________是它的物质外壳，__________是它所表示的内容。

5. 普通词汇学是以______________________________为研究对象的。

6. 历史词汇学是以______________________________为研究对象的。

7. 描写词汇学是以______________________________为研究对象的。

8. 一种语言里所有的词语的总和叫作“__________”。“词语”指__________和各种性质作用大致相当于词的________，在现代汉语中就是指成语__________、__________、__________等。

9. 词义是对客观事物的__________反映，它包含着人们对客观事物的认识。

二、选择题

1. 下列关于词汇和语言的关系说法正确的是（　　）。

A. 词汇就是语言

B. 语言中的词汇是语言

C. 词汇是语言的建筑材料，是一种语言中所有的词以及相当于词的作用的固定结构的总汇

D. 词汇和语言之间没有任何关系

2. 下列哪项不属于词汇的范围之内（　　）。

A. 成语　　B. 歇后语　　C. 惯用语　　D. 语素

3. 狭义的现代汉语词汇是现代汉语（　　）中的所有词语。

A. 各方言所有词语　　B. 普通话　　C. 北京话　　D. 书面语

4. 现代汉语中最常用词约（　　）个，这是核心部分，其覆盖面为一般语料的86%。

A. 3 000　　B. 5 000　　C. 8 000　　D. 6 000

5. “击打←打→打印→打印机”中，根词是（　　）。

A. 打印　　B. 打　　C. 打印机　　D. 击打

三、简答题

1. 什么是词汇？

2. 怎样理解词汇的系统性？

四、分析与操练题

1. 试对“他学习汉语很用功，坚持每天记住15个词汇”这句话作出分析。

2. 试对“词汇学是孤立存在的，与其他学科没有联系”这句话作出分析。

第二节
词汇单位

一、填空

1. 语言中最小的音义结合的单位是________，根据其能否独立成词，可分为________和________。

2. 成词语素的特点在于它本身既能________，也能________，而不成词语素则只能________。

3. “小女孩儿喜欢吃吐鲁番的葡萄”中包含了________个音节，________语素，________个词。

4. 语素可以从不同的角度、按不同的标准进行分类。按照音节的多少，语素可以分为________和________；按照意义的标准，可以把语素分为________和________两类；按照活动能力来看，语素可以分为________、________和________；按照能否独立成词的标准，语素可以分为________和________两类。

5. “北京猿人究竟多少人一群呢?”这句话中共有__________个语素__________个词。

6. 鉴定一个语言单位是否是词，大致可以采用三种方法：____________________、________________、________________。

7. 现代汉语中有一些词可以拆开使用，它们合起来是一个词，拆开来是词的分离形式，这种可离可合的词，一般都称为“__________”。

8. 语素的作用和功能是__________。

9. 不表示意义的音节变成了表意的语素，这种现象叫作“__________”。

10. 原来表示意义的语素后来变为只表音不表意的音节的现象叫“__________”。

11. 多音节语素主要包含__________、__________、__________、__________四类。

12. “旗杆上扎鸡毛——好大的掸（胆）子”是熟语中的__________。

13. 词是构成__________或__________的要素，语素是构成__________的要素。

14. 熟语包括________、________、________等，它们的格式和构成成分__________，它们的意义往往__________。在使用上，它们的性质和作用相当于__________。

二、选择题

1. 语素是（　　）。

A. 最小的语音单位　　B. 最小的意义单位

C. 最小的语音语义结合单位　　D. 能独立运用的最小的意义单位

2. “员、祖、乡、分、妊、严”中包含的自由语素是（　　）。

A. 乡、分、严　　B. 祖、分、严　　C. 祖、乡、分　　D. 员、分、妊

3. “一对花瓶”“你说的对”“面对未来”中三个“对”代表（　　）。

A. 一个词　　B. 两个词　　C. 三个词　　D. 只代表音节，不代表词

4. “惆怅”一词是（　　）。

A. 叠韵词　　B. 双声词　　C. 音译词　　D. 非双声叠韵词

5. “沙哑”和“沙发”中的“沙”（　　）。

A. 都是语素　　B. 都不是语素

C. 前者是语素后者不是语素　　D. 前者不是语素后者是语素

6. “雷峰塔”“塔吉克族”“一座塔”中的“塔”分别是（　　）。

A. 词、语素、字　　B. 语素、字、词　　C. 词、字、语素　　D. 语素、词、字

7. “反法西斯主义者”中的语素有（　　）。

A 、两个　　B. 三个　　C. 四个　　D. 五个

8. 下列各组中，每个成员都带有定位语素的是（　　）。

A. 舌头、对头、想头　　B. 老鼠、老爷、老家

C. 绿化、西化、简化　　D. 健儿、孩子、女儿

9. 下列各组词，全是基本词的是（　　）。

A. 长、短、坏、地球　　B. 人、马、超、定

C. 月亮、硬座、水、新星　　D. 门、窗、红、东

10. 下列各组中，每个成员都是成词语素的是（　　）。

A. 蚯 香 堤　　B. 呢 恢 法　　C. 第 艰 讷　　D. 江 也 胡

11. 下列各组中，两个都是词的是（　　）。

A. 了不起　水龙头　　B. 铝合金　走得动

C. 赔不是　花衬衣　　D. 苦差事　看不懂

12. “珊瑚”一词是（　　）。

A. 联绵词　一个语素　　　　　　　　B. 音译词　一个语素
C. 偏正式合成词　两个语素　　　　　D. 联合式合成词　两个语素

三、简答题

1. 简要说明怎样区分语素和词。
2. 举例说明如何用替代法确定语素。
3. 简要说明语素和音节、汉字的关系。
4. “所有的名称都是词”，这种说法对不对？为什么？
5. 离合词的特点是什么？
6. 举例说明语素按音节多少分类的情况。
7. 什么是熟语？常见的熟语有哪几种？
8. 怎样理解词是具有一定语音形式的、最小的能够独立运用的有意义的语言单位？
9. 举例说明如何鉴别一个语言单位是否是词。
10. 确定语素的方法是替换法，举例说明使用替换法确定语素时应注意哪些问题。

四、分析与操练题

1. 指出下面哪些能独立成词，哪些只能作为语素，哪些仅仅是字，并把不是词的组成词。

军　　绪　　玻　　稳　　习　　得　　趟

2. 从音节、意义、功能角度分析下列语素。

示例：蜻蜓——多音节的、成词的实语素。

者　蝙蝠　机　劳　水　迪斯科

3. 指出下面画线的是词还是语素，还是仅仅是字。

(1) “明天，明天，过了今天……”这是懒汉的语言。
(2) 一锹挖不成井，一天盖不成罗马城。
(3) 井水不犯河水。
(4) 科学的敌人不比朋友少。
(5) 一个人最不容易改变的是眼睛。
(6) 牛顿说：“如果我所见的比笛卡尔要远一点，那就是因为我是站在巨人的肩膀上的缘故。”
(7) 在我们的生活中，什么事都会碰到，而且比书本里的要更离奇。
(8) 他俩谁也离不开谁。
(9) 一个风雨交加的夜晚。
(10) 善问者能过高山。

第三节 词的构造

一、填空题

1. 构词语素分为两大类：__________和__________。

2. __________是构词的主要成分，它们可以表示具体的词汇意义，是词义的主要承担者。

3. __________是构词的附加成分，它们位置固定，或者表示抽象的词汇意义，或者表示某种语法意义。

4. 根据音节的多少，汉语的词可以分为__________、__________和__________。

5. 根据包含语素的多少，汉语的词可以分为__________和__________。

6. 现代汉语中，在数量上占绝对优势的词是__________。

7. 用语素构成词的方法是__________。

8. 单纯词是指__________。

9. 单纯词除了单音节词外，还有________、________、________和________四类。

10. 联绵词指________________________________，分为__________、__________和__________三类。

11. 由相同的两个音节重叠而成的词是__________。

12. 模拟自然界或人类自身声音的词是__________。

13. 按外族语词的语音翻译过来的词是__________。

14. 由两个或两个以上的语素构成的词是__________。其构成方式主要有__________和__________两种。

15. 由词根加词根直接组合成合成词的构词方式是__________。

16. 从词根与词根之间的关系看，复合式又可分为___________、___________、__________、__________、__________等五种基本类型。

17. 由表示具体词汇意义的词根和表示某种附加意义的词缀构成合成词的构词方式是__________。

18. 附加式可以分为两大类：一类是加虚化词缀，即__________；一类是加类化词缀，即__________。

19. 位置完全固定，意义基本虚化，读音弱化的词缀是__________；位置基本固定，意义正在类化，读音不变的词缀是__________。

20. 由两个词根语素重叠而成的构词方式是__________。

21. "忐忑"是单纯词中的__________词，"鸳鸯"是__________词，"翩跹"是__________词。

22. "流连"是单纯词中的__________词，"妯娌"是__________词，"叮咛"是__________词。

23. 词是构成__________或__________的要素，语素是构成__________的要素。

24. 由一个语素构成的词叫作"__________"，合成词是由__________语素构成的词。

25. 双音节单纯词主要包括__________、__________、__________三种。

26. 由词根加词根组成的合成词有__________和__________两种形式。

27. 复合式合成词是由__________结合在一起组成的合成词，重叠式合成词是由__________构成的合成词，附加式合成词是由__________组合而成的。

28. 复合式合成词有五种类型，它们是__________、__________、__________、__________、__________。

29. 一种语言里所有的词语的总和叫作"__________"。这里的"词语"指__________和各种性质作用大致相当于词的__________，在现代汉语中就是指成语、__________、__________、__________等。

30.“团购”是合成词中的__________，“给力”是合成词中的__________，“雷人”是合成词中的__________。

31.“宅男、宅女”是合成词中的__________。

二、选择题

1. 下列各组词中全部是联绵词的是（　　）。

A. 仓促、唐突、琉璃、苗条、蝙蝠　　B. 坎坷、蟋蟀、枇杷、卢布、皑皑

C. 详细、伶俐、哗啦、葫芦、朦胧　　D. 游弋、叮咛、摩托、沙发、吩咐

2. 下列各组词中全部是双声词的是（　　）。

A. 澎湃、枇杷、坎坷、拮据、唐突　　B. 苗条、蜻蜓、迷离、琵琶、慷慨

C. 芙蓉、蝙蝠、蝴蝶、牡丹、琉璃　　D. 慷慨、澎湃、枇杷、依稀、苍茫

3.“囫囵”一词是（　　）。

A. 叠韵词　　B. 双声词

C. 音译词　　D. 非双声叠韵词

4.“珊瑚”一词是（　　）。

A. 联绵词　一个语素　　B. 音译词　一个语素

C. 偏正式合成词　两个语素　　D. 联合式合成词　两个语素

5.“雄性”是（　　）。

A. 词根加后缀　　B. 词根加前缀

C. 并列式合成词　　D. 偏正式合成词

三、简答题

1. 什么叫词根？什么叫词缀？二者的区别表现在哪里？请举例说明。

2. 区分真词缀和类词缀的依据和标准是什么？请举例说明。

3. 什么是单纯词？单纯词有哪些类型？请举例说明。

4. 什么是合成词？合成词分哪几类？请举例说明。

5. 怎样区分叠音词与重叠式合成词？

6. 词和短语有哪些区别？请举例说明。

7. 谈谈汉语的韵律形式与构词法之间的关系。

8. 试画出汉语构词简表。

四、分析与操练题

1. 分析下面合成词的构词方式。

现实　理想　人民　头像　幼儿　超额　无穷　自愿　体验　平头　痛快
天蓝　粉饰　鸟瞰　雪崩　胆怯　肉麻　可亲　念头　房间　看齐　阔气
深化　照明　充满

联合型：

偏正型：

补充型：

动宾型：

主谓型：

词根＋词缀：

词缀＋词根：

2. 指出下面哪些是词，哪些是短语。

抗旱　改变　老鸦　老脾气　老地方　心肺　天安门广场　老娘　山头　水浅

看书　苦头　优秀生　流水账　心肠　打不烂　用不尽　流水　自来水
河水　心思　书本　吃得来　经不起　高山　失言　共产主义
无产阶级　高炉　高见　高材生

3. 下面合成词中的“老”“头”“化”“可”“初”“儿”，哪些是词缀（虚语素），哪些是词根（实语素）？

老乡　老师　老大　老实　老调　烟头　前头　石头　馒头　罐头　变化
僵化　美化　消化　现代化　可信　可口　可体　可取　可笑　初六　初赛
初级　初试　女儿　画儿　短儿　低能儿　亮儿

4. “合吃族、急婚族、啃老族、hold姐、失控姐、房姐、淘客、试客、职客”这些词中的“族”“姐”和“客”能不能称作完全意义上的词缀？为什么？

5. 分析下面外来词、字母词的构词方式。

CAD　DNA　AC米兰　OPEC　IT　4S店　CPI　PM2.5　ECFA
IP电话　POS机　pH值　CBD　NBA　Win7系统　维生素A

第四节 词义分析

一、填空题

1. 词是__________和__________的结合体。__________是词的形式，__________是词的内容。

2. 词义呈现出多方面的特征，主要表现为四个方面：__________、__________、__________、__________。

3. 就实词而言，词义主要包括__________、__________和__________三个部分。

4. 附加意义种类很多，比较重要的有四种：__________、__________、__________和__________。

5. 理性意义又可分为__________和__________。

6. 理据意义主要有两种：__________和__________。

7. 词的理性意义的分项说明是__________。

8. 词最初产生时所具有的意义叫“__________”。

9. 由基本义直接或间接地发展转化来的义项称为“__________”。包括__________、__________和__________。

10. 在基本义的基础上经过推演发展而产生的义项叫作“__________”。

11. 借用一个词的基本义来比喻另一种事物所产生的新的意义是词的__________。

12. 义素是构成词义的最小意义单位，也就是词义的区别特征，所以又叫“__________”或“__________”。

13. 义素的基本性质是__________、__________、__________

__________。

14. 从概念义的数量多少来划分，词可分为__________和__________。

15. 只有一个义项的词叫作“__________”。

16. 具有多个固定义项且义项与义项之间具有内在联系的词叫作__________。

17. 仅仅语音形式相同而词义之间没有联系的词是__________，它是跟异音词相对而言。它可以分为两类：__________和__________。

18. 凡是一种词形具有两种或两种以上读音，就是__________。

19. 声音相同或相近，意义上相近或相通，从同一语源派生出来的词叫作“________”。它有三个特点：__________、__________、__________。

20. 语义场是词义的__________。

21. 语义场有__________和__________的特点。

22. 上层语义场叫作“__________”，__________叫作“子场”。

23. 上层语义场的词叫作__________，下层语义场的词叫作__________。

24. 根据语义场中各个成员的相互关系，我们把语义场分成不同的类型，主要有__________、__________和__________三种。

25. 意义相同或相近的词组成的语义场叫作“__________”。同义义场中的成员叫作“__________”。其中意义完全相同的词叫“__________”。

26. 辨析同义词的差别，主要从以下四个方面入手：__________、__________、__________、__________。

27. 两个意义相反或相对的词组成的语义场叫“__________”。反义义场可分为两个小类：__________和__________。

28. 意义相反或相对的一组词叫“__________”。

29. 从反义词的两个成员——甲和乙的关系来看，反义词内部可以细分为四种：__________、__________、__________、__________。

30. 词义发展演变类型可概括为七种：________、__________、__________、__________、转化、虚化、同化。主要涉及词义本身的变化和__________两类。

31. 推动词义演变的第一动力是__________。

二、选择题

1. “虚心”和“虚伪”的区别是（　　）。

A. 语义轻重不同　　B. 感情色彩不同

C. 范围大小不同　　D. 语体色彩不同

2. “随同”和“陪同”的区别是（　　）。

A. 语体色彩不同　　B. 感情色彩不同

C. 意义的轻重不同　　D. 范围大小不同

3. “喂养”和“饲养”的区别是（　　）。

A. 动作的行为特点不同　　B. 动作行为的施事者不同

C. 语义轻重不同　　D. 支配对象不同

4. “边疆”和“边境”的区别是（　　）。

A. 集体与个体的不同　　B. 性状特征不同

C. 范围大小不同　　D. 语体色彩不同

5. “明亮”在“光线充足”意思上的反义词是（　　）。

A. 昏暗　　B. 暗淡

C. 模糊　　　　　　　　　D. 黝黑

6. 从给出的几个词中选择最恰当的一个填入括号。

(1) 这篇文章内容还好，但是结构（　　），层次不清，必须重写。

A. 杂乱　　　B. 混乱　　　C. 紊乱

(2) 中国的封建社会（　　）了三千多年。

A. 持续　　　B. 连续　　　C. 继续

(3) 人固然应该生存，但为的是进化；也不妨受苦，但为的是（　　）将来的一切苦；更应该战斗，但为的是改革。

A. 破除　　　B. 废除　　　C. 解除

(4) 一座新盖起来的乳白色的三层小楼（　　）在校园的右侧。

A. 耸立　　　B. 矗立　　　C. 屹立

(5) 王老师亲切的（　　），使小陈明白了自己的错误。

A. 教育　　　B. 教诲　　　C. 教训

(6) 这种仪器非常（　　）复杂，操作时一定要小心。

A. 精细　　　B. 精密　　　C. 精彩

(7) 父母不应该（　　）孩子的缺点和错误。

A. 袒护　　　B. 庇护　　　C. 保护

(8) 黑暗的势力并没有（　　）他的精神，可怕的绝症也不能（　　）他的意志。

A. 摧毁　　　B. 摧残　　　C. 残害

(9) 但倘有同一营垒中人，化了装从背后给我一刀，则我的对于他们的憎恶和（　　）是在明显的敌人之上的。

A. 蔑视　　　B. 请示　　　C. 鄙视　　　D. 藐视

(10) 农工们把他们辛勤劳动的（　　）果实送到了战士们的面前。

A. 丰盛　　　B. 丰硕　　　C. 丰厚

(11) 你们开发公司（　　）以后，年总产值能达到一亿元吗？

A. 扩大　　　B. 扩充　　　C. 扩张

(12) 老太太很（　　）地对雷锋说："孩子，看你累得满头大汗，该休息啦。"

A. 亲热　　　B. 亲切　　　C. 亲密

(13) 市面上假画很多，假如我们发现虫和鸟有什么不妥当的地方，十之八九就是(　　)的。

A. 捏造　　　B. 伪造　　　C. 臆造

(14) 凡有缺陷，一经作者（　　），后半便大抵改观，使读者落诬妄中，以为世间委实尽够光明，谁有不幸，便是自作、自受。

A. 修饰　　　B. 装饰　　　C. 粉饰

(15) 石棉的（　　）是纤维构造而又不易燃烧。

A. 特点　　　B. 特色　　　C. 特性　　　D. 特征

7. "兵不血刃"这个短语中的"兵"是"兵器"的意思。这个意义是（　　）。

A. 基本义　　B. 本义　　　C. 引申义　　D. 比喻义

8. 下面几组外来词，借用方式相同的一组是（　　）。

A. 卡宾枪　香槟酒　道林纸　　B. 汉堡包　沙发　吉普车

C. 易拉罐　幽默　意识流　　　D. 艾滋病　迪斯科　保龄球

9. "年轻""雪崩""胆怯""自愿"这些合成词的合成方式都是（　　）。

A. 联合式　　B. 偏正式　　C. 补充式　　D. 主谓式

10. 下列各组中，每个成员都带有定位语素的是（　　）。

A. 舌头、对头、想头　　B. 老鼠、老爷、老家

C. 变化、西化、简化　　D. 健儿、孩子、女儿

11. 下列各组中，每个成员都与合成词“理事”的结构方式相同的是（　　）。

A. 革新、平反、凝目　　B. 伤心、防范、走路

C. 革命、突破、齐心　　D. 埋头、起草、隔行

12. 下列各组中，属于同音词的一组是（　　）。

A. 仪表（他的仪表端庄）—仪表（机器的仪表坏了）

B. 工作（他找到工作了）—工作（他正在工作）

C. 关节（腕关节）—关节（找人打通关节）

D. 问题（老师提出问题）—问题（设计遇到了问题）

13. 下列各组成语中，加点的词读音相同的是（　　）。

A. 秦晋之好、好为人师　　B. 自怨自艾、方兴未艾

C. 度德量力、度日如年　　D. 一知半解、庖丁解牛

14. 下列各组动词中，不能带宾语的是（　　）。

A. 游泳、睡觉、示威　　B. 害怕、明白、喜欢

C. 知道、见得、感到　　D. 进来、出去、离开

三、简答题

1. 人们在日常生活中，总是通过词的形式来理解别人所说的意思和表达自己的思想感情，如果离开了对词义的理解和表达，就不能很好地交流思想。因此，词义在语言系统中占有十分重要的地位。请简要说明词义有哪些特征。

2. 任何一种语言的词义都是由多种因素构成的复杂系统。请举例说明词义的构成。

3. 什么是理性义？

4. 什么是评价义？请举例说明。

5. 什么是语体义？语体义分为哪几类？

6. 词义和概念的关系主要体现在哪几个方面？

7. 词义和概念的区别体现在哪些方面？

8. 什么是义项？义项分为哪几类？

9. 什么是义素？

10. 义素分析的原则和步骤有哪些？

11. 义素分析法的局限性体现在哪些方面？

12. 什么是单义词？请举例说明。

13. 什么是多义词？

14. 什么是同音词？同音词分为哪几类？试举例说明。

15. 现代汉语同音词形成的原因主要有哪几个方面？

16. 多义词和同音词有什么区别？

17. 什么是多音词？试举例说明。

18. 什么是同源词？试举例说明。

19. 语义场有哪些特点？

20. 什么是上位词？什么是下位词？试举例说明。

21. 关于上位词、下位词需要注意哪几点？

22. 根据语义场中各个成员的相互关系，我们可以把语义场分成哪几种类型？

23. 辨析同义词的差别，主要从哪些方面入手？

24. 同义词有哪些主要的表达作用？

25. 什么是反义义场？反义义场分为哪几类？

26. 什么是反义词？我们可以从哪几个方面去认识反义词的性质？

27. 反义词有哪些类型？试举例说明。

28. 词义处于不断的发展变化之中，随着社会生活的变化和人的认识的深化，就会发生变化和演化。试说明词义演变有哪些类型。

29. 词义演变的原因有哪些？

30. 语法系统促使词义演变主要表现在哪几个方面？

四、分析与操练题

1. 指出下列词中哪些是单纯词。

阿訇—阿谀　阿飞—阿门　支配—支那　罗盘—罗汉　相同—胡同
镭射—放射　和平—和尚　苏打—苏醒　探戈—探险　普通—卡通

2. 分析下列新词的结构方式。

(1) 脱贫（　）(2) 特区（　）(3) 离休（　）(4) 快递（　）(5) 牵头（　）
(6) 落实（　）(7) 民办（　）(8) 开放（　）(9) 责任田（　）(10) 双休日（　）

3. 指出下列外来词的类型。

(1) 哈达（　）(2) 幽默（　）(3) 啤酒（　）(4) 宝刹（　）(5) 维他命（　）
(6) 吉卜赛（　）(7) 冰激凌（　）(8) 俱乐部（　）(9) B超（　）(10) VCD（　）

4. 指出下列词中的单义词和多义词。

(1) 报道（　）(2) 比拟（　）(3) 岔路（　）(4) 诚心（　）(5) 创伤（　）
(6) 地基（　）(7) 风景（　）(8) 挂彩（　）(9) 后台（　）(10) 让位（　）

5. 分析下列各词的专门义和普通义。

(1) 升华（　）(2) 麻痹（　）(3) 胚胎（　）(4) 近视（　）(5) 起飞（　）

6. 指出下列各词的义项哪些是本义，哪些是基本义，哪些是转义。

(1) 锋利：A. (工具、武器等) 头尖或刃薄，容易刺入或切入物体。（　）
B. (言论、文笔等) 尖锐：谈吐～。（　）

(2) 开阔：A. (面积或空间范围) 宽广。（　）
B. (思想、心胸) 宽阔：他是一个思想～的人。（　）

(3) 厚：A. 扁平物上下两面之间的距离大（跟“薄”相对）。（　）
B. 优待；推崇；重视：～此薄彼。（　）

(4) 交通：A. 往来通达：阡陌～。（　）
B. 原是各种运输和邮电事业的统称，现仅指运输事业。（　）
C. 抗日战争和解放战争时期指通信和联络工作。（　）
D. 指交通员。（　）

(5) 松：A. 松散（跟“紧”相对）。（　）
B. 使松：～一～腰带。（　）
C. 解开；放开：～绑。（　）

(6) 活动：A. 动弹；运动：～一下筋骨。（　）
B. 动摇；不稳定：这个桌子直～。（　）
C. 灵活；不固定：～房屋。（　）

(7) 开张：A. 商店等设立后开始营业。（　）

B. 经商的人指一天中第一次成交。（　　）

C. 比喻某种事物开始。（　　）

（8）回：A. 曲折环绕：～旋。（　　）

B. 从别处到原来的地方：～家。（　　）

C. 掉转：～头。（　　）

D. 答复；回报：～信、～敬。（　　）

7. 写出下列各词的比喻义。

（1）桥梁（　）（2）丑角（　）（3）挂钩（　）（4）渗透（　）（5）吹鼓手（　）

8. 指出下列同义词的主要区别。

（1）侮辱—凌辱　（2）性质—品质　（3）改正—改进　（4）嫉妒—羡慕

（5）障碍—阻碍　（6）丈人—岳父　（7）保护—保卫　（8）吹捧—赞扬

（9）战略—战术　（10）镭射—激光

9. 写出下列各句中加点词的反义词。

（1）A. 需要安静。（　　）

B. 孩子睡得很安静。（　　）

C. 打了一针，病人才安静下来。（　　）

（2）A. 太阳一出来，雾渐渐地淡薄了。（　　）

B. 最近她对象棋的兴趣淡薄了。（　　）

C. 大家对这件事的印象已经淡薄了。（　　）

10. 指出下列带点的词是多义词还是同音词。

（1）A. 临别纪念

B. 胸前别一朵大红花

C. 请别生气

（2）A. 先天不足，后天失调

B. 后天是他的生日

（3）A. 新生事物

B. 他是这个学校的新生

11. 下列各词，哪些是基本词，哪些是一般词？

（1）八（　）（2）巴望（　）（3）爱（　）　（4）藩镇（　）　（5）攻（　）

（6）黑（　）（7）青衣（　）（8）晋谒（　）（9）海洛因（　）（10）公倍数（　）

12. 从不同角度观察下列各组词语，选出每一组中与其他词不同类的词。

（1）丑化　老化　变化　儿化　（　　）　（2）地理　经理　乐理　公理　（　　）

（3）刚刚　悄悄　常常　偏偏　（　　）　（4）房间　车辆　纸张　船队　（　　）

（5）自立　自卫　自己　自杀　（　　）　（6）白色　黄色　灰色　紫色　（　　）

（7）伤害　损害　损伤　损失　（　　）　（8）交游　交友　郊游　焦油　（　　）

（9）休息　西洋　休止　休克　（　　）　（10）钢笔　动词　鲜花　墨水　（　　）

13. 完成下面义素分析的矩阵图。（有某义素的用“＋”标记，没有的用“－”标记）

	穿在脚上的东西	走路时着地	有筒
鞋			
靴子			
袜子			

	衣服	上身	穿
上衣			
裤子			

	人	工、商、戏剧行业	教技艺
师傅			
徒弟			

14. 试就下面一组词进行义素分析。

（1）生日　　寿辰　　诞辰

（2）流言　　谰言

（3）天赋　　本性　　天性

15. 根据例句归并义项。

（1）高：A. 那架飞机飞得很高。B. 我学的是高级汉语。C. 到处都是高楼大厦。D. 这孩子的体温有点儿高。E. 他很喜欢高等数学。F. 真是高见。G. 那棵树有五米高。H. 这里地势不高。I. 房间高三米。

（2）缺：A. 我们还缺两个人。B. 今天开会没有一个缺席的。C. 做得完满无缺。D. 补了一个缺。E. 碗边有个缺口。F. 庄稼缺肥缺水就长不好。

16. 根据词典释义，对下列各词进行义素分析。

（1）虚假：跟实际不符合。真实：跟客观事实相符合；不假。

（2）学生：在读书的人；向老师或前辈学习的人。老师：对教师的尊称，泛指传授文化、技术的人或在某方面值得学习的人。

第五节 词汇系统

一、填空题

1. 按照词语的性质和作用，词汇可分为两部分：__________和__________。

2. __________是语言中所有的基本词的总汇，它是语言词汇中主要的不可缺少的部分。

3. 基本词汇中的词称为“__________”，它们都表示人们日常生活中最必需的事物和概念。

4. 词汇中__________的总汇就是语言的一般词汇。

5. 由于语言的__________和__________，古代词语会有很大一部分会继续使用而延续到现代，这些就是“传承词”。

6. __________一般就是指过去曾经用过而现在已经不用的词。

7. __________是指来源于地域方言的词。

8. ________指来源于非汉语的其他语言的词语。

9. ________指由于社会分工不同而产生的各行业集团的用语。

10. 熟语主要包括：________、________和________。

11. 汉语的成语非常丰富，多数是从历史上沿袭下来的，来自________、________或者________等。

12. ________是口语中使用的表达一定习惯含义的固定结构。

13. 惯用语的形式以________为主。

14. 类固定词语主要是指一些准凝固性的________，当然也包括一些________的固定格式。

15. 社会变迁越急剧，新词语的产生也就越________。

16. ________的产生是现代汉语词汇的一个重要来源。

17. 现代汉语中的古语词是现代社会人们使用的古语词，它是________中的一个组成部分。

18. 一般词汇中的大多数词，都是在________的基础上形成的。

19. 成语的实际意义具有________，是隐含于表面意义之后的，而表面意义只是实际意义所借以表现的手段。

20. 汉语是有声调的语言，且注重音节韵律的________、________。

21. 四字格是汉语成语的基本格式，这种格式既整齐均称，又简洁明了。它具有两个突出的优点：________、________。

22. 成语是经过长期锤炼而形成的异常精练、富于表现力并为观众喜闻乐见的固定形式。恰当地使用成语，可以增强________效果。

23. 从意义上来说，惯用语不同于自由短语，不是构成成分意义的简单相加，而是________。

24. 歇后语分为两部分，前一部分的内容________，后一部分内容________。

二、选择题

1. 我们判断新词，首先要有一个（　　）概念，也就是说，必须立足于某一个时段、时点上来认识新词。

A. 时间　　B. 空间　　C. 地域　　D. 环境

2. （　　）和一般词汇中的个别成分可以互相转化。

A. 新词语　　B. 惯用语　　C. 外来词　　D. 基本词汇

3. 从形式上来说，最常见的惯用语是（　　）个字的。

A. 二　　B. 三　　C. 四　　D. 五

4. 在整个词汇系统中，（　　）字格的类固定词语占有相当高的比例，而且能产性还比较强。

A. 二　　B. 三　　C. 四　　D. 五

三、简答题

1. 什么是基本词汇？简述基本词汇的特点。

2. 与基本词汇相比较，一般词汇有什么样的特点？

3. 新词语是怎样产生的？通常有哪几种类型？

4. 现代汉语中相当于词的作用的固定结构，一般也可以称作"熟语"。熟语主要包括成语、惯用语和歇后语。这些固定结构都是在语言的长期运用中定型的短语和句子。请问这些固定结构的共同特点是什么？

5. 成语的作用有哪些？
6. 惯用语有哪些特点？它与自由短语有什么不同？
7. 类固定词语与成语间的联系和区别是什么？
8. 成语结构的固定性表现在哪两个方面？
9. 从创制方式看，歇后语的主要类型有哪些？
10. 掌握和熟悉固定词语的使用的意义是什么？

四、分析与操练题

1. 分析下列惯用语的结构形式。

狗咬狗　跑龙套　钻空子　卖关子　炒鱿鱼　和稀泥　求爷爷告奶奶　穿小鞋
穷庙富和尚　夸海口　套近乎　磨洋工　吃闭门羹　半吊子　闷葫芦　白眼狼
吹胡子瞪眼皮　擦边球　醋坛子　跟屁虫　鬼门关　聚宝盆　耳朵软　定心丸
光杆司令　没头苍蝇　缺胳膊少腿　睁一只眼闭一只眼　鬼推磨　一家人不说两家话

动宾式：
偏正式：
并列式：
主谓式：

2. 分析下列外来词的表现形式。

巴士　基因　咖啡　SOS　吉他　T恤衫　克隆　乌托邦
扑克　白兰地　比基尼　啤酒　芭蕾舞　吉普车　坦克车
逻辑　巧克力糖　绷带　可口可乐　俱乐部　幽默　MBA　CT　WTO　IT　IP
UFO

音译词：
音加意译词：
音意兼译词：
借形词：

3. 阅读下列故事，回答问题。

及元狩元年，博望侯张骞使大夏来，言居大夏时见蜀布、邛竹杖，使问所从来，曰："从东南身毒国，可数千里，得蜀贾人市"。或闻邛西可二千里有身毒国。骞因盛言大夏在汉西南，慕中国，患匈奴隔其道，诚通蜀，身毒国道便近，有利无害。于是天子乃令王然于、柏始昌、吕越人等，使间出西夷西，指求身毒国。至滇，滇王尝羌乃留为求道西十余辈。岁余，皆闭昆明，莫能通身毒国。滇王与汉使者言曰："汉孰与我大?"及夜郎侯亦然。以道不通故，各自以为一州主，不知汉广大。(《史记·西南夷列传》)

夸父与日逐走，入日。渴欲得饮，饮于河渭；河渭不足，北饮大泽。未至，道渴而死。弃其杖，化为邓林。(《山海经·海外北经》)

成语"夜郎自大"和"夸父追日"的形成来源分别是什么？

4. 汉语词汇中，通过一定修辞手段构成的成语有哪些？这样的构成手段有什么特点？请举例说明。

5. 阅读下列故事，写出故事所代表的成语和成语的形成来源。

(1) 既罢归国，以相如功大，拜为上卿，位在廉颇之右。廉颇曰："我为赵将，有攻城野战之大功，而蔺相如徒以口舌为劳，而位居我上。且相如素贱人，吾羞，不忍为之下!"宣言曰："我见相如，必辱之。"相如闻，不肯与会。相如每朝时，常称病，不欲与廉颇争列。已而相如出，望见廉颇，相如引车避匿。于是舍人相与谏曰："臣所以去亲戚

而事君者，徒慕君之高义也。今君与廉颇同列，廉君宣恶言而君畏匿之，恐惧殊甚，且庸人尚羞之，况于将相乎！臣等不肖，请辞去。”蔺相如固止之，曰：“公之视廉将军孰与秦王？”曰：“不若也。”相如曰：“夫以秦王之威，而相如廷叱之，辱其群臣，相如虽驽，独畏廉将军哉？顾吾念之，强秦之所以不敢加兵于赵者，徒以吾两人在也。今两虎共斗，其势不俱生。吾所以为此者，以先国家之急而后私仇也。”廉颇闻之，肉袒负荆，因宾客至蔺相如门谢罪。曰：“鄙贱之人，不知将军宽之至此也。”卒相与欢，为刎颈之交。（《史记·廉颇蔺相如列传》）

（2）吕翁经邯郸道上，邸舍中，有少年卢生自叹贫困，言讫思睡，主方炊黄粱。翁探囊中一枕以授生，曰：“枕此即荣遇如意。”生枕之，梦自枕窍入，至一国，功名得意，身历富贵五十年，老病而卒。欠伸而寤，顾吕翁在旁，主人炊黄粱犹未熟。生谢曰：“先生以此窒吾之欲。”（唐·无名氏《异闻录》）

（3）初，楚司马子良生子越椒。子文曰：“必杀之！是子也，熊虎之状而豺狼之声；弗杀，必灭若敖氏矣。”谚曰：‘狼子野心。’是乃狼也，其可畜乎？”（《左传·宣公四年》）

（4）慈母手中线，游子身上衣。
临行密密缝，意恐迟迟归。
谁言寸草心，报得三春晖！（唐·孟郊《游子吟》）

第六节 网络用词以及词汇规范

一、填空题

1. 媒体主要包括__________、__________和__________。

2. 科学技术术语规范对____________、____________、____________都具有不可替代的作用。

3. __________是新兴的大众媒体。

4. __________型字母词即直接移用外文缩写字母而组成的词。

5. 字母词中数量最多的是__________，如CAD（计算机辅助设计）、DNA（脱氧核糖核酸）、OPEC（石油输出国组织）、IT（信息技术）、MP3（一种袖珍型音乐播放器）等。

6. __________型字母词就是利用字母本身的性质而自造的词。

7. 面对当前迅速发展的词汇现象，对于汉语词汇的规范化，我们必须实事求是地把握一个规范化的动态标准：既要__________，又要注意__________。

8. 词汇作为语言三要素之一，最__________、最__________地反映着不同社会领域的发展变化。

9. 网络词语的构词形式呈现多样化的趋势，__________和__________的使用量远远大于其他媒体语言。

10. 字母的__________、__________和__________都属于字母自身固有的性质。

二、选择题

1. 下列词语中不是来自媒体语言的是（　　）。

A. 客服　　B. 背包客　　C. 月光族　　D. 瘪三

2. 在新词语中，（　　）最多，约占全部新词语的 90%。

A. 名词性词语　　B. 字母词　　C. 动词性词语　　D. 形容词性词语

3. 就字母词的性质而言，目前通行的观点是，可以把用拉丁字母、（　　）或者希腊字母构成的词，以及这些字母分别与符号、（　　）或者汉字混合构成的词，统一称为字母词。

A. 汉语拼音字母　标点　　B. 俄文字母　数字

C. 汉语拼音字母　数字　　D. 迦南字母　标点

4. 下列字母词分别属于直接型、混合型和自创型的是（　　）。

A. DNA　MP3　V 字领　　B. CAD　IP 电话　X 型人才

C、卡拉 OK　POS 机　O 型腿　　D. IT　T 型人才　X 射线

5. 下列选项中分别属于新词语和字母词的是（　　）。

A. 首付　F16 战斗机　　B. 尴尬　AC 米兰

C. 达人　IP 地址　　D. 凡客体　me2

三、简答题

1. 由媒体语言产生的新词语的主要特点有哪些？
2. 网络词语有什么样的特点？
3. 什么是混合型字母词？其有何特点？
4. 自创型字母词的排序特点是什么？
5. 英语单词缩略成的字母词的形成特点是什么？
6. 字母词得到广泛传播的原因是什么？
7. 字母词的使用规范有哪些？
8. 词汇规范化应该考虑的主要原则是什么？
9. 对于现代人来说，我们在使用和学习字母词时应注意什么问题？

四、分析与操练题

1. 分析下列字母词的类型：

DNA（脱氧核糖核酸）　IT（信息技术）　MP3（一种袖珍型音乐播放器）　DVD（数字影碟）　B 淋巴细胞　IP 电话（网络电话）　POS 机（销售点终端机或电子收款机）　O 形腿（罗圈腿）　V 字领（一种衣领的样式）　PSC（普通话水平测试）　HSK（汉语水平考试）　RMB（人民币）　KSJ（跨世纪）人才　ZL（专利）　ZX（专线）车　RW（软卧）　X 型人才（多学科的交叉型人才）　OPEC（石油输出国组织）　T 型人才（知识广博又有研究深度的人才）维生素 A　CAD（计算机辅助设计）

直接型：

混合型：

自创型：

汉语拼音字母词：

2. 浏览下面的网络流行固定模式“××体”文章，领会其特点，并进行仿写。

蓝精灵体：

在那山的那边海的那边，有一群蓝精灵，他们活泼又聪明，他们调皮又伶俐，他们自由自在生活在那绿色的大森林，他们善良勇敢相互都关心，噢，可爱的蓝精灵，噢，可爱的蓝精灵，他们齐心合力开动脑筋斗败了格格巫，他们唱歌跳舞快乐多欢欣。

蓝精灵体会计版：

在那山的那边海的那边有一群小会计，他们聪明又苦命，他们每天输凭证，他们没日没夜迷失在那无垠的账表里，他们沉着冷静相互都支撑。噢，苦命的小会计，噢，苦命的小会计，他们齐心协力开动脑筋斗败了税务审计，他们结账编表加班不加薪。

TVB体：

呐，发生这种事，大家都不想的。感情的事呢，是不能强求的。所谓吉人自有天相，做人最要紧的就是开心。饿不饿？我给你煮碗面？

TVB体考试版：

呐，考试呢，最要紧的就是开心。每次都及格这种事，是不能强求的。老师不算你对，是他们不懂得珍惜。发生这种事呢，大家都不想的。不要说我没有提醒你。呐，大不了重修，要不要一起啊？

3. 为什么“神马”作为流传很广的新兴网络词语并未被收录进《现代汉语词典》？

4. 了解以下网络词语的含义并简要说明。

正能量　经济适用男　房姐　拼爹游戏　北漂

第四章 语法

第一节 语法概说

一、填空题

1. 语法包括__________和__________两个部分。

2. 语法包括语素、__________、__________和句子四个单位。

3. 根据研究的理论来源和背景的不同，语法研究可以分为传统语法、__________、转换生成语法等。

4. 从语法规则的概括角度看，主要有两个方面：__________和__________。

5. 语法的__________可以导致语法结构的层次性。

6. 语法手段有很多，汉语中常见的语法手段包括虚词、__________、重叠、__________、重音等。

7. 我们使用的句子包括两类成分：一类是句子的__________，也称为“一般成分”，包括主语、谓语、宾语等；另一类是句子的__________，也称为“特殊成分”，包括句子的语气成分、独立成分、提示成分等。

8. __________和__________是句子的两大基本句法成分。

9. 句子成分除了句法成分外，还包括语气成分、__________、提示成分等语用成分。

10. 提示成分主要有__________和__________两类。

11. __________和__________是和名词相关的一组概念，__________和__________是

和动词相关的一组语义概念。

二、选择题

1.（　　）是结构主义语法的经典著作。

A. 索绪尔的《普通语言学教程》　　B. 布龙菲尔德的《语言论》

C. 乔姆斯基的《句法结构》　　D. 吕叔湘的《中国文法要略》

2.（　　）也叫“参考语法”，主要是对语言中的习惯语法作比较详尽的、细致的描写，例如吕叔湘的《现代汉语八百词》(1980 年)。

A. 理论语法　　B. 教学语法　　C. 习惯语法　　D. 普遍语法

3. 下面四个句子中，加点的是提示成分的是（　　）。

A. 他们知道你，那些中学生们。

B. 他们知道你，那些中学生们。

C. 他们知道你，那些中学生们。

D. 他们知道你，那些中学生们。

4. 下面四个句子中，加点的不是独立成分的是（　　）。

A. 这学校至少有二十公顷大。　　B. 说不定老师已经回家了。

C. 我想她肯定会生气的。　　D. 你说，这还不简单吗？

5. 下列说法错误的是（　　）。

A. 语法意义是语法形式表现出来的意义

B. 语法意义要通过语法形式表达，而语法形式也离不开它所表达的语法意义。

C. 虚词、语序、重叠、语调、重音等是汉语中常见的语法手段。

D. 语法形式和语法是一一对应关系，同一种语法意义只能用一种形式表达。

三、简答题

1. 什么是语法？学习语法有什么作用？

2. 语法包含哪些语法单位？它们之间有什么样的关系？

3. 什么是语法学？语法学可以分为哪些类型？

4. 举例说明语法的递归性特征。

5. 什么是语法形式和语法意义？两者的关系如何？

6. 什么是句法成分和句法分析？什么是句子成分和句子成分分析？

7. 简要说明影响语法的语音要素有哪些。

四、分析与操练题

1. 试分析下面这句话是如何由小的语法单位组合成大的语法单位的。

我们在睡前尽量不要打扰大脑。

2. 比较下面各组例子中的正确说法和不正确的说法，看从中能概括出什么语法规则。

(1) 长二寸　　*短二寸；　　重十斤　　*轻十斤；高五米　　*低五米

(2) 把衣服洗洗　　*把衣服洗；把书撕碎　　*把书撕；把桌子搬走　　*把桌子搬

(3) 很高深　　*很高徒；　　很干净　　*很干将；很明白　　*很明镜

3. 说说下面结构中分别运用了什么不同的语法手段，表达了什么不同的语法意义。

(1) 衣服干净—干净衣服；学习外语—外语学习；工业发展—发展工业

(2) 走—走走；漂亮—漂漂亮亮；个—个个；风雨—风风雨雨

(3) 跑了—跑着—跑过；我的朋友—认真地看—写得很快

4. 分析下列句子的句法成分。

(1) 小河在村边静静地流淌着。

(2) 他朋友的想法竟然和他如此相似。
(3) 船头蹲着一个跟明子差不多大的女孩子。
(4) 他拥有两家工厂和一家在镇上装修得最豪华的饭店。
(5) 经过几年的相处，我俩已经是无所不谈。
(6) 大家听到这些消息乐得合不拢嘴。

5. 指出下列句子中哪些是句子的语用成分，并说明它们的作用。
(1) 反之，他们栽了跟斗，不敢和我动手。
(2) 他是不会帮你的。
(3) 据记载，修建故宫整整花了十四年时间。
(4) 医生，你能帮我看看吗？
(5) 发生这样的事，照我说，互相之间谁也别责怪谁。
(6) 以后女孩子就学习纺织的全套手艺了：纺，拐，浆，落，经，镶，织。
(7) 秘书乐了："对对，是你妈，你姓田，你妈也姓田。"
(8) 再说，这是集体讨论过的事，不是我一个人作出的决定。
(9) 表上的各种信息，尤其是统计数据，不能出半点差错。

6. 从语音角度分析下列句法结构。
(1) A. 热饭　　B. 表演节日
(2) A. 这项技术你还需要进行学习。* 这项技术你还需要进行学。
B. 对表现好的同学要给予奖励。* 对表现好的同学要给予奖。
(3) A. 咬死了猎人的狗　　B. 对他的批评

第二节 词的分类

一、填空题

1. 从词类划分实践看，＿＿＿＿＿＿＿是汉语词类划分的最主要的、最有效的标准。
2. 词的分类是逐级进行的，首先根据能否作句法结构成分，可以把词分为＿＿＿＿＿和虚词两大类。
3. 现代汉语特殊的词类有两类，一类是＿＿＿＿＿＿＿＿，另一类是象声词。
4. 根据量词的性质可以将其分为物量词、＿＿＿＿＿＿＿＿和时量词。
5. 根据代词替代和指示对象的不同，可以将其分为人称代词、＿＿＿＿＿＿＿＿和疑问代词三大类。
6. 连词是用来连接词、＿＿＿＿＿＿＿＿、＿＿＿＿＿＿＿＿和句子的虚词。

二、选择题

1. "你明明知道这件事"中的"明明"是（　　）。
A. 形容词　　B. 助动词　　C. 副词　　D. 区别词

2. 下列词语中，（　　）组都不是副词。

A. 偶然　忽然　　B. 突然　偶尔

C. 忽然　突然　　D. 偶然　突然

3. “打一拳、踢一脚、咬一口”等短语中的“拳、脚、口”是（　　）。

A. 个体量词　　B. 物量词

C. 动量词　　D. 时量词

4. 下列表述中，（　　）组的数词是序数词。

A. 一月、二月、三月、四月　　B. 一天、两天、三天、四天

C. 一刻、两刻、三刻、四刻　　D. 一年、两年、三年、四年

5. 既能受程度副词修饰又能带宾语的词是（　　）。

A. 形容词　　B. 助动词

C. 心理动词　　D. 及物动词

6. （　　）组是区别词。

A. 义务、阶级　　B. 初级、义务

C. 劳务、低级　　D. 高级、家务

7. （　　）组不是指示代词。

A. 另、其余、其他　　B. 每、各、某

C. 这么、那么、这样　　D. 什么、多少、怎样

8. （　　）组是动介兼类词。

A. 以、于、除了　　B. 在、对、比

C. 按、自从、从　　D. 至于、关于、对于

9. “上完了课就去宿舍了”中的两个“了”的词性是（　　）。

A. 助词和助词　　B. 助词和语气词

C. 语气词和语气词　　D. 语气词和助词

三、简答题

1. 什么是词类？汉语划分词类的主要标准是什么？

2. 现代汉语的词类是一个什么样的层级系统？

3. 有人把副词归为实词，有人归为虚词，为什么？谈谈你的看法。

4. 比较动词和形容词的重叠方式和重叠意义。

5. 举例说明性质形容词和状态形容词有什么区别。

6. 怎样区分时间名词和时间副词？

7. 比较形容词和区别词的语法特征。

8. 怎样区分副词和区别词？

9. 怎样区分介词和动词？

10. 有人把拟音词归为实词，有人归为虚词，为什么？

11. 什么是词的兼类？判别词的兼类要注意什么问题？

四、分析与操练题

1. 把下面这段话分词划开，然后列表将词进行分类。

所谓“穷则变，变则通”，暂时停下来换个心情，也许就会有新的发现。停下来的同时要积极地暗示自己，想着“我一定能行，只要静下心来想，一定能顺利解决”。

2. 根据词的语法性质，判别下列各组词的词性。

（1）迅即　迅速

(2) 新颖　新秀

(3) 亲自　亲切

(4) 决裂　决绝

3. 比较下面各组句子中加点词的语法特征。

(1) A. 在小学和幼儿园旁。　　　　B. 在小学和幼儿园旁边。

(2) A. 一年里有几天在工作。　　　B. 一年里头有几天在工作。

(3) A. 他们两个中有一个是河北人。　B. 他们两个中间有一个是河北人。

(4) A. 50 米外什么都看不见。　　　B. 50 米以外什么都看不见。

4. 名词不受副词修饰，但是语言运用中却出现了副词修饰名词的现象，如下面的例子所示。试加以解释。

(1) 我唱得很绵羊。

(2) 现在再看，只会觉得很奶油，很蛋糕，轻飘飘。

(3) 陈老先生真的遍发讣文，丧事办得很款式。

(4) 她很母性地亲了亲孩子。

(5) 在中国学习了五年，他已经是很中国的人了。

5. 在下面空白处填写“二”或者“两”。

(1) (　　) 层楼　　(2) (　　) 斤面　　(3) (　　) 天　　(4) (　　) 座大楼

(5) (　　) 号服务员　　(6) (　　) 点钟　　(7) (　　) 亩地　　(8) (　　) 幅画

6. 在下面空格处填上适当的量词。

(1) 一 (　) 磨　　(2) 一 (　) 斜阳　　(3) 一 (　) 善意　　(4) 一 (　) 胡子

(5) 一 (　) 点心　　(6) 一 (　) 脸孔　　(7) 一 (　) 炊烟　　(8) 一 (　) 较量

(9) 一 (　) 秤　　(10) 一 (　) 剧院　　(11) 一 (　) 灰　　(12) 一 (　) 河堤

7. 说说下列句子中加点代词的用法。

(1) 这人好面熟，像是在哪里见过。

(2) 怎么劝他，他都听不进去。

(3) 今天我们下他个痛快。

(4) 这边藏藏，那边躲躲。

(5) 谁去都一样。

(6) 大家你看看我，我看看你。

8. 指出下列句中加点词的词性。

(1) 老张和老刘都是同一年参加工作的。

(2) 老张曾经和老刘去过武汉。

(3) 跟亲人在一起，我感到非常幸福。

(4) 实际上，他与此事毫无关系。

(5) 老人家待他跟亲生儿子一样。

(6) 离别的时候到了，我不得不和同学们说再见。

9. 在下面句子的空格处填上适当的结构助词。

(1) 听到这个消息，他高兴__________不得了。

(2) 对他__________成功表示热烈__________祝贺。

(3) 大家就对这个问题__________看法进行了深入__________讨论。

(4) 他装出一副很可怜__________样子，匆匆忙忙__________跑到我面前。

(5) 大哥长大哥短__________喊__________很甜。

10. 下面句子中的“的”是否一样？请说明。

(1) 我是来排队的。

(2) 前面来了一个卖菜的。

(3) 他会唱的。

11. 下面各句中的“了”有什么区别？

(1) 他走了一天。

(2) 他走了一天了。

(3) 他走了。

12. 指出下面各句中语气词的作用。

(1) 外面下雨了吧？

(2) 这人谁呀？

(3) 深更半夜的，还在忙啊！

(4) 这件衣服你喜欢吗？

(5) 你不觉得这是很丢脸的事吗？

(6) 快来吃啊，还等什么。

(7) 他这个人，来了才怪呢。

(8) 这地方很危险啊！

13. 下面各组词哪些属于兼类词现象，哪些不是？为什么？

(1) 他把着红旗在前面走。　猛推了我一把。　你把杯子洗一下。

(2) 一直工作到深夜。　他现在做什么工作？

(3) 因为我，他放弃了很好的工作机会。　因为下雨，他不来了。

(4) 我是一名中国人。　待了这么多年，他已经很中国了。

(5) 让小李试试看。　你给我看一眼。

(6) 老师用严厉的目光看着我。　老师对我们特别严厉。

(7) 领导上决定派他去学习。　这个问题尚未作出决定。

14. 指出并改正下面句子中词类使用上的错误。

(1) 老一辈科学家身上充沛可贵的工作热情。

(2) 这本书，精装本与平装本定价悬殊十元钱。

(3) 有个陌生人显得很兴趣的样子，对我说：“这画我要了。”

(4) 我在这个地方工作了十年，它对于我是很有感情的。

(5) 今年又是一个丰收年，粮食产量超过去年的15%。

(6) 记录的数字要准确无误，任意扩大和缩小数字，都将给生产带来很大的损失。

(7) 通过整顿，火车站简单了一些托运手续。

(8) 这条路经过重新改造，变得很笔直很宽敞了。

(9) 我国的文言散文，受孕于先秦诸子的历史散文和哲理散文，胚胎于两汉的历史经传，因而一开始就具有密切联系实际、忠实反映现实的现实主义精神。

(10) 学校的广播里一直在广播着一张报名成为自愿者的通知。

(11) 从山上望去，那山坳里住着大约三十户人家。

(12) 本世纪爆发的二次世界大战都是由于帝国主义争霸引起的。

(13) 六十多年前，刘胡兰壮烈牺牲了，这时她才十五岁。

(14) 这一国际争端必须由中国、美国、俄国和英国谈判解决。

(15) 对于古代文学遗产，应该运用历史唯物主义的观点，剔除其封建的糟粕，批判地吸收了对我们有用的东西。

第三节
短语

一、填空题

1. 词与词的组合包括实词与实词，实词与虚词的组合，可统称为“________”，也有叫“词组”的。

2. 短语和词的区别主要表现在两个方面：一是在________上；二是在意义关系上，词的意义具有________和凝固性。

3. 对短语的划分，从短语内部看，词和词是怎样组合成短语的，这是短语的______；从短语的外部看，短语作为一个单位能在句子中充当什么成分，这是短语的______。

4. 短语功能类型和实词的类别基本 致，可以分为________、谓词性短语和________。

5. 我们把只包含一个层次的短语称为________，而包含两个或两个以上层次的短语我们称之为________。

6. 在偏正短语中，起限制或描写作用的成分叫“修饰语”。修饰语主要指________和________两种句法成分，被修饰的成分是中心语。

7. ________在意义上具有词的融合性和凝固性特征，但在结构上却像短语一样可以离散扩展。

8. 对述宾短语分类，从宾语的功能看，可以分为由________作宾语的述宾短语和由________作宾语的述宾短语。

二、选择题

1. 下面是连谓短语的是（　　）。

A. 笑着说　　B. 上街买菜　　C. 大声说　　D. 不买菜

2. 下列属于多层短语的是（　　）。

A. 科学和技术　　B. 学习汉语　　C. 前途很光明　　D. 伟大而质朴

3. 下列复杂的偏正短语中含有递加修饰语的是（　　）。

A. 放在车上的钥匙　　B. 我的一件新衣服

C. 美丽而富饶的宝岛　　D. 科学的春天的到来

4. （　　）是名词性偏正短语。

A. 他是会来的　　B. 小王的话正确

C. 他的准时到来　　D. 跑来广州一趟

5. （　　）组词语不是方位短语。

A. 桌子上、箱子里、车厢下面　　B. 五十以下、大门旁、比赛中间

C. 两米之内、政治上、大门前　　D. 晚上、心里、海外

6. 下列短语属于主谓短语的是（　　）。

A. 明天见、来客人、去年三月　　B. 叫他走、站着说、1 号晚上
C. 街上没人、明天 15 号、态度很好　　D. 走走看、打电话去、老王亲戚

7. 下列短语都属于体词性短语的是（　　）。
A. 孩子们的到来、狮子的愚蠢、我们的老朋友张燕
B. 孩子们的到来、狮子的愚蠢、张燕是我们的老朋友
C. 马路上挤满了小商贩、家里没人、那只狐狸三条腿
D. 周一十五号、老李不是山东人、小张黄头发

8. （　　）动词后面的数量词是补语。
A. 看了前两课　　B. 看了一本　　C. 看了两页　　D. 看了三遍

9. （　　）“得”后成分是宾语。
A. 吃得很饱　　B. 觉得很饱　　C. 看得清楚　　D. 做得很好

10. “小王去请”“去请小王”“请小王来”分别是（　　）。
A. 主谓短语、连动短语、主谓短语
B. 主谓短语、兼语短语、连动短语
C. 主谓短语、连动短语、兼语短语
D. 连动短语、连动短语、兼语短语

三、简答题

1. 怎样理解“短语”这个定义？
2. 举例说说表达短语结构关系的主要语法手段。
3. 什么是短语的功能类型？短语的功能类型有哪些？
4. 什么是简单短语和复杂短语？由简单短语扩展为复杂短语有什么方式？
5. 举例说明进行层次分析应该注意哪些原则。
6. 你认为层次分析法有哪些优点和缺点？

四、分析与操练题

1. 下列两组例子中的加点成分是词还是短语？
（1）A：你买我卖，咱俩买卖公平。　这里水土流失严重。　来往需要一个多小时。
　　B：他在城里开了家小买卖　我在北方水土不服。　以后我们多保持来往。
（2）A：你就安心睡觉吧？晚上谁站岗？三天不洗澡。
　　B：他没安什么好心。我替他站一班岗。一天洗一次澡。

2. 什么是短语的结构类型？指出下列短语的结构类型。

（1）层次清楚	（2）互相帮助	（3）繁荣富强	（4）晃得厉害
（5）新建的房子	（6）热情不够	（7）我们或者你们	（8）去过几次
（9）小伙子兰州人	（10）汉语方言	（11）今天周末	（12）慢慢地看
（13）论文写作	（14）赢得夸奖	（15）诚实可靠	（16）高兴极了
（17）打听消息	（18）等于白干	（19）群众体育	（20）三盒牛奶

3. 分析下列每组例子中加点成分的结构类型。
（1）A. 我去打印店复印材料。　　B. 你到办公室把复印材料拿过来。
（2）A. 下午三点开始学习文件？　　B. 刚才桌子上的学习文件放哪儿了？
（3）A. 今天就由你代理班长。　　B. 他是我们班的代理班长。
（4）A. 连夜修改方案以便及时上交。　　B. 你手里拿的是修改方案。

4. “他的到来”“你的离去”是什么类型的偏正短语？为什么？

5. 下面哪些是连动短语？哪些是兼语短语？

(1) 派小王出差　　(2) 躺下看书　　(3) 过来聊天
(4) 有人上网　　(5) 劝他回去　　(6) 有能力完成

6. 指出下面各组述宾短语中述语与宾语之间的语义关系。
(1) 挖洞　挖土　　(2) 上北京　上菜
(3) 坐地铁　坐五次　　(4) 浇水　浇花
(5) 晒太阳　晒被子　　(6) 站方队　站前门

7. 从语义关系看，下列述补短语之间的语义关系是什么？
(1) 说明白　说起来
(2) 看得　看一下
(3) 听得清楚　听得津津有味
(4) 激动得很　激动起来
(5) 挤坏　挤得喘不过气来

8. 指出下面几个句子中加点成分的意义和结构关系。
(1) 你们老师怎么样？
(2) 你看看她这个学生。
(3) 有空到人家学校去走走。

9. 找出下面句子中的介词短语。
(1) 昨天听了一个关于鲁迅先生的报告。
(2) 我对这件事到现在都看不明白。
(3) 王大爷从小就被她父亲从家里带到药店当学徒。
(4) 我按要求在晚上把这个方案修改了一遍。
(5) 为了他的问题，我们根据大家要求在不少地方向不少人调查了不少材料。

10. 把下面句子中的量词短语和方位短语找出来。
(1) 大树下面停了一辆自行车。
(2) 这盘不算，咱俩重新来一盘。
(3) 三十岁上下的人你们单位有多少个？
(4) 考试之前我都复习了N遍了。
(5) 这位技术员是组织上特意派来帮助我们攻克技术上的难关的。

11. 把下面句子中的“的”字短语找出来。
(1) 会说的叫人笑，不会说的惹人跳。
(2) 幼儿园的孩子们在教室里活蹦乱跳的。
(3) 要求于人的甚少，给予人的甚多，这就是松树的风格。
(4) 我学的专业和你的是不一样的。
(5) 路是自己走出来的。

12. 从功能角度给下面短语分类。

讨论并通过	仰望星空	老秦和老杨两个差不多七十岁的人
夹着一本杂志进公园	对于这件事情	通知校长开会
打扫得干干净净	芦柴棒一样	飞往上海的航班
满不在乎地说	聪明而又单纯	大伙非常劳累
站在左边的	我面前	明天阴天
要不要上班	沿着河边	他个子不高
科学文化	看了三遍	把盆里的菜

相聚在北京　　所理解　　复杂的心情
路线方针政策　　老人们的笑　　热锅上的蚂蚁似的

13. 用层次分析法分析下列复杂短语。

(1) 路上的车堵得很厉害

(2) 随随便便地喊了几声

(3) 立刻赶回来驱车离开县城

(4) 我的一个高中时期的同班同学

(5) 从口袋里掏出两块饼干来

(6) 有来报到的没有

(7) 他是一个具有十年井下作业经验的老工人

(8) 世界珍贵稀有动物熊猫的故乡中国

(9) 没有谁知道张排长他会在这个时候突然出现

(10) 打电话叫通讯员去连部通知连长来开会

第四节 句型

一、填空题

1. 句子是能表达一个相对完整意思的语言单位，它由词或短语加上特定的__________而形成。

2. ________________是按照句子的结构关系划分出来的句子类型，它显示的是句子的结构型式或格局。

3. 句型与句型之间是相互联系、有机结合在一起的，它们构成了一个有上下位关系、有________________的系统。

4. 根据结构复杂程度的不同，句子可以分为单句和________________。

5. 根据结构类型，单句首先可以分为主谓句和________________两大句型。

6. “那个人不错。”“据说，那个人不错。”这两个句子句型相同，说明____________不影响句型。

7. 非主谓句主要有________________非主谓句、形容词性非主谓句、名词性非主谓句和________________非主谓句四种类型。

8. 如果将主谓齐全的句子看作整句的话，主谓不齐全的句子（非主谓句）则可以看作________________。

二、选择题

1. 下列关于句型的论述，(　　) 是错误的。

A. 句型是从句子整体格局的角度确定的。

B. 根据结构关系，我们可以把汉语的句子分为单句和复句两大类。

C. 单句又可分为主谓句和非主谓句。

D. 单句是字数少、结构简单、语义不复杂的句子。

2.（　　）句不是主谓谓语句。

A. 桂林，我知道那是天堂一样的地方。

B. 桂林风景很美。

C. 桂林我去年去过。

D. 我桂林还没去过呢。

3. 下面句子中，是非主谓句的是（　　）。

A. 有一头熊在树林里奔跑。

B. 我家前面有两座大山。

C. 同学们热烈欢迎专家的到来。

D. 桌子上放着一盆鲜花。

4. “请勿吸烟!”是（　　）。

A. 动词性非主谓句　　B. 动词性主谓句

C. 名词性非主谓句　　D. 形容词性主谓句

5. 下面五个句子中，属于主谓谓语句的是（　　）。

（1）这菜的味道真香。

（2）他考试成绩很好。

（3）对于这件事大家的心里都有数。

（4）听说这样的歌曲小王最喜欢。

（5）小王的演讲水平很高。

A.（1）（2）　　B.（2）（4）　　C.（2）（3）　　D.（4）（5）

三、简答题

1. 如何归纳句型？哪些和句子有关的因素不影响句型划分？

2. 汉语中的句型、句类和句式有什么区别？

四、分析与操练题

1. 指出下列主谓句的类型。

（1）他们都是黄头发。

（2）他们都黄头发。

（3）衣服洗得干干净净。

（4）衣服干干净净。

（5）今天是星期六。

（6）今天星期六。

（7）她的脸蛋很漂亮。

（8）她脸蛋很漂亮。

（9）小王喜欢吃宫保鸡丁。

（10）宫保鸡丁小王喜欢吃。

（11）他不怕任何人。

（12）任何人他都不怕。

（13）他任何人都不怕。

（14）这件事大家心里都很清楚。

（15）这件事大家的心里都很清楚。

(16) 关于这件事大家的心里都很清楚。

2. 指出下列主谓谓语句的类型。

(1) 李老六谁都认识。

(2) 电视剧他喜欢看。

(3) 砖头他用来支桌子。

(4) 刘备胳膊很长。

(5) 苹果五块钱一斤。

(6) 你的问题我们一定会想办法的。

3. 指出下列非主谓句的类型。

(1) 1937年，上海外滩。

(2) 禁止乱丢垃圾。

(3) 好一派欣欣向荣的景象啊。

(4) 咔嚓——

(5) 太漂亮了。

(6) 出太阳了。

(7) 嗯。

(8) 安静点儿吧。

4. 下列几段话是从话剧和小说中摘录的，请指出哪些是零句。

(1) 站住！都进来？谁叫你们都进来！你们吃什么长大的？你们要是蛮不讲理，这个码头不讲理的祖宗在这儿呢！你们是搜私货么？我这间屋子里有五百两烟土，那间屋子里有八十杆手枪！你们说，要什么吧，这点东西总够你们大家玩的吧？(曹禺《日出》)

(2) 是，潘四爷，您别生这么大的气。你们看什么，你们这些混蛋还不滚，他妈的这些死人！没法子，这一群人！回头，潘四爷，八爷醒了，您千万别说我们到这儿来过。小姐，刚才的事，您，——是我该死！该死！该死！(曹禺《日出》)

(3) 哎哟哟，老蜗牛呀老蜗牛，你算白打了一辈子庄户！你看看，猪的眼睫毛，哪个不是又密又长？它们不用跟小姐那样，买假的往上贴。(赵德夫《杀了》)

(4) 是呀，我是买了你的猪，我也不打算不给你钱。可是咱们早就讲好，杀了猪再给钱的，现在我没杀，怎么给你呀？(赵德夫《杀了》)

(5) 叫你来不为别事，有一件为难的事，老爷托我，我不得主意，先和你商议。老爷因看上了老太太的鸳鸯，要他在房里，叫我和老太太讨去。我想这倒是常有的事，只是怕老太太不给，你可有法子？(曹雪芹《红楼梦》)

(6) 太太这话说的极是。我能活了多大，知道什么轻重？想来父母跟前，别说一个丫头，就是那么大的活宝贝，不给老爷给谁？背地里的话那里信得？我竟是个呆子。琏二爷或有日得了不是，老爷太太恨的那样，恨不得立刻拿来一下子打死，及至见了面，也罢了，依旧拿着老爷太太心爱的东西赏他。如今老太太待老爷，自然也是那样了。依我说，老太太今儿喜欢，要讨今儿就讨去。我先过去哄着老太太发笑，等太太过去了，我搭讪着走开，把屋子里的人我也带开，太太好和老太太说的。给了更好，不给也没妨碍，众人也不知道。(曹雪芹《红楼梦》)

5. 指出下列倒装句的类型。

(1) 多少钱一斤，西红柿？

(2) 你看他，浑身直哆嗦，气得。

(3) 他出去了三个小时才。

（4）他就是没听懂，我觉得。

（5）出去走走，洗完了澡。

（6）他买了一款非常精致的笔记本电脑，红色的。

第五节 句类

一、填空题

1. 根据句子在交际中表述内容的方式，可将句子分为__________、描写句、__________和议论句四种。

2. 按叙述的方式分，叙述句有顺叙、__________、__________、补叙等，叙述的方式同样也体现了鲜明的__________特征。

3. __________是对人物、事物或环境进行描绘和刻画的句子。

4. 疑问句根据结构及功能分成________、特指问句、________和正反问句四类。

5. __________是“无疑而问”，说话人已经有答案，往往不需要听话人回答，但却用疑问的形式来表达，发问的目的是为了加强语气。

6. 用祈使语气表示请求、劝阻或命令、禁止的句子叫__________。

二、选择题

1. 在叙述句中，由于常需要对某种发展变化过程进行表述，因此它比较多地使用（　　），而且比较多地使用零句的形式。

A. 名词性谓语句　　B. 形容词性非主谓句

C. 动词性谓语句　　D. 动词性非主谓句

2.（　　）常用于字典辞书、科普知识、学术报告、教材讲义、景物介绍、产品说明等。

A. 叙述句　　B. 描写句　　C. 说明句　　D. 议论句

3. 下列句子属于正反问句的是（　　）。

A. 奖金发了没有？

B. 是发奖金还是不发奖金？

C. 奖金发了多少？

D. 奖金难道没发吗？

4. 下列问句属于特指问的是（　　）。

A. 他去不去？

B. 你十五岁了，那么小王呢？

C. 你来了，小王也来了吧？

D. 他是不是生气了？

5. 不属于感叹号用法的是（　　）。

A. 用于表示情感强烈的感叹句。

B. 用于表示情感强烈的陈述句。

C. 用于表示语气强烈的祈使句末尾。

D. 用于表示语气强烈的疑问句末尾。

三、简答题

1. 试说明汉语表达疑问的手段有哪些。

2. 试说明反问句有哪些主观表达功能。

四、分析与操练题

1. 指出下列句子表达方式的类型。

(1) 他的目光又盯住那放在两个窗口之间的一只小柜的抽屉上。她打开那只抽屉，找到一把钥匙。她知道这就是他所要的东西，于是又去注意他的眼睛，他的眼睛转到一只旧写字台上，这只写字台早就被人遗忘，以为里面不过藏着一些无用的文件。

(2) 温家宝同时表示，中国要加强民主建设，进行政治体制改革，这样才能从根本上解决贪污腐败。他说，要让人民来监督政府，让人民提出批评意见，政府接受人民的监督。与此同时，还要完善法制，所谓依法治国，最重要的就是在法律面前人人平等，使司法独立和公正。

(3) 认知语言学是语言学的一门分支学科，它以第二代认知科学和体验哲学为理论背景，在反对主流语言学转换生成语法的基础上诞生，大约在1980年代后期至1990年代开始成型。认知语言学涉及人工智能、语言学、心理学、系统论等多种学科。认知语言学认为，语言的创建、学习及运用，基本上都必须能够透过人类的认知而加以解释，因为认知能力是人类知识的根本。

(4) 如果一个最小的、可以独立运用的语言形式在形式和意义上完全独立，那就是真正意义上的词了。但需要说明的是，任何词开始出现的时候都是偶发性的，还不能进入词典；只有运用多了，为全民接受了，才能够进入词汇系统。

(5) 笛子是中国传统音乐中常用的横吹木管乐器之一，即中国竹笛，一般分为南方的曲笛和北方的梆笛。笛子常在中国民间音乐、戏曲、中国民族乐团、西洋交响乐团和现代音乐中运用，是中国音乐的代表乐器之一。大部分笛子是竹制的，但也有石笛和玉笛。不过，制作笛子的最好原料仍是竹子，因为这种材料的笛子声音效果最好。

(6) 进入天山，戈壁滩上的炎暑就远远地被撇在后边，迎面送来的雪山寒气，立刻会使你感到像秋天似的凉爽。蓝天衬着高矗的巨大的雪峰，在太阳下，几块白云在雪峰间投下云影，就像白缎上绣上了几朵银灰的暗花。那融化的雪水，从高悬的山涧、从峭壁断崖上飞泻下来，像千百条闪耀的银链。这飞泻下来的雪水，在山脚汇成冲激的溪流，浪花往上抛，形成千万朵盛开的白莲。可是每到水势缓慢的洄水涡，却有鱼儿在跳跃。

(7) 在英国，有一个名叫荷格的人犯了罪，他找到了著名哲学家培根，希望培根能够帮助他开脱罪责。他说："我叫荷格（Hog，在英语中是'猪'的意思），你叫培根（Bacon，在英语中是'咸猪肉'的意思），所以我们有亲戚关系，希望你多多关照。"培根说："朋友，你必须先被执行死刑，然后我们才能成为亲戚。因为猪肯定是在死以后才成为咸猪肉的。"

(8) 这小子长得太难看了。光头顶，夹扁头。头上有三道槽，槽里稀稀落落长了几根毛。往脸上看，两道斗鸡眉，一双母狗眼，小鹰钩鼻子，薄嘴片。一口芝麻粒碎牙，两只锥子把耳朵，两撇狗油胡七根朝上八根朝下。三分不像人，七分好像鬼。

2. 指出下列句子语气功能类型。

(1) 明天是星期几呢？

(2) 明天是星期五。

(3) 好一派北国风光！

(4) 起来吧，不要灰心失望！
(5) 昨天学校召开了新学期工作会议。
(6) 这大海拥载着的土地，这土地拥载着的生活，是多么值得爱恋啊！
(7) 别吵吵！别吵吵！分马了！分马了！
(8) 你是总经理我是总经理？听你的还是听我的？

3. 指出下列疑问句的类型。
(1) 今天有谁要回家呢？
(2) 今天有谁要回家吗？
(3) 你到底是有钱，还是没有钱？
(4) 你到底有没有钱？
(5) 毕业后你想读研究生吗？
(6) 毕业后你想读研究生吧？
(7) 你愿意去那个毫无生气的鬼地方吗？
(8) 你愿不愿意去那个毫无生气的鬼地方呢？

4. 将下列陈述句改为是非问句。
(1) 他到过上海。
(2) 现在是北京时间十点钟。
(3) 小刘看上去很随和。
(4) 这件事就到此为止了。
(5) 女性的魅力在于她的成熟。
(6) 你恐怕要离开好几天。
(7) 说不定人家还看不上他。
(8) 他还没回来呢。
(9) 老孙不是那样的人。
(10) 他不会走了就不回来的。

5. 将下列陈述句改为特指问句，其中画线部分为疑问点。
(1) 这些话都是张二强告诉我的。
(2) 他们全家昨天去美国了。
(3) 小朱在加班，还不能回家。
(4) 他因为偷东西被警察抓起来了。
(5) 他的大女儿是1975年出生的。
(6) 这里太吵了，我们往图书馆去吧。
(7) 老师生病了。
(8) 范临风正在吹奏《帕米尔的春天》。
(9) 张川前几天给编辑部寄了一篇稿件。
(10) 我在桂林住了八年。

6. 将下列是非问句变为选择问句和正反问句。
(1) 你喜欢游泳吗？
(2) 明天是星期六吗？
(3) 你是乘飞机来的上海吧？
(4) 你会吹唢呐吗？
(5) 找我有事吗？

(6) 你懂我的意思吧？

(7) 你会用电脑吗？

(8) 明年的这个时间你还会来看我吗？

(9) 你愿意为这个组织无私奉献吗？

(10) 你不爱逛街吧？

第六节
句式

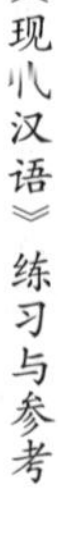

一、填空题

1. 汉语中有一部分句子在结构上比较特殊，或者有特殊标记，这种以句子结构上某些特征为标志命名的句子类型叫__________。

2. 句式分析重点关注的是对__________谓语句，尤其是对谓语部分中特殊之处的分析。

3. __________指的是用动词“是”来表示判断的句子，也叫“是”字句。

4. 表示某个事物存在、出现或消失的句子是__________。

5. 汉语比较句主要由几个部分构成：__________、比较基准、__________和比较结果，还有连接比较对象的标记成分。

6. 连谓短语充当谓语而形成的句子是__________，由兼语短语充当谓语而形成的句子都是__________。

7. 汉语中如果一个句子的主语和宾语互换位置之后形成的两种表达形式都可以接受，这样的句子一般称作__________，又称主宾可互易句或主宾可逆句。

二、选择题

1. 下列句子属于连谓句的是（　　）。

A. 老师有话问他。　　B. 我们有人去做这活儿。

C. 他一边思索一边写作。　　D. 母亲打算派人去接我。

2. 下列（　　）句是被动句。

A. 苹果给他吃光了。　　B. 他把苹果吃光了。

C. 他连苹果都吃光了。　　D. 他吃光了苹果。

3. （　　）句是施事主语句。

A. 他不姓胡。　　B. 王刚去了上海。

C. 作业已经做好了。　　D. 这件事跟他无关。

4. （　　）句不是兼语句。

A. 我请小明来做这件事。　　B. 我派小明做这件事。

C. 我同意小明做这件事。　　D. 我让小明做这件事。

5. 下列句子属于双宾语句的是（　　）。

A. 王老师叫他跳舞。　　B. 班长通知我们明天老师来检查卫生。

C. 经理嘱咐秘书看好电话。　　D. 老王转告小王他不去开会了。

6. 下列句子属于主谓谓语句的是（　　）。

A. 大米拿我们家的吧。　　B. 好人好事要有人夸。

C. 小王的汉语很好。　　D.《红楼梦》我读过好几遍了。

7. “我打算去买书”和“我买书去”中的谓语部分分别是（　　）短语。

A. 述宾　连谓　　B. 连谓　连谓　　C. 述宾　述宾　　D. 连谓　述宾

三、简答题

1. 怎样理解“把”字句实际上是表示一种“致使”关系的句式？

2. “被”字句和被动句是什么关系？

3. “被”字句的语法意义是什么？怎样理解“被”字句的语法意义？

4. 试说明存现句的构成成分及其关系。

5. 怎样理解“是”的作用通常是指明它后面的成分是句子的表达焦点？

6. 试说明“张三比李四还高”和“张三比李四更高”有什么共性和差异。

7. 取得类双宾句，有人认为是单宾句，因为动词后两个成分之间有领属关系。你怎么看这个问题？

8. 以“墙角堆满化肥，化肥堆满墙角”为例，说明主宾可换位句在句法、语义和语用上有哪些不同。

四、分析与操练题

1. 下列几段话中，每一段都包含了哪些特殊句式？请具体指出。

(1) 从这个角度上讲，微博不能替代政府门户网站。现在出现这样一个问题，一些地方注重政务微博而忽视网站建设，这是不正常的。政府部门在重视政务微博的同时，一定要把门户网站办得更好，吸引更多的网民去关注它的门户网站。

(2) 因为伤亡人数较多，许多伤者已经被送到不同医院，现场还有很多焦虑的家属在寻找他们的亲属。当地已经把尸体集中到一所体育馆，并进行了登记，死者家属将被组织辨认亲人。

(3) 今年的打工春晚节目内容要比去年的节目更丰富，节目几乎全部都是工友们原创的，每个节目和人物的背后都有着丰富而生动的故事。今年崔永元老师继续为我们主持，还特别邀请到来自台湾和香港的工人乐队及歌手。

(4) 乘火车前往喀什，我认识了一位曾经在喀什地区某大专院校工作过的维吾尔族老院长。他已经退休了九年。每年他都会像候鸟一样，春季飞往乌鲁木齐的儿子家度过凉爽的夏天，入冬前再返回喀什自己的家。他说不论自己走多远，总会想起喀什的味道：正宗的维吾尔族拉面、散发着浓郁玫瑰花香气的小院和大街上节奏感十足的维吾尔族音乐。谈起喀什人现在的生活变化，他自豪地告诉我：他在喀什的儿子和女儿现在的工资收入都比他这个退休老干部还高，儿女们的家里都已经买了汽车，这在10年前是他想都想不到的事。作为老人他时常劝导自己的儿女们省着点花钱，多存点钱以备养老，但儿女们似乎并不理会，总说：不必担心养老的事，现在喀什发展得这么快，以后的生活自然会越来越好的。

(5) 位于山东半岛的青岛市被视为和厦门一样，是一定要去的一座城市。德国人留下的西洋风格建筑、庞大的地下水道工程，都是青岛留给世人的印象之一。

(6) 玉林市玉州区仁厚镇茂岑村的农民黎彬贞，曾获“全国种粮售粮大户”的光荣称号，国务院奖励他一台价值20万元的拖拉机，媒体争相报道他的光辉业绩。没想到，他借助这些报道四处骗钱，受骗者超过30人，涉及金额上千万元。最近终于东窗事发，黎彬贞因涉嫌诈骗被逮捕。

（7）我们现在的技术水平还没有达到通过小区某个房间发出的臭味、密集出现的苍蝇告诉警察这里有死人，怎么办呢？还是要靠“片警”深入基层，扎根基层，就像记者要“走基层”一样，多搞调查研究，密切联系群众。小区里装上几个摄像头，“片警”就看不见了，那就过于迷信技术的力量，忘记了“人的因素第一”。

（8）南北朝时的武陵王萧纪，是梁武帝的第八子，少得父宠，要风得风，要雨得雨，按说不应该把钱财当作一回事，可他偏偏极其吝啬，每一个小钱都被他算计得清清楚楚。

2. 指出下列“把”字句的主语类型。

（1）巧克力把孩子的牙吃坏了。

（2）武松把老虎打死了。

（3）油布把汽车盖了个严严实实。

（4）辽阔的大海把他变得像一粒芝麻那样微不足道。

（5）油漆把墙面刷得碧绿碧绿的。

（6）三年的时间把他锻炼成为一名具有钢铁般意志的英雄。

（7）吃冰激凌把他吃得肚子痛起来了。

（8）闵惠芬拉了一曲《二泉映月》，把晚会气氛推向了高潮。

3. 下列“把”字句都有错误，请指出错误原因并加以改正。

（1）不检查不要紧，一检查，就把问题出来了。

（2）昨天回家的时候，他把一袋苹果买了。

（3）我们现在就走，你去把车开。

（4）我们已经把工作进行了。

（5）对方把房子愿意腾出来给我们住。

（6）民工们正在把饭吃，工头走了进来。

（7）千万把这件事不要放在眼里。

（8）昨天发生了一起交通事故，一辆公交车把辆自行车撞飞了。

4. 指出下列被动句的类型。

（1）宫保鸡丁已经吃完了。

（2）老虎被武松打死了。

（3）钱包让小偷偷走了。

（4）刚刚结婚三天新娘子就被赶出家门。

（5）常年打雁还被雁啄瞎了眼。

（6）田里的白菜全部卖掉了。

（7）我太轻信别人了，差点儿叫他骗了。

（8）同学们深深地被老人的话所感动。

5. 下列“被”字句都有错误，请指出错误原因并加以改正。

（1）一本书被老师没收了。

（2）这桩婚事被她愿意了。

（3）他在玩游戏的时候又被父母骂。

（4）还没来得及说话就被进了教室。

（5）被这样的大专家能够指教真是荣幸。

（6）我的事情被哥哥没有告诉父母。

（7）一件衣服被洗干净了。

（8）法拉利轿车被舅舅驾驶。

6. 指出下列判断句的类型。
(1) 我是恨铁不成钢，不是和你过不去。
(2) 我是蓝夹克，他是西装领带。
(3) 鲁迅是《阿Q正传》的作者。
(4) 前面是一座高山，阻住了去路。
(5) 他是黄头发。
(6) 你看人家孩子，鼻子是鼻子，眼睛是眼睛。
(7) 笛子、二胡、琵琶、古筝都是民族乐器。
(8) 秋天是收获的季节。
(9) 你来得真是时候。
(10)《拉德斯基进行曲》是西洋乐曲。
7. 指出下列存现句的类型。
(1) 教室里挤满了来听科学报告的师生们。
(2) 学生们正在上课，教室外面摇摇摆摆地走进来一只鸭子。
(3) 山右边是一条官道，一直伸向京都。
(4) 教室里丢了一台笔记本电脑。
(5) 垃圾里丢了一台笔记本电脑。
(6) 长白山上面是名闻遐迩的长白山天池。
(7) 街道上到处都闪烁着霓虹灯的光芒。
(8) 车上坐着郭如鹤。
(9) 从草丛里窜出一条眼镜蛇。
(10) 火车站广场站着一位瘦骨嶙峋的老人。
8. 指出下列强调句强调的对象。
(1) 昨天我们在录音棚用新设备给那片子录主题歌。
昨天是我们在录音棚用新设备给那片子录主题歌的。
我们是昨天在录音棚用新设备给那片子录主题歌的。
我们昨天是在录音棚用新设备给那片子录主题歌的。
我们昨天在录音棚是用新设备给那片子录主题歌的。
我们昨天在录音棚用新设备是给那片子录主题歌的。
(2) 周平昨天在学校里看了一场电影。
是周平昨天在学校里看了一场电影的。
周平是昨天在学校里看了一场电影的。
周平昨天是在学校里看了一场电影的。
周平昨天在学校里是看了一场电影的。
周平昨天在学校里看的是一场电影。
9. 指出下列比较句的构成（比较主体、比较基准、比较基点、比较结果、比较标记）。
(1) 职场就像一株爬满了猴子的大树。
(2) 照片里的我看起来和现在很不一样。
(3) 昴星团在冬夜天空中所占的面积大约有满月那么大。
(4) 您老拔一根寒毛比我的腰还粗呢。
(5) 鸦片战争时期，中国的武器没有西方先进。
(6) 有些副教授并不比教授的水平差。

10. 指出下列比较句的类型。

（1）她滑滑的明亮着，像涂了“明油”一般，有鸡蛋清那样软，那样嫩，令人想着所曾触过的最嫩的皮肤。

（2）现在，猪已登上马戏舞台，表演起来比狗更加精彩。

（3）从日本回流的吴昌硕《花卉十二屏风》并没有事先预料的那么引人注目。

（4）他近来很容易闹脾气了；其实他的生活，倒也并不比造反之前艰难。

（5）最奇特的要算马尾藻鱼了。它的色泽同马尾藻一样，眼睛也能变色，遇到“敌人”，能吞下大量海水，把身躯鼓得大大的，使“敌人”不敢轻易碰它。

（6）我国劳动就业服务企业发展第三产业的形势，从来没有像现在这样好，同时，压力也从没有像今天这么大。

（7）蟹状星云的温度远不如太阳的温度高。

（8）为什么青蛙跳得比树高？因为树不会跳。

11. 指出下列连谓句各个部分的呈现顺序。

（1）他一大早就去菜市场买了一大堆菜回来。

（2）你有权保持沉默。

（3）王晓明病了躺在床上。

（4）他急急忙忙跑过来在我耳边嘀咕了半天。

（5）交警们顶着炎炎烈日执勤。

（6）他闭着嘴不说一句话。

（7）我们假期去三亚参观考察。

（8）他站在那里向楼顶喊话。

12. 指出下列双宾句的类型。

（1）房东收了房客三个月的房租。

（2）单位终于分配了他一套房子。

（3）你应该答应他明年这个时候还来北京。

（4）工友们都喊他“铁公鸡”。

（5）小明扔小亮一个球，小亮没有接住。

（6）昨天我一口气吃了他四个苹果。

（7）打碎了他一个杯子，他非让我赔不可。

（8）数学老师姓常，同学们都叫她“常数项”。

（9）李密要封翟让“一字并肩王”。

（10）张平借了他三万块钱。

13. 区别兼语句和其他句式。

（1）下列每一组例句都包含一个兼语句和一个主谓短语作宾语的句子，请指出哪个是兼语句，哪个是主谓短语作宾语的句子，最后归纳兼语句和主谓短语作宾语句子的区别方法。

第一组：

家长督促孩子完成了作业。

家长知道孩子完成了作业。

第二组：

我们希望著名语言学家沈家煊先生作一场学术报告。

我们邀请著名语言学家沈家煊先生作一场学术报告。

第三组：

体育老师要求学生绕着操场跑完十圈。

体育老师看见学生绕着操场跑完十圈。

(2) 下列每一组例句都包含一个兼语句和一个连谓句，请指出哪个是兼语句，哪个是连谓句，最后归纳兼语句和连谓句的区别方法。

第一组：

父母瞒着孩子外出打工。

父母催着孩子外出打工。

第二组：

工人们有人能完成任务。

工人们有信心完成任务。

第三组：

连长带领战士冲向敌军阵地。

连长命令战士冲向敌军阵地。

14. 指出下列主宾可换位句的类型。

(1) 自行车挨着摩托车。摩托车挨着自行车。

(2) 二十个人分一堆沙子。一堆沙子分二十个人。

(3) 青椒炒土豆丝。土豆丝炒青椒。

(4) 五只羊一堆草。一堆草五只羊。

(5) 小野鸡炖蘑菇。蘑菇炖小野鸡。

(6) 街道两旁挤满了群众。群众挤满了街道两旁。

第七节 当前流行的特殊格式

一、填空题

1. 当代流行格式，既是__________，在结构形式上跟一般句式有一定的关联；也是__________，在特定的语境中呈现出特殊的语用色彩。

2. 一般说来，各种流行格式的产生与流传，大都有缘起与发展的过程，通常都要经过与__________相关的触发效应，进而引起媒体关注，被__________而渐趋成型。

3. 从语言学的角度看，流行格式必须同时具备以下三个元素：具有__________的句式或结构，可替换部分具有__________，产生于当代并广为流传。

4. 区分流行格式与流行语的关键是__________。

5. 流行格式的类别大致可以分为复句格式、单句格式和__________三种。

6. 流行格式的传播载体主要是__________，模仿和类推的主体是__________。

二、选择题

1. 下列关于流行格式的说法不正确的一项是（　　）。

A. 流行格式有的是新创结构，有的是对既有表达方式的改造和发展。
B. 流行格式是语法和修辞互动作用的结果。
C. 流行格式都是网民们的恶搞，是不太规范的用法，应该批评才是。
D. 流行构式风行一段时间后，随着陌生化效应的淡化，有些逐渐成了基本句式，有些则日趋沉寂而消亡。

2. 下列关于新“被”字式的说法不正确的一项是（　　）。
A. 新“被”字式中，“被”后面可以带上非及物性词语。
B. 新“被”字式中，“被×”的×也可以是形容词、名词、数字和字母词。
C. 新“被”字式中，“被”后成分是事件中最能凸显主语“非自愿性”、“被迫性”地受到某事件影响的成分。
D. 新“被”字式中，“被”后成分如果出现的是及物动词，其语义内容跟常规“被”字句一样。

3. 下列关于“神马都是浮云”的说法不正确的一项是（　　）。
A. 这是一个借用常规的判断格式来表达特殊语用色彩的句子形式。
B.“神马都是浮云”这个句式随意使用同音替代字，不符合语言规范，应该禁止使用。
C. 除了“神马都是浮云”这样的主谓宾配合使用整体出现外，“神马”和“浮云”还可以分别与其他语言成分结合再组成句子。
D.“神马都是浮云”说的是美好事物、功名利禄等就像那天边的浮云虚无缥缈，充满了对人生的抱怨和感叹，贴切地表达出无奈与豁达的心态。

4. 下列关于“羡慕嫉妒恨”的说法不正确的一项是（　　）。
A.“羡慕嫉妒恨”将情绪迅速转化递升的效果集约性地概括和表达了出来，具有极强的感染力。
B.“羡慕嫉妒恨”是三个心理动词的直接连接，它们以联合方式组成短语，在结构上互相包含。
C.“羡慕嫉妒恨”创造了一种新的构造方式，表达鲜明、强烈的情感。
D.“羡慕嫉妒恨”是现实社会关系和社会情绪的折射，代表了一种“温和的”“非暴力”的轻微呐喊。

5. 下列关于“哥吃的不是面，是寂寞”等流行格式的说法不正确的一项是（　　）。
A. 只要是主谓型的词或短语，似乎都可以拆开来进入该句式。
B. 这是一个否定和肯定相并列的判断格式。
C. 这个格式中“不”并不表示真正的否定，而是要凸显“哥通过某种方式”来“消除寂寞”的意义。
D. 在这个句式框架内，基本的框架不变，但内部成分可以替换，形成“……的不是……，是寂寞”。

三、简答题

1. 流行格式有哪些作用？
2. 流行格式发展趋势如何？

四、分析与操练题

1. 指出下列画线部分流行格式的类别。
（1）不要迷恋我，我只是个声音。（《现代快报》2009 年 11 月 24 日）
（2）钱文忠，季羡林喊你回校上课！（《现代快报》2009 年 7 月 27 日）
（3）家具城的老总还以他为衬托做了专题广告，在报纸和电视上滚动播出后，福仔成

了全城妇孺皆知的“广告宝贝”。(《江南时报》2005 年 2 月 3 日)

(4) 她正通过这种方式告诉你，她很生气，后果很严重！(《新京报》2013 年 1 月 25 日)

(5) 眼睛一闭一睁，iPhone5 没了；眼睛一闭又一睁，乔布斯没了；眼睛一闭再一睁，国庆长假没了……(《扬子晚报》2011 年 10 月 7 日)

(6) 全新引进：韩版《我是歌手》，总统也疯狂。(《乌鲁木齐晚报》2013 年 1 月 24 日)

2. 根据下列材料分析流行格式“今天你 X 了吗”的句法条件、语义性质及语用价值。

(1) 不得不出门时，跟人打个招呼：今天你戴口罩了吗？

(2)“今天你团了吗？”这句 2011 年颇为流行的问候语，现如今正在悄然改变我们的生活，团旅游、团电影、团 KTV、团美食……越来越多的人过上了“团”的日子。

(3) 一时间，在网上晒吃完饭后的“光盘”成为一种时尚，“今天你‘光盘’了吗？”也成为大家的口头禅。

(4) 今天你扫码了吗？这次春节回家，一路上你有很多机会与二维码相遇。

(5) 旅店帝王希尔顿一文不名的时候，他的母亲告诉他，必须寻找到一种简单容易、不花本钱而行之长久的办法去吸引顾客，方能成功。希尔顿最后找到了这样东西，那就是微笑！依靠“今天你微笑了吗”的座右铭，他成了世界上最富有的人之一。

(6) 如果玩家足够幸运，便有机会从这里“挖”走数量惊人内容丰厚的宝箱。今天你“大富翁”了没？

(7) 时至今日，世界末日的谣传不攻自破，但是还有人说 2013 年前这几天世界会长期处于黑暗之中，蜡烛便成为少数人争相抢夺的香饽饽，熟人见面便问：“今天你买蜡烛了吗？”

(8) 一些家喻户晓的故事被网友逆时空重新演绎。今天你倒写了吗？瞬时在微博上掀起了“倒写体”风潮。

3. 根据下列材料分析流行格式“你才是 X，你们全家都是 X”的句法条件、语义性质及语用价值。

(1) 轮到子義时，父亲并未到场的他显得十分叛逆，直言“你才是星二代，你们全家都是星二代”，他坦言，从父亲身上没有传承到什么东西。

(2) 近年来，随着物质生活的日益丰盈，写诗不再是一种荣耀，诗歌在衰败已经成了一个不得不承认的事实。一位曾经在大学异常活跃的诗人，现在每当被人介绍诗人身份时，总会激烈反击：“你才是诗人，你们全家都是诗人。”

(3) 有人来找他，告诉他说：你是皇帝！这不是疯话吗？刘秀怎么能相信呢？我是皇帝，你才是皇帝呢！你们全家都是皇帝！

(4) 范冰冰出道后很长一段时间都被称为“花瓶”，要强的她坦言当时心里会默念：“你才是花瓶，你们全家都是花瓶。”

(5) 当你忙忙碌碌了一上午，饥肠辘辘地去楼下买盒饭充饥的时候，碰面的同事或许会揶揄你说：哎哟，不错嘛，中产了呀。你一定会愠怒地回他一句：吃盒饭也算中产？你才是中产，你们全家都是中产！

(6) 玄宗时代当兵是很丢脸的事情，街上对骂都是：你爷爷是“侍官”，你爸爸也是“侍官”，你们全家都是。熟悉不？跟现在你们全家都是……一样。

(7) 甲：听说您是作协的？乙：你才是“做鞋”的，你们全家都是“做鞋”的！

(8) 有气质的白领们往往对“白领”过敏，反应激烈的会回应“你才是白领，你们全家都是白领”。

4. 根据下列材料分析流行格式“最 X，没有之一”的句法条件、语义性质及语用价值。

(1) 秦琼是《隋唐演义》中人品最好的（没有之一），孝母似专诸，交友赛孟尝。

（2）摩托罗拉 MT788 华丽地拿下了最高主频的头衔，而且没有之一。

（3）在自我消费过度的娱乐圈，宋佳把自己其他的侧面包裹得很好，真真是“只会聊戏的演员，没有之一”。

（4）她们三人的腿都不好看，没有之一。

（5）心里有一个人，当然是人生最美好的体验，没有之一。

（6）今年送礼送健康成为主导路线，而海参又成为众多健康礼品中最受追捧的产品，没有之一。

（7）我必须说的是，在“双剑”的所有演员中，只有霍建华演得最好，没有之一，是唯一！

（8）有着“中国酱香白酒活化石”称号的张支云大师，是茅台酒“六大酒师”时代唯一健在的酱酒酿造大师，是中国酱酒资历最深也最具权威的酿酒大师，没有之一。

第八节 歧义分析

一、填空题

1. 歧义可以是由词语本身的多义而引起的________________，可以是由某种语用因素而引起的________________，也可以指同一个句法格式表示不同的结构意义（同构异义）。

2. 由__________不同而引起的歧义，指同一种线性序列、同一种组合层次、同一种句法关系但具有多种语义关系。

3. 线性组合序列或者说__________为歧义的发生提供了可能性。

4. 虽然同一个线性序列提供了歧义的可能性，然而能进入线性序列的聚合成分是具有__________的。

5. 变换分析法就是通过添加、__________、__________、替换等手段来分析句法结构的方法。

6. 通过分析句法结构中某一成分的语义指向来揭示并说明某些语法现象的句法分析方法就叫__________。

二、选择题

1. 下列关于变换分析法的陈述正确的是（　　）。

A. 变换分析法有助于辨析句法意义之间的细微差别，能有效地分化歧义句式。

B. 变换分析法反映的是具体句子之间的关系。

C. 容许变换说明一个语言的语序是自由的。

D. 变换分析法有效地解释了造成歧义句式的原因。

2. 下面不是多义短语的为（　　）。

A. 修路　　B. 高两米　　C. 学习文件　　D. 学生宿舍

3. 下列各句中，补语的语义指向动作的受事的是（　　）。

A. 他把衣服洗干净了。　　B. 他洗衣服洗累了。

C. 他把衣服洗了两遍。　　D. 他还没洗好衣服。

4. 下面四句中存在歧义的一句是（　　）。

A. 这是一门学生愿意学习的课程。　　B. 那是一个农民能够掌握的技术。

C. 这是一个技师能够解决的问题。　　D. 那是一个大家乐于接受的方案。

5. 下面四句话中没有歧义的是（　　）。

A. 她的花棉袄罩着绿上衣。　　B. 他在水中做实验。

C. 他借我 500 元。　　D. 这里一间房可以住两个人。

三、简答题

1. 什么是句法歧义？

2. 句法歧义有哪几种类型？

四、分析与操练题

1. 指出下列句法歧义的类型。

(1) 看打乒乓球的孩子

(2) 母亲的回忆

(3) 自行车没有锁

(4) 连校长也不认识

(5) 不适当地睡觉会影响健康

(6) 在火车上写标语

(7) 哥哥和姐姐的朋友

(8) 煮鸡蛋不好

2. 用层次分析法消除歧义。

(1) 三个学校的老师

(2) 突出的职工的业绩

(3) 支持孙中山反对袁世凯

(4) 一个书包丢了

(5) 赶进来的狗

(6) 关于儿童的作品

3. 用变换分析法消除歧义。

(1) 在房上看到了敌人

(2) 这几捆书送学校图书馆

(3) 打伤了牛的主人

(4) 反对的是他

(5) 鸡不吃了

(6) 反对哥哥袒护妹妹

4. “他走来了”只有一个意思，意为“他走到这里来了”。“他玩来了”也只有一个意思，意为“他来这里玩了”。“他拿来了”有两个意思：一是“他拿到这里来了”，“拿”的对象到了终点；二是“他来这里拿了”，“拿”的对象还在起点。请运用语义特征分析法分析这一现象。

5. 用语义指向分析法消除歧义。

(1) 张晓明最喜欢老虎

(2) 他在沙发上绣花

(3) 一天就挣了一百块钱
(4) 踢疼了
(5) 只吃了一片面包
(6) 老张有一个女儿，很骄傲
6. 用语境分化法消除歧义。
(1) 这是闻一多的书
(2) 连张三李四都不认识
(3) 饭不热了
(4) 我买了
(5) 张三那样的儿子
(6) 井挖深了

第九节 复句

一、填空

1. 复句是由两个或两个以上__________、__________的分句构成的语言单位。

2. 复句与单句的区分，可从__________、__________、__________三个方面进行。

3. 关联词语对于复句的作用，主要有________、________、________、__________。

4. 目前复句分类比较通行的做法，是把复句按结构关系先分出________与__________两大类。

5. 按语义差别，联合复句内部可以分出________、________、________、________、________、__________等，偏正复句内部可以分出________、__________、__________、__________、__________、__________等。

6. 多重复句，是指有两个或两个以上__________的复句，也叫__________。与之相对，只有__________的复句，叫__________或__________。

7. 紧缩复句是________________、介于__________之间的一种特殊句子结构形式。

二、选择题

1. 下列句子中，属于复句的是（　　）。
A. 只有小王来，我们才能完成任务。
B. 只有你，我才信得过。
C. 无论谁介绍来的人，他都热情接待。
D. 无论谁，也没有想到事情会解决得这么顺利。

2. 下列各句中，属于复句的是（　　）。
A. 即使在西藏高原上，也打出油来了。
B. 就是世界上最快的马，也会落在背后。
C. 不管雄鸡叫不叫，天总会亮的。
D. 无论什么情况，我都要干下去。

3. 下列复句属于联合复句的是（　　）。

A. 有的人想请我去坐上席，还怕我不肯赏脸。
B. 说实在的，有人给我送礼，我还觉得光荣呢。
C. 外面有了响动，还有嘱嘱的语声。
D. 他这一招不行，还有下一招呢。

4. 下列复句属于联合复句的是（　　）。
A. 还不是我压着不办，才批判一通了事？
B. 有了这支部队，才能攻破敌人的坚固阵地。
C. 支好车子，他才忽然记起这个工夫到朋友家串门，实在是来讨饭的。
D. 你这一次考不上还有下一次嘛！

5. 下列复句中，属于因果复句的是（　　）。
A. 北方这几年，即使下雪，也不会太大。　B. 没顾上吃药，这感冒竟好了。
C. 出去散散心也好，只是别走远了。　D. 既然有了结论，何必还讨论呢？

6. 下列句子中，属于转折复句的是（　　）。
A. 不论成功与否，都可以先试试。
B. 他藏在一个你看不见他，他却看得见你的地方。
C. 尽管你说了那么多，他还是听不进去。
D. 即使是见多识广的人，也未必碰到过这种事。

7. “他不是工人，而是农民。”所属的复句类型是（　　）。
A. 递进复句　B. 并列复句　C. 选择复句　D. 转折复句

8. 多重复句是（　　）。
A. 由两个以上的分句组成的复句
B. 由两个以上的结构层次组成的复句
C. 由两个以上的小复句组成的复句
D. 有 N 个分句，就有“N－1”层复句

9. “老大爷不戴眼镜也能看书。”是（　　）。
A. 单句　B. 一般复句　C. 多重复句　D. 紧缩复句

10. 下列句子中，属于紧缩复句的是（　　）。
A. 黑丫头一声比一声高地连叫婶娘。　B. 心不细就容易校对错。
C. 我们也骑自行车来。　D. 我就陪他一起去吧。

三、简答题

1. 什么是复句？复句和单句有什么区别？
2. 紧缩复句有哪些特点？

四、分析与操练题

（一）填表

1. 将下列复句按要求填入下表中（填序号即可）。
(1) 不是我不让你去，而是天气不好不能去。
(2) 小张刚一出门，特务就跟了上来。
(3) 太阳出来了，雨也停了，外面的空气也格外清新。
(4) 忙碌了几天也没有收获，于是他真的有些灰心了。
(5) 连死都不怕，还畏惧坐牢吗！
(6) 你是回北京工作呢，还是留在上海工作呢？
(7) 这项工作不仅学生要参与，而且所有教师也要积极参与。

(8) 每逢周末，他不是泡在咖啡馆里，就是同几个朋友聊天。

(9) 我们的祖先在历史的黎明期便幻想出一个神话式的人物，叫大禹。

(10) 文章与其长而空，倒不如短而精。

(11) 他宁可信其真，不愿信其假。

(12) 这一政策主要解决了两个问题：一是明确了谁污染谁承担治理污染的责任，二是解决了治理污染的资金问题。

并列复句	
连贯复句	
递进复句	
选择复句	
取舍复句	
解注复句	

2. 将下列复句按要求填入表中（填序号即可）。

(1) 既然你来了，就安心好好干吧。

(2) 要是你不来，我们就请小王来做这项工作。

(3) 尽管我不认识你，但你的名字我是早就知道的。

(4) 为了革命的成功，许多革命志士光荣牺牲。

(5) 纵然累病、累死，我们也要保质保量完成工作。

(6) 谁不用功，谁就会落后。

(7) 他来了，可是一天里他什么事也没做。

(8) 即使我们变得贫困了，我们也不能丧失骨气。

(9) 你把意见整理一下，明天好交大会讨论。

(10) 我无论走到哪里，都会想起陕北高原上盛开的山丹丹。

(11) 我把发动机重新检查了一遍，以免中途发生故障。

(12) 只要怀抱信心，就能创造奇迹。

因果复句	
目的复句	
条件复句	
假设复句	
转折复句	
让步复句	

（二）操作

1. 什么是复句？试以下面的几个句子为例，说说复句与单句的区别。

(1) 马有余拿出单子来，先念了一遍总的，然后念各人名下的。

(2) 这风俗在国内，即使在解放前也已经不容易见到了。

(3) 新中国建立以后，湘西逐渐在前进在改变。

(4) 行军是每天从早上开始，宿营是在第二天的早晨。

(5) A. 发展体育运动，增强人民体质。

B. 我们要坚持发展体育运动，增强人民体质的方针。

(6) A. 黑沉沉的夜，黑沉沉的山，不断传来野兽的吼叫。

B. 黑沉沉的夜，使人感到压抑。

(7) A. 正是因为说话跟吃饭、走路一样的平常，人们才不去想它究竟是怎么一回事儿。

B. 因为伊，这豆腐店的买卖非常好。

(8) A. 即使在软席包房里，他还在不断地看资料：国务院文件、简报、总结、汇编和外文资料。

B. 即使有了汽油灯，也只能照见小小一块地方。

2. 判断下列三个句子，哪个是单句，哪个句子是一般的复句，哪个是紧缩复句。

(1) 你不能不去。

(2) 你不想去也得去。

(3) 你去，我也去。

3. 试着为下面的意合复句加上不同的关联词语（不止一种），以表示不同的复句关系。

(1) 你去，我去。

(2) 要多看多想，要多写多练。

4. 判断下列复句是联合关系还是偏正关系，并简要说明理由。

(1) 门前池中的残荷梗时时忽然急剧地摇动起来，接着便有红鲤鱼活泼泼地跳跃划破死一样平静的水面。

(2) 要是人人都能明了人生的意义在于付出而不是索取，那么好多事情就会好办得多。

(3) 她不仅长得很美，打扮也极其讲究。

(4) 屈原虽然死了，他的作品却越来越显示出极强的生命力。

(5) 江水很急，只身游过去是很危险的。

(6) 宁可我多干点，也不能累着你。

(7) 夜已经很深了，他还在不停地工作着。

(8) 大热天游客不但没减少，反而增加了。

(9) 你快乐，所以我快乐。

(10) 哪怕他错了，你也不能训他。

5. 指出下列复句的类型。

(1) 要么看电视，要么听广播，要么大家都看书。

(2) 过了那林，船便弯进了汊港，于是赵庄便真在眼前了。

(3) 既要有革命干劲，也要有实事求是的科学态度。

(4) 说是退休了，其实他还是个大忙人。

(5) 他非完成任务不休息。

(6) 他写了首诗，用以纪念曾经的爱情。

(7) 一旦客流达到饱和，机器便自动停止售票。

(8) 我很忙碌，换句话说，我很寂寞。

(9) 事情不大，意义不小，于是决定让他在全团大会上作一次讲演。

(10) 他不相信科学，也不相信事实。

6. 细致分析下面几个偏正复句中分句之间的关系，请指出它们各属于哪一种类型的偏正复句（如因果复句），试分析它们所属的小类（如说明性因果、推论性因果）。

(1) 事情既已点破，我也就不在乎了。

(2) 今天晚上不管有多好的戏，他都不会看下去。

(3) 晋国为了战胜楚国，便派人联络吴国。

(4) 公元前 7 世纪的古人尚且懂得这些道理，我们生在 20 世纪 90 年代当然就应该更清楚地懂得这些道理。

(5) 春来了，花却谢了。
(6) 只有创新，才有活力。
(7) 小心点，免得摔倒。
(8) 他急坏了，因为丢了一只半大羊羔子。
(9) 如果当时他没有说这话，也许他俩现在还是朋友。
(10) 除非得到他的授权，才可以使用这份专利。

7. 比较下列几组关联词语在用法上的区别。

(1) 如果……，就……	只要……，就……
(2) 只有……，才……	只要……，就……
(3) 即使……，也……	虽然……，但是……
(4) 虽然……，但……	……，但……
(5) 也……，也……	又……，又……
(6) 因为……，所以……	既然……，就……
(7) 因为……，所以……	为了……，……
(8) 只有……，才……	除非……，才……
(9) 因为……，……	……，才……
(10) 只有……，才……	如果……，就……

8. 举例说明下列关联词语所能显示的复句内部关系。
(1) 既然　(2) 即使　(3) 尽管
(4) 不管　(5) 只有　(6) 只要

9. 下面几个句子是不是紧缩复句？为什么？
(1) 他昨天来我这儿借了一本书。
(2) 中国人吃饭用筷子。
(3) 他越说，我越糊涂。
(4) 我越听越糊涂。

10. 指出下列紧缩复句的关系。
(1) 打死他也不开口。
(2) 你生气我更生气。
(3) 他非见你不行。
(4) 一看到鱼就恶心。
(5) 你说还是我说？
(6) 选了我也不干。
(7) 他越说越来劲儿。
(8) 下雨我就不去。
(9) 写好了再挂上去。
(10) 他吃了又吃。

11. 请用画线分析法分析下列多重复句的层次和关系。

(1) 我已经恢复了组织生活，而且是饲养班里唯一的党员，虽然还是“挂起来”的干部，要紧关头拦一拦还能阻止武斗。

(2) 我们的确已经取得了很大成绩，但是如果因为有了这些成绩，就骄傲起来，并且认为可以歇一歇脚，那就不妥当了。

(3) 地区农科所的同志们无不称赞他工作出色，因为他不光本职工作好，而且能帮助

别人，所以到评选先进工作者的时候，大家一致推荐他。

（4）这个学校，虽然并不很有名气，甚至连像样的礼堂也没有，开大会只能到操场去，但却有许多家长经常来找校长，想把孩子送来读书。

（5）只有充分地利用我国的人力物力资源，尽快缩短我国生产技术水平和世界先进技术水平的差距，才能最迅速地提高整个社会的劳动生产率，加速四个现代化进程。

（6）燕子去了，有再来的时候；杨柳枯了，有再青的时候；桃花谢了，有再开的时候。

（7）如果一篇文章，组织了大量材料，用了许多华丽的词藻，却不能说明和解决什么问题，那么人们读过以后，根本不知道作者在赞成什么，反对什么，那样的文章，人们通常就称之为没有观点的文章，也就是没有灵魂的文章。

（8）孩子是要别人教的，毛病是要别人医的；即使自己是教员或医生。

（9）我爱热闹，也爱冷静；爱群居，也爱独处。

（10）即使同是一个蛋，只要变换一个角度看它，形状便立即不同了。

（11）朋友，天山的丰美景物何止这些，天山绵延几千里，不论高山、深谷，不论草原、森林，不论溪流、湖泊，处处有丰饶的物产，处处有奇丽的美景，你要我说可真说不完。

（12）我去了，提着一袋苹果，也许扛一箱苹果去更合适，可我没那么多钱。

（13）我们的资金有限，技术力量不足，人口又多，搞现代化，不能不考虑到先化什么后化什么的问题，一定要分清轻重缓急，有一个合理的安排。

（14）火车喷出的气是灰蓝色的，但是，很快，在它经过你的面前的时候，疾速地消灭在高空，于是，天色暗下来了。

（15）一篇好的文章或演说，如果是重要的带指导性质的，总得要提出一个什么问题，接着加以分析，然后综合起来，指明问题的性质，给以解决的办法，这样，就不是形式主义的方法所能济事。

第五章 修辞

第一节 修辞概说

一、填空题

1. ＿＿＿＿＿是提高表达效果的规律。

2. 说写者自觉选择语言表达形式所遵循的规律，也就是通常所说的＿＿＿＿。

3. 对修辞规律的理论的认识，就是＿＿＿＿＿。

4. 修辞的基本要求是：适合＿＿＿＿＿，选择恰当的形式，取得最佳的效果。

5. 在修辞学中，“修辞”这个词有广义的和狭义的两个意思。广义的修辞则有多个含义，它可以指修辞规律，也可以指＿＿＿＿＿，还可以指＿＿＿＿＿。

6. 语境可以分为三类：＿＿＿＿＿，又叫“小语境”；＿＿＿＿＿，又叫“中语境”；＿＿＿＿＿，又叫“大语境”。

二、选择题

1. 在修辞学中，“修辞”这个词有广义的和狭义的两个意思。狭义的修辞仅指（　　）。

A. 修辞规律　　B. 修辞学　　C. 修辞学著作　　D. 修辞格

2. 下列关于修辞学和修辞规律的说法正确的是（　　）。

A. 修辞规律就是修辞学。

B. 修辞学和修辞规律不同，修辞规律是多种多样的。

C. 修辞学和修辞规律不同，客观存在的修辞规律只有一个。

D. 修辞学和修辞规律不同，客观存在的修辞学只有一个。

3. “凡是大学本科毕业生，并具有同等学力，身体健康，年龄35岁以下者，均可报名。”这句话中“大学本科毕业生”和“具有同等学力”本身就是矛盾的，这是由于不符合（　　）造成的。

A. 上下文语境　　B. 情景语境

C. 社会文化语境　　D. 情景语境和社会文化语境

4. 在法律中，利用修辞学来填补法律条文的漏洞，这体现了修辞学在现代社会生活中（　　）的作用。

A. 和谐人际关系　　B. 提高民族素养

C. 促进社会进步　　D. 使语言形象化

5. 在跨文化交际中，由于不了解交际对象的文化背景，言语失当是经常发生的事情。为了避免发生这种情况，修辞要适合（　　）。

A. 上下文语境　　B. 情景语境

C. 社会文化语境　　D. 情景语境和社会文化语境

三、简答题

1. 举例说明什么是修辞活动，什么是修辞规律，什么是修辞学。

2. 有人说，修辞就是要违反语法或逻辑的，修辞学应该和语法学、逻辑学对着干。你怎样看这个问题？

四、分析与操练题

1. 下列这些话语或事实都违背了修辞的基本要求，试分析造成这些话语或事实违背修辞基本要求的原因。

（1）在这春雨中，最引人注目的是我家对面的那雄伟挺拔，上小下大，仿佛是座巨大的绿色宝塔的，就是那座茶山。

（2）今天我们去参观高科技农业生产基地，走在半路上，忽然下起雨来，路滑得很，一不小心，摔了一跤，跌了个四脚朝天。

（3）某人需乘K156次列车从桂林到南京，一知情者告诉他：“K156次列车是隔日开行，逢单号有车，今天正好是21号，你去乘坐吧！”其实K156次到达桂林是21号02：33分，说话人在21号白天交谈时列车早已开走了。

（4）表姐一家进得门来，先把大包小包“双肩背”等等跟头骨碌扔了一地，然后没等坐稳就开始了对这城市、这房子的品评。姐夫闻忠是个有点谢顶的赤红脸，大个儿，脚偏小，讲一口南方腔的普通话。他原先在一个大厂当车间主任，现在刚下岗。闻忠说话时总把自己的手指关节捏得嘎嘎作响，不是右手捏左手，就是左手捏右手，每个指头都不放过。闻忠捏着手说这个城市怎么像个村子，道路坑坑洼洼，摆小摊的还占着道。怎么满街都是卖驴肉火烧的，驴肉什么味道？冬冬就说为什么允许开车鸣喇叭，警察也不管吗？不是省会吗？表姐就说树少，树少。李曼金想，一定是何平抄近道走了些乱七八糟的旧街小巷。何平粗心了，她也粗心了，忘了叮嘱他走一条“光明大道”。现在客人这些话就像是专门说给何平听的。何平不知如何对付这样的开场，李曼金替丈夫解围似的说，这城市没有历史，才七八十年。闻忠就说深圳呢，珠海呢，不就才二十几年么。表姐就说城建，城建。意思是说一切都因为城建步子太慢。（铁凝《有客来兮》，《人民文学》2002年第7期）

2. 试分析下面这个材料说明了修辞学中的什么问题。

本名——民工；小名——打工仔；学名——进城务工者；曾用名——盲流；尊称——城市建设者；昵称——农民兄弟；俗称——乡巴佬；绰号——游民；爷名——无产阶级同盟军；

父名——人民民主专政基石；临时户口名——社会不稳定因素；永久宪法名——公民；家族封号——主人；时髦称呼——弱势群体。（汪虹《打工者的名字》，《绿风》2003 年 4 期）

第二节 语音修辞

一、填空题

1. 语言的节律指语言运用中语音的配置规律，它包括__________规律和__________规律等。

2. 节律的调整和运用，具体表现在__________、__________、韵脚、__________、联绵等方面。

3. 现代汉语的声调有四种：阴平，阳平，上声，去声。前两种叫作__________，声音高扬平缓；后两种连同古入声叫作__________，声音低降曲折。

4. 如果相同或相近的韵母在一组小句的末尾有规律地重复出现，这就是__________。那些由相同或相近的韵母组成的、在小句末尾有规律重复出现的字，就是__________。

5. 叠音是同音同形的音节__________出现的现象。

6. 联绵主要是指__________现象。所谓__________，是指两个连在一起的音节声母相同；所谓__________，是指两个连在一起的音节韵母相同或基本相同。

7. 韵文讲求“一句之中平仄相间，一联之内平仄__________”，还讲求“一三五__________，二四六分明”。

二、选择题

1. 曹丕的《燕歌行》：“秋风萧瑟天气凉，草木摇落露为霜，群燕辞归雁南翔。念君客游思断肠，慊慊思归恋故乡，何为淹留寄他方？……”其押韵方式是（　　）。

A. 排韵　　B. 随韵　　C. 交韵　　D. 抱韵

2. 假设一首诗歌有 A、B、C、D 四句，如果只有 A、C 押韵，而 B、D 不押韵，这就是（　　）。

A. 奇韵　　B. 偶韵　　C. 随韵　　D. 交韵

3. 杜甫的《绝句》：“迟日江山丽，春风花草香。泥融飞燕子，沙暖睡鸳鸯。”押韵方式是（　　）。

A. 排韵　　B. 随韵　　C. 交韵　　D. 抱韵

4. 杜牧的《江南春》：“千里莺啼绿映红，水村山郭酒旗风。南朝四百八十寺，多少楼台烟雨中。”押韵方式是（　　）。

A. 交韵　　B. 随韵　　C. 偶韵　　D. 抱韵

5. 蹇先艾的《雨晨游龙潭》：“哦！山道上充溢水色春光，迷蒙的毛雨飘落纷纷，远峰织着翡翠的树影，仿佛我又一度地回到故乡。”押韵方式是（　　）。

A. 排韵　　B. 交韵　　C. 随韵　　D. 抱韵

6. 假设一首诗歌有 A、B、C、D 四句，如果 A、B 押一个韵，C、D 押另一个韵，这就是（　　）。

A. 排韵　　　　B. 交韵　　　　C. 随韵　　　　D. 抱韵

三、简答题

1. 举例说明汉语的语音特点为节律的形成和运用起到了哪些作用。

2. 押韵有哪几种？押韵有哪些作用？

四、分析与操练题

1. 下列这些例子在音节的选择上有什么特点？哪些选择得好，哪些选择得不好？为什么？

（1）再一类是杂史琐记。这类笔记或者掇拾历史旧闻，或者记述见闻时事，或者即兴遣怀发议，包罗万象，细大不捐，保存了历代政治、经济、军事、文化、科技、风土、社会生活及人物事件等多方面材料。

（2）是常春藤么？常春藤没有它这样的绰约。是矮牵牛么？矮牵牛没有它那样的旖旎。是灵芝牡丹？铁骨凌霄？飞燕草？金银花？让人认不出，更猜不透：在这石头墙上，存不得雨水，见不到土壤，这柔弱的小草，是怎样活下来的？它的根又会藏在哪里？

（3）大家要保持食堂清洁，不乱倒剩饭，不乱丢果皮、包装袋、纸屑，不乱倒剩菜，各班轮流值日，负责打扫卫生。

2. 根据下列叠音用例，说明叠音有哪些作用。

（1）我还想，富春江的娇，也在于她的色泽，无怪她有“第二漓江”之称。那江水，真是澄于湖海碧于天，活脱脱是天神地母拣尽翡翠绿玉铺就的。行在江上，望两岩，只见千嶂染翠，峰峰岭岭尽都浓浓淡淡的绿进去；立在船头看江心，只觉水底天上的云絮，一朵朵一团团，俱是深深浅浅的绿出来，真难说是山染绿了江，还是江浸绿了山，无怪朋友们相视叹曰：喔，一到富春江，眼瞳都是绿的！（叶文玲《乌篷摇梦到春江》）

（2）它被漫天迷雾笼罩。石灰、黄土、煤屑、烟尘以及一座城市毁灭时所产生的死亡物质，混合成灰色的雾。浓极了的雾气弥漫着，飘浮着，一片片，一缕缕，一絮絮地升起，像缓缓地悬浮于空中的帷幔，无声地笼罩着这片废墟，笼罩着这座空寂无声的末日之城。已经听不见大震时核爆炸似的巨响，以及大地颤抖时发出的深沉的喘息。仅仅数小时前，唐山还是那样美丽，现在，它肢残体碎，奄奄一息。（钱钢《唐山大地震》）

（3）这孩子长得可真俊。圆鼓鼓红扑扑的脸儿，黑眉毛高鼻梁，配上一个红嘴唇儿，一只双眼皮大眼睛滴溜溜水汪汪的。可惜，另一只眼睛却向外斜着。（谌容《人到中年》）

（4）这家院子很破旧，但打扫得干干净净。门上贴着红对联，新房窗户上贴着双喜字，一些亲友们出出进进，倒也显出了办喜事的气氛。王顺喜是个和和气气的老头，他向我说了许多感谢的话。（马烽《结婚现场会》）

第三节 词语修辞

一、填空题

1. 词语修辞包括词语的选择和词语的__________。

2. 词语的搭配受语音、__________、__________等诸因素的制约。

3. 词语搭配的语音制约主要包括两个方面，一是避免消极的__________，一是避免消极的__________。

4. 所谓__________，是指说话人在用某个音表达某个义的时候，听话人容易联想到这个音的另外的意义。

5. 词语搭配在语义上的要求是，一要符合事理，二要__________。

二、选择题

1. 词语选择最基本的要求是（　　）。

A. 准确　　B. 生动　　C. 精练　　D. 鲜明

2. 绕口令“四是四，十是十；十四是十四，四十是四十。谁要把十四说成四十，我就打他十四；谁要把四十说成十四，我就打他四十”属于（　　）。

A. 积极的同音相加　　B. 消极的同音相加

C. 积极的同音联想　　D. 消极的同音联想

3. “法庭上正在审理一桩离婚案。法官庄严宣布‘男方牛某某，女方马某某，婚后牛马感情不和……’一句话刚说完，庄严的法庭上爆发出哄堂大笑。”因为法官所说的“牛马感情不和”而导致人们在庄严的法庭上爆笑，这属于（　　）。

A. 积极的同音相加　　B. 消极的同音相加

C. 积极的同音联想　　D. 消极的同音联想

4. 汉语普通话中，我们可以说“吃苹果，喝饮料”，不能倒过来说“吃饮料，喝苹果”，是因为“吃饮料，喝苹果”在语义上（　　）。

A. 不符合事理　　B. 不符合习惯

C. 不符合事理和习惯　　D. 不符合语体风格

5. 汉语普通话中，“健壮”和“硬朗”都是形容词，但“健壮”搭配的对象可以是男女老幼，“硬朗”搭配的对象只能是老年人，这在很大程度上是因为用“硬朗”形容非老年人（　　）。

A. 不符合事理　　B. 不符合习惯

C. 不符合事理和习惯　　D. 不符合语体风格

三、简答题

1. 词语的选择应该注意哪些方面？为什么？

2. 词语的搭配受到哪些方面的哪些制约？

四、分析与操练题

1. 试分析下列例子中词语在运用上的特点，指出哪些词语选择得好，好在什么地方。

（1）他再一次抬起头来的时候，脸上已经铺出一层快乐的表情。（李铁《杜一民的复辟阴谋》）

（2）老栓慌忙摸出洋钱，抖抖的想交给他，却又不敢去接他的东西。那人便焦急起来，嚷道，“怕什么！怎的不拿！”老栓还踌躇着；黑的人便抢过灯笼，一把扯下纸罩，裹了馒头，塞与老栓；一手抓过洋钱，捏一捏，转身去了。嘴里哼着说，“这老东西……。”（鲁迅《药》）

（3）底楼人家吊在窗上的三角梅，玫红的颜色就在华蓉眼边晃。这色彩有些轻佻，又有些孤单。（方方《树树皆秋色》）

（4）许景由：“三十年前的事，我后来越来越觉得不安，我知道大陆上是讲究家庭出身的，又一直在搞阶级斗争，你又是一个孤儿。”许灵均：“我是一个孤儿倒好！我不能算孤儿，我是你们的一个弃儿！”（李准《牧马人》）

(5) 知县吴海剜了林晋一眼，冷冷笑了起来，笑后一脸破破烂烂。说：林大人，好胆量，在下告辞！拱手退出院子。步子却迈得杀气。死静中间，似哐当一声，有什么东西砸在林晋的心上。一时间，林家院子里漫上一层阴霾。(星竹《红幡》)

(6) 看来还没有老，还有希望。在旅馆的镜子里，她对自己微笑了。终于又会笑了。终于透过气来了。(潘向黎《他乡夜雨》)

2. 试分析下列例子中词语在搭配上的特点，指出这些词语在搭配上符合哪个层面的要求，不符合哪个层面的要求，总体来看效果如何。

(1) 他常常乘敞车回厂房。

(2) 扁担长，板凳宽，板凳没有扁担长，扁担没有板凳宽。扁担绑在板凳上，板凳不让扁担绑在板凳上。(绕口令)

(3) 当有记者请陆毅谈谈关于“毛宁事件”的看法时，陆毅紧闭双口：“排协方面特别要求我不要对此事发表看法，因为毛宁的事目前还没有结案。”(《楚天都市报》2000年12月12日)

(4) 有的人活着，他已经死了；有的人死了，他还活着。(臧克家《有的人》)

(5) 知识分子钻研业务、搞科研、写书，那时也被看作自留地而加以禁止、取消，害得文化教育战线几乎成为一片荒漠。

(6) 她走到连喜的坟前，风就大了。风将他坟头上的积雪揉了好久，将一片山地竟揉得安静了。(《解放日报》2001年04月27日)

第四节 句子修辞

一、填空题

1. 句子是语法学和修辞学共同关注的对象。语法学关注句子的结构，修辞学关注句子的__________。

2. __________主要用在说明性和议论性语体中；__________主要用在口语和文艺性语体中，尤其是广告语、标语口号等。

3. 辨认长句的意义可以采用________，先找出核心部分，再依次分析，直到全面理解。

4. 几个结构__________或__________、语气一致的句子或分句排列在一起，就构成了整句。几个结构不同、__________、语气各异的句子或分句排列在一起，就构成了散句。

5. __________是变异形式的句子。最常见的变式句是单句中的__________和复句中的倒装形式。

6. __________是施事主语句，__________是受事主语句。

7. 在交际中，尤其在批评和指正的场合中，为了取得委婉、礼貌的表达效果，一般还是用__________为宜。

8. 否定的数量达__________，或者双重否定句和反问句配合的时候，常常会造成表达上的失误。

二、选择题

1. 下列说法错误的一项是（　　）。

A. 对言语交际者来说，首先就是句子的选择问题。

B. 需要明确地给出自己观点时，就不宜使用否定句。

C. 选择句式的主要依据是随意的，可根据自己的喜好来选择。

D. 在散文、诗歌、唱词中应该使用整句。

2. 下面意思差别较大的一组话是（　　）。

A. 他可能知道了这件事。/他不可能不知道这件事。

B. 我差点儿没把这件事忘了。/我差点忘记了这件事。

C. 我不会不认识他的。/我怎么会不认识他呢？

D. 我不再说什么了，他已明白这个道理了。/既然他已明白这个道理，我就不再说什么了。

3. 采用变式句，不仅保留了正常句式的基本语义，还可表达一些附加意义。下面对几个变式句的分析，错误的是一项是（　　）。

A. “水生笑了一下，女人看出他笑得不像平常。‘怎么了，你？’”作者采用了主谓倒置的变式句，把女人对水生的关切之情表达得更加急切了。

B. “姊姊你知道，我们现在往前奔，不是奔个人衣暖食饱，像从前那样。”句中将状语后置，更强调了“我们”的生活目标不再局限于衣暖食饱。

C. “她一手提着竹篮，内中一个破碗，空的。”句中将定语后置，突出了祥林嫂境况的极度悲惨。

D. “旧时茅店社林边，路转溪桥忽见。”句中将“忽见”的宾语提前，更突出了诗人急欲见到的“溪桥”遥遥在望的惊喜心情。

4. 下列句子不能改成被动句的一项是（　　）。

A. 这劳动场景深深地感动了他。

B. 大雨淋湿了工人的衣服。

C. 天边飘来朵朵白云。

D. 我们检修了一遍收音机。

5. 下面这个句子中画线的分句，如果改成双重否定句，较恰当的改法是（　　）。

十八岁生日那天，又接到高考录取通知书，<u>怎么说也是一件让人乐得合不上嘴的事。</u>

A. 不能不说是让人乐得合不上嘴的一件事。

B. 不能说不是一件让人乐得合不上嘴的事。

C. 不能不说是一件让人乐得合不上嘴的事。

D. 不能不让人说是一件乐得合不上嘴的事。

6. 下列句子都使用了双重否定，但语气有轻有重，其中最重的一句是（　　）。

A. 修辞并不是跟逻辑没有关系，但并不一定有直接关系。

B. 虽说他劳动很好，可也不能不尊重老人呀！

C. 当然，这些人有的不是没有错误，犯了错误，作了自我批评，就有了正反两方面的经验嘛。

D. 以科学的社会实践为特征的马克思列宁主义的认识论，不能不坚持反对这些错误思想。

三、简答题

1. 什么是长句？什么是短句？怎样将长句变成短句？

2. 试从意义和语气的角度分别对肯定句、否定句和双重否定句做比较。

四、分析与操练题

1. 将下列长句化为短句。

(1) 许多人在讴歌那光芒四射的朝阳、四季常青的松柏、庄严屹立的山峰、澎湃翻腾的海洋。

(2) 今天，在这“红杏枝头春意闹”的日子里，我要向老一辈的、中年的，以及青年的科学工作者，还有那些未来的科学家们，表示我最深的敬意。

(3) 一百多年来，汉堡港早就形成了有条不紊，按部就班，寓丰富于单纯，多变而又精密的节奏，就像成熟的乐队演奏熟悉的乐曲。

2. 比较下列两组句子，试说明它们的修辞效果。

第一组：

(1) 心怀善良的人，总是在播种阳光和雨露，医治人们的心灵和肉体的创伤。同善良的人接触，智慧得到启迪，灵魂变得高尚，襟怀更加宽广。(姜卿《心存善良》)

(2) 序，不仅是史学著作的有机体，更是其门户，不可等闲视之。吁请作序者：下笔之际多珍重！如何？

第二组：

(1) 因为这一条例外，所以阿Q在动手舂米之前，还坐在厨房里吸旱烟。(鲁迅《阿Q正传》)

(2) 司马超群说：“吴婉就是这么样死的，因为你觉得她已经阻碍了你。”(古龙《英雄无泪》)

3. 试说明哪些因素会影响到句子的运用。

第五节 辞格

一、填空题

1. 从外在形式上，辞格可以分为__________(如对偶、顶真、回环等) 和__________(如借代、夸张、比拟等) 两种。

2. 借代的本质在于它具有__________，借喻的本质在于它具有__________。

3. 根据语言内部的情况，双关可以分为两类：__________和__________。根据双关内部表面意思和内里意思之间的关系，双关又可以分为__________和__________。

4. 所谓__________，就是仿照词典中现有的词语创造出一个类似的相关的词语的修辞方式。

5. __________就是利用上下文的联系，将适用于前一事物的词语拈到后一事物上的修辞方式。

6. 对偶和对比的根本区别在于：对偶侧重于__________，对比侧重于__________。

7. 排比要求并列的几项之间__________和__________相同或相似。

8. 反复是通过重复某些__________的语言形式来表达强烈情感或语气的修辞方式。

9. 修辞格的综合运用可分为兼用、__________和套用。

二、选择题

1. “只要想想，天地是厂房，深谷是车间，幕天席地，群星环拱，世界上哪个纺织厂有那样的规模呢?”这段话连用了（　　）。

A. 对偶、夸张　　B. 对比、排比　　C. 比喻、夸张　　D. 排比、比喻

2. “三十多年过去了，我带着满头霜花回到故乡，第一要紧的便是看望小桥。”句中所用的辞格是（　　）。

A. 借代　　B. 比喻　　C. 比拟　　D. 双关

3. “他要在北大荒做一个像父母那样的创业者，而不甘心仅仅做一个继业者。”句中所用的辞格是（　　）。

A. 双关　　B. 借代　　C. 拈连　　D. 仿拟

4. “山城的灯火，好似一支梦幻曲，令人心醉神迷。”句中所用辞格是（　　）。

A. 通感　　B. 拈连　　C. 比拟　　D. 对比

5. “生活本来就是由一些不同的色调组成的：红色给人温暖，黑色让人消沉，蓝色使人忧郁，绿色又叫人憧憬。”句中所用辞格是（　　）。

A. 夸张　　B. 排比　　C. 对比　　D. 顶真

6. “在太行山西麓，有个滴水泉，滴水泉旁有个滴水寺，滴水寺旁有条石子路。”句中所用辞格是（　　）。

A. 排比　　B. 对比　　C. 顶真　　D. 回环

7. “你肚里有墨水儿，脑袋瓜儿又活，看个文件什么的，只要拿眼把题目一扫，里面的内容便能猜个大概。”句中所用辞格是（　　）。

A. 比喻　　B. 借代　　C. 比拟　　D. 婉曲

8. “珠江的水啊，载着一船船商品，载着一船船欢笑。”句中所用辞格是（　　）。

A. 比喻　　B. 拈连　　C. 通感　　D. 借代

9. “我望着他那梳得溜光，苍蝇飞上去都会滑倒的后脑勺，一个劲想笑。”句中所用的辞格是（　　）。

A. 夸张　　B. 借代　　C. 比喻　　D. 双关

10. “你不要一遇到困难就轮胎放炮——泄气了，那还行吗?”句中运用的修辞手段是（　　）。

A. 比喻　　B. 双关　　C. 对比　　D. 夸张

11. “茅台尚未沾唇，人先醉了三分。”句中运用的修辞手段是（　　）。

A. 夸张　借代　　B. 夸张　比喻　　C. 借代　对比　　D. 比喻　拟人

三、简答题

1. 举例说明比喻和比拟的区别。

2. 举例说明借喻和借代的区别。

3. 举例说明双关和歧义、误解、曲解有什么不同。

4. 仿拟有哪些类型?

5. 举例说明对比和对偶的区别。

6. 举例说明顶真和回环的区别。

四、分析与操练题

1. 有人认为婉曲是修辞格的一种，有人认为婉曲不是修辞格，你怎样看这个问题?

请说出理由。

2. 下列例子使用了哪些修辞格？试分析它们的表达效果。

（1）顾客：你们这里货物齐全，就是缺少点文明礼貌。售货员：我们的文明与礼貌都投放到工作总结和墙上的标语中去了，所以柜台上就缺货了。

（2）由于注射了科学这支“强心剂”，县真菌厂一年就转亏为盈。

（3）在苏黎世的旅馆里，拥挤着各种肤色；在苏黎世的大街上，交响着各种语言。

（4）有的石头像莲花瓣，有的像大象头，有的像老人，有的像卧虎，有的错落成桥，有的兀立如柱，有的侧身探海，有的怒目相向。（李健吾《雨中游泰山》）

（5）袁天成说：“不行！满喜你也请回去歇歇吧！活儿我不做了！三颗粮食，收不收有什么关系？”

（6）千万条腿来千万只眼，也不够我走来也不够我看。

（7）华蓉笑道，你不是说四十岁的女人是垃圾吗？这年头还有谁会跟垃圾恋爱呢？（方方《树树皆秋色》）

（8）花开的声音和树尖发芽的声音还有叶片上露珠滚动的声音华蓉都能听得到。（方方《树树皆秋色》）

（9）在我了解到一些情况之后，有多少问号在我脑子里翻腾！我苦于自己政治理论水平太低，逻辑思维能力太差。（黄宗英《大雁情》）

（10）在太空轨道上运行了五年之后，俄罗斯“和平”号轨道空间站今天回家了。

（11）四川省隆昌县人民医院和中医院的“丢弃病人事件”的确令人发指。两家医院“丢人”的原因都只有一个：“以为是叫花子（乞丐）。”（何三畏《“生命冷漠症”》）

（12）这些天来，她第一次恍悟到他活着，他学的这些技术也活着，他那个倔强的性格也活着，这才是一个人最主要的东西。（茹志鹃《离不开你》）

（13）交友，有了“忘年交”之说，它能消除年龄带来的隔阂，变“代沟”为理解；当了官，也不妨提倡“忘官交”，把自己当作普通的一员，与群众结成知心朋友，同心协力，去促进我们的事业。

（14）刘秀英：大为，你妹妹今天来的这个朋友，人好不好？
何　为：妈，您这话问了我足有二十遍了！我告诉您了。根据报纸上官方介绍，他是天底下头等大好人，浑身上下毫无缺点，连肚脐眼都没有。
刘秀英：不知道他老实不老实？
何　为：老实！老实极了！是上海“文攻武卫”的这个（伸大拇指），专管抓人杀人！（宗福先《于无声处》）

（15）何维维至今是嫖界的门外汉，但没吃过猪肉，猪走路还是看过的。（陈世旭《爱的旅途》）

（16）她有时感觉到女儿女婿实在并没有“那个”，会有一天，嗒，嗒，嗒，叩门声是他们特别的调子，开门进来，是肩并肩活泼可爱的两个。（叶圣陶《夜》）

（17）她们被幽闭在宫闱里，戴了花冠，穿着美丽的服装，可是陪伴着她们的只是七弦琴和寂寞的梧桐树。（周而复《上海的早晨》）

（18）功不在高，能吹则名；劳不在大，会钻则灵。斯是衙门，唯吾顺心：公房两三套，情人不离身；谈笑有宾馆，往来无百姓；可以游美国、去日本。无缺钱之忧患，有公款作后盾。吃遍“海、陆、空”，玩够“佳丽人”。世人云：可耻可恨！

（19）抗战胜利后，大画家张大千先生在一次宴会上向梅兰芳先生敬酒，说：“我是小人，你是君子。”

（20）照片上的安小雨十分清纯，像一个天真未凿的中学生，笑得很甜，眸子里甚至未消尽绯色的幻想。（王晋康《追杀K星人》）

（21）结婚？谈何容易。现在黄花闺女还嫁不出去，何况她这离过婚的、四十岁的女人。更何况她还有一个儿子。而且人的年纪越大，便越发地清醒。越发地清醒，便越发地难以结婚。她们往往会把婚姻看成是一种灾难。（张洁《方舟》）

（22）少顷，看见大路上黄尘滚滚，一辆摩托车驶过；少顷，又是一辆；少顷，又是一辆；又是一辆；又是一辆……

（23）我有读不懂的大深奥；然而，我知道今天的海，是曾经化为桑田的海，是曾经被圆锥形动物统治过的海，是曾经被凶猛的海蛇和海龙霸占过的海。而今天，这寒荒的波涛世界变成了另一个繁忙的人世间。我读着海，读着眼前驰骋的七彩风帆，读着威武的舰队，读着层楼似的庞大的轮船，读着海滩上那些红白相间的帐篷，读着沙地上沐浴着阳光的男人与女人。我相信，二十年后的海，又会是另一种壮观，另一种七彩，另一种海与人的和谐世界。（刘再复《读沧海》）

（24）书山有路勤为径，学海无涯苦作舟。

（25）在美国，有这样一个稚嫩的声音："小伙伴们说，我的外祖父是总统，这是真的吗？妈妈，你怎么从来都没有告诉过我？"在中国，同样有一个稚嫩的声音："妈妈，我们班的小伟可牛了，他说他爷爷是处长。我狠狠地训斥了他，我告诉他，我爷爷是局长。"（赵妍《教育对比》）

（26）我们心中有顾客，顾客心中有我们。

（27）何等动人的一页又一页篇章！这些是人类思维的花朵。这些是空谷幽兰、高寒杜鹃、老林中的人参、冰山上的雪莲、绝顶上的灵芝、抽象思维的牡丹。这些数学的公式也是一种世界语言。（徐迟《哥德巴赫猜想》）

（28）且让我们这样稍稍窥视一下彼岸彼土。那里似有美丽多姿的白鹤在飞翔舞蹈。你看那玉羽雪白，雪白得不沾一点尘土；而鹤顶鲜红，而且鹤眼也是鲜红的。

3. 分析下列修辞格综合运用的情况。

（1）开会主席台——面向群众；看戏前几排——带领群众；看电影居中——深入群众；见女人胡来——体贴群众；收罚款上门——联系群众；劳动不沾边——相信群众；搞集资捐助——发动群众；赴宴会陪客——代表群众；捞额外收入——依靠群众；事发进牢房——脱离群众。（郭炜《某些干部的"群众观"》）

（2）桃树，杏树，梨树，你不让我，我不让你，都开满了花赶趟儿，红的像火，粉的像霞，白的像雪。花里带着甜味儿；闭了眼，树上仿佛已经满是桃儿、杏儿、梨儿。花下成千成百的蜜蜂嗡嗡地闹着，大小的蝴蝶飞来飞去。野花遍地是：杂样儿，有名字的，没名字的，散在草丛里像眼睛，像星星，还眨呀眨的。（朱自清《春》）

（3）真蓝！下车待了一会，我心里一直惊呼着：真蓝！我见过不少蓝色的水。"春水碧于蓝"的西湖，"比似春莼碧不殊"的嘉陵江，还有最近看过的博格达雪山下的天池，都不似赛里木湖这样的蓝。蓝得奇怪，蓝得不近情理。蓝得就像绘画颜料里的普鲁士蓝，而且是没有化开的。湖面无风，水纹细如鱼鳞。天容云影，倒映其中，发宝石光。湖色略有深浅，然而一望皆蓝。（汪曾祺《天山行色》）

（4）大海！我心中伟大的启示录，不朽的经典。我在你身上体验到自由和伟力，体验到丰富与渊深，也体验着我的愚昧、贫乏和弱小，然而，我将追随你滔滔的寒流与暖流，驰向前方，驰向深处，去寻找新的力和新的未知数，去充实我的生命，去沉淀我的尘埃，去更新我的灵魂！（刘再复《读沧海》）

（5）管生手不叫生手了，太老土，土得掉出了一亩地。于是改初哥。打游戏的时候，自己玩得手舞足蹈的，有高手经过，抛下一句：“初哥。”看影碟，感动得死去活来的，又有高手经过，说：“国产片都能看成这样，初哥。”总之，还不止是说你生手，外带陈焕生进城，带着一股子东张西望的土八路味儿。反正，不是好话。（《幽默大师》2001 年 5 期）

（6）按词典的解释，“农民”是指长期参加农业生产的劳动者，这样的劳动者目前在中国还有八亿。农民在农村，但“农民”一词城里人却用得很多。最常见的用法有两种，一是名词活用作形容词，多出于至晚在父辈就已经进了城的年轻人之口，而且用得总是精练简洁。比如，中午食堂的菜有四块钱一份的红烧肚块和一块钱一份的清炒西葫芦，你买了后者，“农民!”你头发没梳整齐，衬衣下摆有半拉没有装进裤腰，“农民!”总之，形容词的“农民”似乎变成了一个筐，人的一切吝啬、狭隘、封闭、保守、自私、邋遢等弱点都可以一股脑儿扔进去。“农民”的这种用法，反映了城市人的自恃优越。这种优越感的形成，根源于喊了几十年也未能消除且在一定范围还在扩大的城乡差别。（《闽北日报》2000 年 1 月 6 日）

（7）然而中国人的信用悲剧偏偏就这样发生了。第二天，倒爷不但没去还人家的帽子，还洋洋得意地嘲讽起借给他皮帽子的那个俄罗斯人：“你猜‘傻帽儿’这个词是怎么来的？傻瓜等帽子——傻帽儿，哈哈……”这个倒爷的笑声，毫不留情地把我们在信用方面一贯的民族自豪感和优越感击得粉碎，“一诺千金”、“抱柱之信”、“诚信”等名词成了一个个毫无意义的哈欠。估计俄国人没有想到，当年能够勒紧裤带还债的中国人，变化得如此之快。（《南风窗》2000 年 10 期）

（8）一篇报告文学，当然不仅要客观地记录下已经发生的事情。但它首先应该做到这一点。做到这一点很难，特别是对于几十年前发生的事情。当事者视野有限的挂一漏万的回忆，各种各样只鳞片甲的传闻，显然不无偏见，甚至有意隐讳了事实的文字资料。后人只能在这样的基础上缀合历史，充满主观意识地缀合历史。你可能接近了它，但休想复原它。能做的是不讳过，不溢恶，不夸饰，不虚美，像老祖宗教导的那样“秉笔直书”。（张正隆《雪白血红》）

（9）你也反腐败，我也反腐败，喜怒哀乐一起都到心头来。奇不必奇，怪也不必怪，五子登科，总比两袖清风更可爱。台前发宏论，幕后发邪财，几分庄严，几分虚伪，几分坚定，几分徘徊，此中奥妙，谁能解得开？（《〈聊斋〉新唱》）

（10）你以恩典为年岁的冠冕，你的路径都滴下脂油，滴在旷野的草场上。小山以欢乐束腰，草场以羊群为衣，谷中也长满了五谷。这一切都欢呼歌唱。（《圣经·旧约·诗篇》）

第六节 语体

一、填空题

1. 语体根据存在方式，可以分为__________语体和__________语体；根据标准程度，可以分为__________语体和__________语体。

2. ________是以话轮转换为基本结构形式的、用来交流信息或交流情感的语体。

3. 典型的公文语体包括________、________、报告、通报、________、公务函件等。

4. 科技语体具有两个主要特点：一是________，二是________。

5. 宣传语体的根本特点在于其________，说写者综合运用各种语言手段，对自己所持的观点、信念进行表现、渲染，从而打动听读者，影响听读者，甚至要听读者实施某种行为。

6. 文艺语体分为________、散文体、________、戏剧体四类。

7. 语体的________指一个文本既属于甲语体又属于乙语体的现象。

二、选择题

1. 下列选项中不是谈话语体的是（　　）。

A. 访谈　　B. 采访　　C. 聊天　　D. 对口相声

2. 下列说法错误的是（　　）。

A. 公文语体一般都有固定的结构形式，可以重复套用

B. 公文语体不需要有创造性，只要按照特定的格式把意思表达清楚即可

C. 结构的程式性和表达的客观性是公文语体的语言特点

D. 公文语体可以是模糊的

3. （　　）的写作者是科学家、一般研究者、科学工作者，只有达到一定的文化层次，才有可能写作。

A. 科技语体　　B. 公文语体　　C. 宣传语体　　D. 文艺语体

4. 政论、时评、新闻、广告、演讲、辩论等属于（　　）。

A. 公文语体　　B. 宣传语体　　C. 文艺语体　　D. 网络语体

5. “我头像什么时候动过，又没人帮我弄，我自己也不想捣鼓……手机可以看吗？求大神解答”属于（　　）。

A. 谈话语体　　B. 宣传语体　　C. 文艺语体　　D. 网络语体

三、简答题

1. 什么是语体？

2. 语体有哪些类型？

四、分析与操练题

1. 指出下列语段属于哪种语体，并说明原因。

（1）句式和词汇成分有多方面的相似性。正如词和意义的关系一样，语言系统里句式的数量是有限的，但可以表达的意义却远远多于句式的数目。正如词汇成分代表人们对现实事物的总结一样，基本句式也可以看作人类一般认知经验的反映，多样的表达式也反映了基本范畴的引申和扩展。引申的途径不外两种：一是隐喻机制，二是转喻机制。隐喻就是把一个认知域里的结构或关系映射到另一个认知域里去的过程，一般是从现实的、具体的、人们熟悉的领域向抽象的、不易掌握的领域引申；转喻则是用人们认知上两种东西之间的关联，使一物转指另一物成为可能，常见的有用来源指称结果、用局部指称整体等方式。以下的讨论中我们将说明：汉语的语法结构式的产生和引申就是这些隐喻和转喻方式作用的结果。

（2）距今四十几年之前，一个青年的海军学生跑到日本去改习医学。在当时，“科学救国”和“富国强兵”正是青年人共同的理想。但是，当他有一次在仙台看见了一部日本人拍的影片，“刽子手是日本军人，上断头台的是中国人，围着看而毫无表情，如醉如梦

地在喝彩的也是中国人”的时候，他便憬然有感，觉得改革“已经硬化的人民的精神”是比医学更重要的事了。从此之后，他“常常提笔”，“在寂寞和艰难中”，“喊几声助威”，“将旧社会的病根暴露出来”，“催人留心，设法加以治疗”。——他，就是在六年前的今天逝世了的中国新文化奠基者，伟大的思想家、文学家和战士的鲁迅先生。

（3）我一天窝在家里看琼瑶小说，看《庭院深深》和《烟雨濛濛》哭掉好多面巾纸被老公叫吃晚饭叫了三次这种事我会随便说嘛！初中高中鄙视言情只看武侠要看言情只看席绢亦舒，现在这个年纪用手机看琼瑶奶奶“写于1969年×月×日于灯下”的虐心小说这种事我怎么说得出口！

（4）我是呢一九六五年七月七号到这厂子的，嗯，当时呢才十七八岁，哎，就一直在这儿，将近二十年了吧。由于自己吧，年轻，六五年呢到这厂子的时候呢，嗯，待了一年，就赶上“文化大革命”了，在这个“文化大革命”中呢，可以说这十来年是荒废的。嗯，回过头来看，看自己的十多年呢，觉得很惋惜。哦可是我呢，还是比较好学的。

（5）走向春晖，有一条狭狭的煤屑路。那黑黑的细小的颗粒，脚踏上去，便发出一种摩擦的噪音，给我多少清新的趣味。而最系我心的，是那小小的木桥。桥黑色，由这边慢慢地隆起，到那边又慢慢地低下去，故看去似乎很长。我最爱桥上的栏杆，那变形的卐纹的栏杆；我在车站门口早就看见了，我爱它的玲珑！桥之所以可爱，或者便因为这栏杆哩。我在桥上逗留了好些时。

（6）投标者须具备下列条件：A. 首席专家要具有较高的政治素质、深厚的学术造诣和丰富的科研经验，社会责任感强，能够自觉践行理论联系实际的优良学风；具有正高级专业技术职务或局级以上（含）领导职务，能够担负起课题研究实际组织者和指导者的责任；具有中华人民共和国国籍。首席专家只能为一名。B. 在研的国家社科基金重大项目、马克思主义理论研究和建设工程重大项目、教育部哲学社会科学研究重大课题攻关项目及其他国家级科研重大项目的首席专家，不能作为课题首席专家投标新的国家社科基金重大项目。C. 首席专家不能作为子课题负责人或课题组成员参与本次投标的其他课题。子课题负责人只能参与一个投标课题。课题组成员最多参与两个投标课题。D. 首席专家和子课题负责人必须有丰富的、与投标课题相关的前期研究成果。

（7）在距今约5.3亿年前一个被称为寒武纪的地质历史时期，地球上突然涌现出各种各样的动物，它们不约而同地迅速起源、立即出现。节肢、腕足、蠕形、海绵、脊索动物等一系列与现代动物形态基本相同的动物在地球上来了个“集体亮相”，形成了多种门类动物同时存在的繁荣景象。中国云南澄江生物群、加拿大布尔吉斯生物群和贵州凯里生物群构成世界三大页岩型生物群，为寒武纪的地质历史时期的生命大爆发提供了证据。达尔文在其《物种起源》中提到了这一事实，并大感迷惑。他认为这一事实会被用作反对其进化论的有力证据。但他同时解释道，寒武纪的动物的祖先一定是来自前寒武纪的动物，是经过很长时间的进化过程产生的；寒武纪动物化石出现的“突然性”和前寒武纪动物化石的缺乏，是由于地质记录的不完全或是由于老地层淹没在海洋中的缘故。这就是至今仍被国际学术界列为“十大科学难题”之一的“寒武纪生命大爆发”。

（8）圣诞街头，人工雪花漫天飞舞，路人行色匆忙。卖火柴的小女孩蜷缩在墙角，胸前的火柴箱已空空如也。

我走上前去，问她：“丫头，你的火柴呢？”

小女孩畏惧地看看我，又怯懦地瞄了一眼远去的几名城管，战栗不止。

我心疼地把她揽在怀里：“别怕，有大叔在。”

小女孩抽噎着问：“你能……送我一盒火柴吗？”

(9)

××大学人事处：

兹有张××的档案属于贵单位管理，现因本公司招聘张××到本公司任职，签订正式劳动合同3年，从2013年1月1日起生效，在此期间，本公司（××建设公司）将负责管理该员工的档案，负责该员工与档案有关的各项事宜。（注：本公司为国有控股公司，具有保存档案资质）特此申请批准提档。

此致

敬礼

××建设公司
负责人：×××
××××年××月××日

2. 分析下列语段语体的渗透和交融的情形。

(1) 刘麻子：我要不分心，他们还许找不到买主呢！（忙岔话）松二爷（掏出个小时表来），您看这个！

松二爷：（接表）好体面的小表！

刘麻子：您听听，嘎登嘎登地响！

松二爷：（听）这得多少钱？

刘麻子：您爱吗？就让给你！一句话，五两银子！你玩够了，不爱再要了，我还照数退钱！东西真地道，传家的玩艺！

常四爷：我这儿正咂摸这个味儿：咱们一个人身上有多少洋玩艺儿啊！老刘，就看你身上吧：洋鼻烟，洋表，洋缎大衫，洋布裤褂……

刘麻子：洋东西可真是漂亮呢！我要是穿一身土布，像个乡下脑壳，谁还理我呀！

常四爷：我老觉乎着咱们的大缎子，川绸，更体面！

刘麻子：松二爷，留下这个表吧，这年月，带着这么好的洋表，会教人另眼看待！是不是这么说，您哪？

松二爷：（真爱表，但又嫌贵）我……

刘麻子：您先戴几天，改日再给钱！

(2) 七子之中，特别的是孔融，他专喜和曹操捣乱。曹丕《典论》里有论孔融的，因此他也被拉进“建安七子”一块儿去。其实不对，很两样的。不过在当时，他的名声可非常之大。孔融作文，喜用讥嘲的笔调，曹丕很不满意他。孔融的文章现在传的也很少，就他所有的看起来，我们可以瞧出他并不大对别人讥讽，只对曹操。比方曹操破袁氏兄弟，曹丕把袁熙的妻甄氏拿来，归了自己，孔融就写信给曹操，说当初武王伐纣，将妲己给了周公了。操问他的出典，他说，以今例古，大概那时也是这样的。又比方曹操要禁酒，说酒可以亡国，非禁不可，孔融又反对他，说也有以女人亡国的，何以不禁婚姻？

其实曹操也是喝酒的。我们看他的“何以解忧？惟有杜康”的诗句，就可以知道。为什么他的行为会和议论矛盾呢？此无他，因曹操是个办事人，所以不得不这样做；孔融是旁观的人，所以容易说些自由话。曹操见他屡屡反对自己，后来借故把他杀了。他杀孔融的罪状大概是不孝。因为孔融有下列的两个主张：

第一，孔融主张母亲和儿子的关系是如瓶之盛物一样，只要在瓶内把东西倒了出来，母亲和儿子的关系便算完了。第二，假使有天下饥荒的一个时候，有点食物，给父亲不给呢？孔融的答案是：倘若父亲是不好的，宁可给别人。——曹操想杀他，便不惜以这种主张为他不忠不孝的根据，把他杀了。倘若曹操在世，我们可以问他，当初求才时就说不忠不孝也不要紧，为何又以不孝之名杀人呢？然而事实上纵使曹操再生，也没人敢问他，我们倘若去问他，恐怕他把我们也杀了！

第二部分 参考答案

绪论

简答题

1. 答：由于研究目的的不同，语法学有历史语法学、比较语法学、描写语法学之分。用历史观点来研究某一语言的语法构造的发展、演变的学问叫做“历史语法学”。历史语法学的目的就在于追溯语言的历史发展、语法构造的演变规律，它把语言看做变化的范畴，并从中去研究，从而揭示语言发展的内在规律。狭义的比较语法指历史比较语法，指的是有亲属关系的语言之间的语法比较，比如汉语跟藏语的比较、英语和德语的比较等。历史比较语法的目的不在于描写语法规则，而在于解释语法现象。它对于人们了解母语和外语的差异，探求语言产生和发展的过程，具有一定的意义。研究某一语言在发展中一定时期的语法构造的学问，叫做“描写语法学”。描写语法学对语言体系进行断面的、静态的描写。这种研究，对于建立语法学体系是很有必要的，也是历史语法学的出发点之一。由于研究的方法不同，语法学有传统语法、结构主义语法、转换生成语法之分。传统语法是从 18 世纪直到现在仍在使用的语法，它把语法看成一套规则，告诉人们应该怎么说、怎么写，所以又叫“规范语法”。传统语法主要根据形态归纳范畴，依据范畴构成体系，因而对于缺乏形态变化的汉语就不怎么适宜。结构主义语法的目的在于描写语言结构。它主要采用替换法、分布分析法、直接成分分析法、变换分析法等方法来对语言单位进行切分、归类，分析层次和关系，比较结构之异同，比如向心与离心等。结构主义语法的引入，促进了汉语语法研究的发展，尽管它也存在着不重视意义等一系列不足。转换生成语法的目的在于解释语言现象，尤其是解释人类的语言能力。它认为各种语言都有共同的逻辑基础，即所谓深层结构，差别在于表层结构。这种语法虽然并不适用于教学，但对于人工智能的开发，则具有重要的作用。

2. 答：语言作为一个符号系统，首先表现为它是一个层级体系，可以从低到高或者从下到上分出若干个层次，使音、义以及由音义相结合而组成的符号“各就各位”，各得其所，但每一种现象又不是孤立的，相互之间处于一种互相依存、彼此制约的关系之中，形成一个严密的系统。我们可以从下到上去观察语言系统的结构层次。

其次是表现为任何一个符号都处在两种关系中：组合关系和聚合关系。语言是个层级体系。音位、语素、词、句子，这就是语言的层级装置；几十、成千、成万、无穷，这就是这个层级装置所提供的效能。每个符号都处在既可以和别的符号组合，又可以被别的符号替换这两种关系当中。我们正可以从这两个不同的角度去研究语言符号的系统性。不但语言符号处在这两种关系之中，而且构造符号的音位和意义也都处在这两种关系之中。

3. 答：历史比较语言学的建立标志着语言学科的正式诞生。从历史比较语言学开始，语言学的研究对象和研究目的、研究方法都有别于传统的语文学。语言学从此摆脱了经学的附庸地位，走上了科学轨道。结构主义语言学肇始于瑞士语言学家索绪尔的《普通语言学教程》。索绪尔强调语言是一个符号系统，强调把语言和言语、语言的共时研究与历时研究区别开来，为语言学成为一门真正的科学奠定了理论基础。自此，人类的语言研究进入了现代语言学阶段。结构主义语言学的三个流派在理论上源于索绪尔的基本思想，具有共性，但又有他们各自的特色。概括地说，布拉格学派注重对语言结构的功能进行研究，哥本哈根学派注重语言结构之间的关系，美国描写语言学派注重语言结构形式的描写和分析。这三个学派均对人类语言研究作出了重大的贡献。结构主义语言学自产生以来，不仅影响到语言学研究的各个领域和各个流派，而且还影响到其他人文社会科学的发展，其严密的分析方法已渗透到人类学、哲学、心理学和文艺批评等其他领域。这样，结构主义就由一种语言学理论演变成一股几乎对人文社会科学各个学科都产生影响的思潮，因而引起学术界的广泛关注。

4. 答：语言是作为交际工具和思维工具的音义结合的符号系统。言语就是个人讲话（及写作）的行为和结果。语言和言语的区别表现在：（1）语言系统是社会共有的交际工具，因而是稳固的，具有相对的静止状态；言语是人们运用这个工具进行交际的过程和结果，是自由结合的，具有运动状态。（2）语言是个系统，是社会共有的交际工具。社会因素是它的本质因素。言语除了具有社会的因素外，还具有个人的因素。（3）语言系统的各个结构成分是有限的，但每个人都可以用它们说出无限多的句子来。语言和言语的联系是紧密的：言语是第一性的，语言是第二性的；语言来源于言语，又反作用于言语，它对第一性的言语起着积极的、巨大的作用。

5. 答：人用来交际的工具，除了语言之外，还有许多种。大致可以分为三类：第一类是文字；第二类是旗语、灯光语、电报码等；第三类是身势语。文字是在语言基础上产生的一种最重要的辅助交际工具。但是，文字在交际中的重要性远不能和语言相比。一个社会可以没有文字，但是不能没有语言；没有语言，社会就不能生存和发展。文字是在语言的基础上产生的，只有几千年的历史。在文字产生以前，语言早已存在，估计有几十万年。今天世界上没有文字的语言比有文字的语言多得多。文字产生以后要随着语言的发展而演变，它始终从属于语言，是一种辅助的交际工具。旗语之类的辅助交际手段是在语言和文字基础上产生的特殊领域的辅助交际工具，使用的范围相当狭窄，更不能和语言相比。而身势语虽具有悠久的历史和广泛的用途，但由于受到各种限制，容易引起误会，也不能和语言相比。所以说，语言是人类最重要的交际工具。

6. 答：思维有直观动作思维、表象思维和抽象思维之分。抽象思维必须以语言为工

具。这是因为：抽象思维的第一个特性是概括性。概括是靠概念、判断、推理的形式来完成的，而概念、判断、推理是要靠语言来完成的。抽象思维的第二个特性是社会性。人的抽象思维必须在社会的交际中才能产生和发展，而抽象思维在社会的交际中也必须借助语言的形式来进行。

7. 答：内部言语是不出声的用于思维的言语，外部言语是个人在特定情景中对语言的具体运用和表现。外部言语比较连贯完整，而内部言语的跳跃性强，具有片断性和不完备性。外部言语和内部言语都是语言运用的一个部分，因功能不同而在运用上有所差异；但二者有一定的关系：人们在说话时，必须使用内部言语进行思考，然后再通过一系列的加工把内部言语转化为外部言语。人们只能直接观察到言语（外部言语），而不能直接观察到语言。语言学家要研究语言，只能从言语和说话人的大脑里找到其踪影。值得注意的是，儿童由于内部言语机制未发育成熟，因此，往往思考时自言自语，用外部言语进行思维，然后逐渐实现外部言语的内化，发展出内部言语。所以从个体发生学上看，内部言语是外部言语内化的结果。

8. 答：音节、语素、汉字之间主要有五种不同的关系。（1）一个音节写成一个汉字，表示一个意义，或表示几个意义，而这些意义是具有内在联系的，这是一个语素同一个汉字的关系。比如“睛”“工”。（2）一个音节写成不同的汉字，但只表示相同的意义，这是一个语素同几个异体字之间的关系。比如“干”和“乾”。（3）一个音节写成一个汉字，表示几个意义，而这些意义之间没有内在联系，这是几个语素同一个汉字的关系。比如“鲜花”的“花”同“花钱”的“花”。（4）不同的音节写成同一个汉字，表示的是同一个意义，这是一个语素同多音字的关系，比如“血淋淋”的“血”同“血小板”的“血”。（5）不同的音节写成同一个汉字，表示不同的意义，这是几个语素和一个多音多义字的关系。比如“快乐”的“乐”和“音乐”的“乐”。此外，汉语中的一部分“儿”是构词语素，写出来也是一个汉字，但是“儿”附在单音节词根上之后，该合成词仍然是单音节。比如“眼—眼儿”“信—信儿”。

9. 答：现代汉语中有相当一些词可以拆开来使用。对于这一类词，有人认为合在一起是词，拆开来的时候就是短语。其实，这种词无论是合还是离，都是词，只不过离的时候是一种特殊的分离或变换形式而已。也就是说，离合词分离、拆开后基本性质并没有发生变化。比如“洗澡”在语义上同“洗一个热水澡”“澡还没洗呢”中的“洗澡”所表达的意思基本一致，没有改变。而且，在句法上，“澡”在现代汉语中是一个黏着语素，不能独立充当句法成分；认为“澡”可以单独充当宾语和主语，是讲不通的。再比如“帮忙”同“帮了我一个大忙”“这个忙我帮定了”中的“帮忙”，意思也一样。而“忙”虽然可以独立成词，但单用的“忙”是形容词，同“帮忙”的“忙”意思不同，功能也不同。所以，分离后尽管在句法功能上相当于一个短语，但是从词汇学的角度看仍然是一个词，只是以一种特殊的结构方式存在着。总之，只要是离合词，无论是合还是离，都是一个词；不过，合的时候是常式，离的时候是变式，变式是一种出于某种语用需要的特殊的表达形式。从历史纵向发展的角度看，这是汉语单词向双音化过渡时的中间状态现象。也就是说，一部分原来的离合词慢慢凝固了，一些新兴的离合词又不断产生了，离合词永远是一个动态的现象。

10. 答：在汉语主谓句中，由动词构成的谓语句要比形容词性谓语句和名词性谓语句复杂得多，不但关系复杂，而且形式多样，除了一般的带状语和不带状语的动词谓语以外，还有动宾谓语、动补谓语、连动谓语、兼语谓语等。而在动词谓语中，动宾谓语又是最复杂的，因为汉语动词的语法功能和语义特征千差万别，动宾关系多种多样，所以说动

宾谓语是一个复杂的类型。动宾谓语的复杂性首先表现在动词的特点和所带宾语的特点上。其一，从动词带宾语的限制看：有些动词必须带宾语，比如“成为、懒得”；有些动词不能带宾语，比如“休息、失败”；有些动词可以带宾语，也可以不带宾语，比如“学习、商量”。其二，从动词带宾语的数量看：动词可以带一个宾语，比如“买了一本书”；也可以带两个宾语，比如“给他一本书”。其三，从动词带宾语的功能看，有些动词必须带体词性宾语，比如“参加会议”“批评小张”；有些动词必须带谓词性宾语，比如“主张立即出发”“感到不太对劲”；有些动词可以带体词性宾语，也可以带谓词性宾语，比如“喜欢冬天”“喜欢打球”。动宾谓语的复杂性还表现在动词和宾语的语义关系上。在汉语中，动宾间的语义关系相当复杂，宾语可以是动作的对象（如“交朋友”），也可以是动作的结果（如“写文章”）、处所（如“去上海”）、工具（如“吃大碗”）、方式（如“写楷体”）、原因（如“抓痒痒”）、目的（如“跑项目”）、材料（如“抹口红”）、致使（如“发海带”）、施事（如“晒太阳”）等。

第一章 语音

第一节 语音概说

一、填空题

1. 语音
2. 生理，心理，社会，社会属性
3. 呼吸器官，共鸣器官
4. 约定俗成
5. 国际音标
6. 字母表，隔音符号
7. 直音法
8. 声母，韵母，声调
9. 能够区别意义
10. 听话时自然感到

二、选择题

1.D 2.A 3.C 4.C 5.A 6.C 7.B 8.D

三、简答题

1. 答：语音是人类特有的，与动物的叫声不同，具有社会属性。动物的叫声不是语音，因为它们不表示意义。这是语言的声音同自然界其他一切声音的本质区别。

2. 答：(1) 给汉字注音；(2) 拼写普通话；(3) 广泛应用在其他领域。可用来作为我国各少数民族创制和改革文字的共同基础，帮助少数民族和外国人学汉语，检索汉字，进行中文信息处理，译写中国的人名、地名和科学术语，编制索引，等等。

3. 答：以前的注音方法主要有三种。

(1) 直音，直接用同音字来给一个汉字注音。如：悦，音阅。但同音字有多有少，少的就很难找到适当的字来注音。如果注音的字比被注音的字还要冷僻，反而增加了生字。

(2) 反切，用两个汉字拼切来给另外一个汉字注音，前字取声，后字取韵和声调。如：瓶，皮形切。利用“皮”的声母 p 与“形”的韵母 ing 和调（阳平）拼出 píng（瓶）来。反切法原理简单、方法单纯，但是由于反切要查记几百甚至一千多字，加上古今语音有变化，很多字音已切不准了。反切虽然比起直音法是进步了，但是缺点也是显而易见的。

(3) 注音符号，用笔画简单的汉字（或以汉字为基础）来给汉字注音的一种注音方法。它是 1918 年北洋政府正式颁布的第一套国家法定汉字注音方法，是汉语拼音方案公布前影响最广的汉语拼音符号系统。有声母 24 个，韵母 16 个。注音符号对汉字读音的统一起过一定的作用，比反切法进步；但它不完全是音素字母，有些代表一个音素，有些代表两个音素，因此注音不够准确，书写也不方便，无法跟国际接轨，也会给使用电脑带来很大困难。

和以往的注音方法相比，《汉语拼音方案》的优点是：汉语拼音是采用最小的语音单位——音素作为字母的，注音比较准确，书写也比较方便，便于跟国际接轨，给使用电脑带来极大的方便。

4. 答：国际音标是目前国际通用的一套行之有效的记音符号，是根据人类发音器官的生理机能，参照世界上各种语音的实际情况设计出来的。国际音标是音素标音法，它用音标标记每个音素，而不管不同的音素在特定语言中有无区别意义的作用，是否属于同一音位。它采用一符一音的原则，音素和符号一一对应，不发生混淆。汉语拼音是音位标音法，它用字母或音标等符号标记特定语言中的音位，而对同一音位的变体不加区分。

5. 答：汉语拼音字母借用音素化的拉丁字母构成，基本上是记录音素的，但汉语拼音字母和汉语音素之间并不完全对等。汉语拼音字母只有 26 个，个别字母还不能直接用来表示音素；而汉语普通话音素数量却要比字母多。字母和音素的联系有以下几种：(1) 一个字母表示一个音素，如 b、p、d、u、o；(2) 一个字母代表几个音素，在不同场合念不同的音，如 i 在 ji、zi、zhi 三个音节中代表不同的音素，e 在 bie、mei、de、ge 中代表四个不同的音素，a 在 ia、ian、an、ang 中代表四个不同的音素；(3) 一个音素用几个字母表示，如 zh、ch、sh、ng、er 这五个音素各用两个字母表示。这是因为用拉丁字母记录汉语音素不够用，所以才采取了这种变通的办法，避免了借用其他字母或添加区别符号，减少了字母数量。

6. 答：人们主要是依据音色的不同分辨声音的。因为每种声音都有个性特色，猫叫声有猫叫声的特色，狗叫声有狗叫声的特色，这种带有个性特色的声音被人们听熟了以后，再现时自然就能分辨清楚了。从发音的角度分析，造成音色不同的条件主要有三个：

第一，发音体不同。人的主要发音体是声带，声带不同，音色也不同。口腔里的某些器官即发音部位也常充当辅音的发音体。例如，b 的发音体是双唇，n 的发音体是舌尖。

它们音色的差异主要是发音体不同造成的。

第二，发音方法不同。例如，同一把胡琴，用手指弹和用琴弓拉，发出的音色不同。塞音是气流冲破阻碍发出的，擦音则是气流从阻碍的缝隙中摩擦出来的。它们音色的差异主要是由于发音方法不同而造成的。再如 b、p、m 发音部位虽然相同，都是双唇音，但是发音方法不一样，b、p 是塞音，m 是鼻音，人们的听感很容易分辨出它们的音色不同。

第三，共鸣器形状不同。元音的差异主要靠口腔共鸣器形状的改变造成不同音色。如 ɑ、i 都是舌面元音，但是发音时口腔形状大小、舌位高低都有明显区别，所以形成两个音色完全不同的声音。

四、分析与操练题

1. 这种语音现象跟音强有关。音强就是声音的强弱，它决定于发音体振动幅度的大小。发音体振幅大小又取决于发音时用力的大小。鼓要敲得响就要用力敲，用重槌敲。

2. 口腔在节制气流、加工语音上作用最重要。人类语音中，绝大多数音素的差异都是靠口腔加工出来的。舌头在口腔中，又是发音作用最显著的。舌头可以自由伸缩升降，还可以弯曲平翘，舌头的活动，既可以为辅音提供不同部位的发音体，又可以为加工不同语音而改变口腔内共鸣器形状。

3. 这是语音的社会属性的体现。因为音与义的结合不是必然的，什么样的声音表达什么样的意义、什么样的意义用什么样的声音表达，都取决于社会的约定俗成。所以同是“春天”，汉语和英语的叫法不同。

4. 这跟语音的社会属性有关。不同的语言，由于社会背景不同，便形成了不同的语音系统。同一种语音，由于社会因素的影响，便形成了不同的地方特征。人类语音系统的差异是由社会环境造成的，同发音器官没有关系，因为人类发音器官都是一样的，所以上海话、长沙话没有 zh、ch、sh 是由社会决定的。至于上海人、长沙人发这几个音有困难，也并非是因其发音器官同北京人的有什么不同，只不过是由于长期的语言习惯，使得发音器官局部（舌尖）灵活性有不同程度的差异而已。经过学习，不难发出这些音素。

第二节
辅音和声母

一、填空题

1. 发音部位，发音方法
2. 22，21，1
3. 发音部位，发音方法
4. 发音时构成阻碍和消除阻碍的方式，呼出气流的强弱程度
5. 清音，浊音
6. 送气音，不送气音

7. 唇齿，擦音

8. 双唇，浊

9. 舌尖后，浊，擦音

10. ng

二、选择题

1.C　2.B　3.C　4.D　5.A　6.B　7.A　8.B

三、简答题

1. 答：不包括 zh、ch、sh 三个辅音声母，因为它们是由双字母表示的。

2. 答：因为它们的发音部位不同，导致音色不同。m 是双唇音，n 是舌尖中音，ng 是舌根音。

四、分析与操练题

1. （1）g [k]（2）f [f]（3）n [n]（4）zh [tʂ]（5）m [m]

2. （1）舌尖中、浊、边音（2）舌尖后、浊、擦音（3）舌尖前、送气、清、塞擦音（4）舌面后、清、擦音（5）舌面前、送气、清、塞擦音

3. （略）

4.

双唇音	鼻（b）	扑（p）	每（m）	
唇齿音	风（f）			
舌尖前音	早（z）	采（c）	桑（s）	
舌尖中音	多（d）	啼（t）	鸟（n）	落（l）
舌尖后音	知（zh）	春（ch）	少（sh）	日（r）
舌面前音	惊（j）	起（q）	香（x）	
舌面后音	过（g）	花（h）		

5. 可以从两方面分析，一是按发音部位把辅音分成七类：双唇音、唇齿音、舌尖前音、舌尖中音、舌尖后音、舌面音、舌根音。二是按发音方法对辅音分类。具体又依据三个条件：按阻碍方式可以分成塞音、擦音、塞擦音、鼻音、边音五类；按气流强弱辅音分为送气音和不送气音两类；按声带是否振动可以分成清辅音和浊辅音两类。（简表略）

6. （略）

第三节 元音和韵母

一、填空题

1. 39，23，10，13

2. 舌位，唇形，开口度

3. 舌面元音，卷舌元音

4. 舌位，开口度

5. 动程

6. 前响，中响，后响

7. 带鼻音韵母，齐齿呼，撮口呼，四呼

8. 元音韵尾，鼻音韵尾

9. 韵腹，韵尾，韵腹

10. 隔音字母

二、选择题

1. A　2. A　3. C　4. B　5. B　6. C　7. B　8. A　9. C　10. D

三、简答题

1. 答：单元音是发音时口形（舌位、唇形、开口度）始终不变的元音。复韵母的发音特色有以下几个方面。(1) 复韵母不像单韵母那样始终不变，而是有个变动过程。变化是逐渐的、滑动式的，不是跳跃式的。(2) 气流不中断，中间没有明显的界限，发的音围绕一个中心，形成一个整体。复韵母的发音并不是两个或三个单韵母的简单相加，不同于几个相连的元音的发音，而是由元音音素紧密有机地复合而成。(3) 复韵母的各个成分，其响度和清晰度、开口度并不相同。韵腹发音最响亮，开口度最大。

2. 答：舌面元音发音时主要是舌面与硬腭起调节气流作用。舌面单元音的不同主要是由不同的口形及舌位造成的。舌尖元音发音时主要是舌尖起作用，由舌尖的活动调节气流，音色由舌尖的前后和唇形的圆展决定。

3. 答：押韵也叫“压韵”，指的是韵文（诗、词、歌、赋、曲等）中常在每隔一句的末尾用同“韵”的字。押韵的字只要求韵腹和韵尾相同（包括韵腹相近韵尾相同），韵头（介音）可以不计。明清以来，北方民间戏曲把“韵”称“辙”，把押韵叫“合辙”。如：

韵母诗（含 39 个韵母，周有光作）

人远江空夜，浪滑一舟轻。

儿咏欸唷调，橹和哎啊声。

网罩波心月，竿穿水面云。

鱼虾留瓮内，快活四时春。

韵脚字：轻 qīng 声 shēng 云 yún 春 chūn。属中东辙庚韵，人辰辙痕韵，韵腹相近韵尾相同。

四、分析与操练题

1. （略）

2.

结构 例字	韵母				四呼
	韵头	韵腹	韵尾		
			元音	辅音	
军 jun		ü		n	撮口呼
队 dui	u	e	i		合口呼
师 shi		-i [ʅ]			开口呼
资 zi		-i [ɿ]			开口呼
弯 wan	u	ɑ		n	合口呼
曲 qu		ü			撮口呼

续前表

例字 \ 结构	韵母				四呼
	韵头	韵腹	韵尾		
			元音	辅音	
围 wei	u	e	i		合口呼
困 kun	u	e		n	合口呼
英 ying		i		ng	齐齿呼
雄 xiong		ü		ng	撮口呼
蓊 weng	u	e		ng	合口呼
郁 yu		ü			撮口呼
叶 ye	i	ê			齐齿呼
片 pian	i	ɑ	n		齐齿呼
绞 jiao	i	ɑ	u		齐齿呼
痛 tong		u		ng	合口呼

3. （略）

第四节
声调

一、填空题

1. 调值
2. 五度标记法
3. 声调
4. 阴平，阳平，上声，去声
5. 调型
6. 入声
7. 上去入三声
8. ˉ，ˊ，ˇ，ˋ

二、选择题

1. D　2. C　3. C　4. A　5. D　6. C

三、简答题

1. 答：声调是依附在声韵结构中具有区别意义作用的音高型式。声调是音高变化形成的，是能区别意义的相对音高。相对音高就是用比较的方法确定的同一基调的音高变化格式和幅度。人耳对声调的感知主要是音高的相对差别，而不是绝对差别。调值的确定，必须通过对不同声调的起点、终点和高低相互比较，寻找它们在声调模式上的相对差别。

2. 答：古代入声调类在普通话里已经消失了，普通话没有入声，分别归并到平、上、

去三种调类，语音学上称为“入派三声”。古入声字在普通话里的分合情况比较复杂。古清声母入声字分归普通话的阴平、阳平、上声、去声四个调类；古浊声母入声字归入去声或阳平，其中古全浊声母入声字归入普通话阳平，古次浊声母入声字归入普通话去声。

3. 答：调类就是声调的种类，是按调值归纳出来的。但调类的名称是依据《切韵》等韵书的分类法继承下来的。同一种方言里有几种调值就有几种调类。如潍坊话里有四种基本的调值，就有四个调类，分别是阴平 24、阳平 53、上声 44、去声 21。在不同方言里，调类相同，调值不一定相同；调值相同，调类也不一定相同。如潍坊话和北京话里都有上声调类，但前者的调值是 44，后者的调值是 214；济南话和厦门话里都有读 55 调值的字，但前者归上声调类，后者归阴平调类；“天、高、东”在北京话和大连话、山东话里都属阴平调类，但实际调值分别是 55、312、213。

四、分析与操练题

1. 声母和声调（略）。

古浊声母又可以分为“全浊”和“次浊”两类。全浊声母指声带振动的塞音、塞擦音和擦音声母。古浊声母的平声字归入普通话的阳平，古全浊声母阳上字一律归入普通话去声。上面这些词语中，普通话读阳平的字都是古全浊声母平声字，读去声的字都是古全浊声母阳上字。中古语音全浊声母字在演变过程中有“平声送气，仄声不送气”的规律。古全浊声母塞音、塞擦音字，到普通话中送气声母字是阳平调，不送气声母字是去声调。

2. 敬意—惊异　　仁义—任意　　清除—清楚　　强调—腔调
　艰巨—检举　　实现—视线　　生理—胜利　　练习—联系
　棉帽—面貌　　古诗—故事　　优先—悠闲　　裁员—菜园

3. 出 55 席 35　束 51 缚 51　毕 51 业 51　博 35 学 35　哲 35 学 35　骨 214 胳 35
　压 55 缩 55　雪 214 白 35　屈 55 辱 214　激 55 烈 51　积 55 极 35　习 35 作 51

4. （略）

5. 千山鸟飞绝，万径人踪灭。孤舟蓑笠翁，独钓寒江雪。

这首唐诗中的入声字有：绝、灭、雪。

6. （略）

7. （略）

第五节 音节

一、填空题

1. i，u，n，ng

2. 拼音

3. 主要元音（或韵腹）

4. 韵腹，声调，韵头，韵尾

5. u

6. uei

二、选择题

1. D　2. B　3. D　4. C　5. D

三、简答题

1. 答：字母 y、w 在按词连写拼写普通话音节时有分隔音节界限、起隔音字母的作用。（1）《汉语拼音方案》规定，当齐齿呼、合口呼、撮口呼三类韵母自成音节时，用 y 和 w 作开头。例如拼“注意”这个词，如果不用 y，就会写成 zhui，容易误读为“追”，用 y 隔开，写成 zhùyì，就不会造成误解了。再如“大衣”dayi，不同于“带”dai。（2）如果是开口呼韵母的零声母音节，则采用隔音符号“’”来替代 y、w 分隔音节。如：“上腭”shang’e，不是“山歌”shange；“档案”dang’an，不是“单干”dangan。

2. 答：根据汉语拼音的声韵配合关系，普通话 j、q、x 只跟齐齿呼、撮口呼韵母相拼，不跟合口呼、开口呼韵母相拼，ü 行韵母和 j、q、x 相拼时省去 ü 上两点，便于书写又不至于跟 u 相混；而 n、l 和“四呼”都可以拼，ü 行韵母和 n、l 相拼时，若省去 ü 上两点就会跟 u 相混，例如分不清“努”和“女”、“鲁”和“吕”。

四、分析与操练题

1.

结构 / 例字	声母	韵母				声调	四呼
		韵头	韵腹	韵尾			
				元音	辅音		
有 yǒu		i	o	u		上声	齐齿呼
缘 yuán		ü	a		n	阳平	撮口呼
退 tuì	t	u	e	i		去声	合口呼
休 xiū	x	i	o	u		阴平	齐齿呼
用 yòng			ü		ng	去声	撮口呼
功 gōng	g		u		ng	阴平	合口呼
月 yuè		ü	ê			去声	撮口呼
牙 yá		i	a			阳平	齐齿呼
耳 ěr			er			上声	开口呼
光 guāng	g	u	a		ng	阴平	合口呼
凑 còu	c		o	u		去声	开口呼
巧 qiǎo	q	i	a	u		上声	齐齿呼
野 yě		i	ê			上声	齐齿呼
味 wèi		u	e	i		去声	合口呼
额 é			e			阳平	开口呼
外 wài		u	a	i		去声	合口呼

2. 因为 yīnwèi　委员 wěiyuán　润滑 rùnhuá　杨柳 yángliǔ
流言 liúyán　原野 yuányě　旅游 lǚyóu　跳跃 tiàoyuè
醒悟 xǐngwù　乌鸦 wūyā　天鹅 tiān’é　令爱 lìng’ài

3. juā（抓）改为 zhuā。因为舌面前音 j、q、x 不能同合口呼韵母 ua 相拼。

fuó（佛）改为 fó。因为唇音 b、p、m、f 只能同合口呼韵母中的 u 相拼，而不能同 uo 相拼。

xà（夏）改为 xià。因为舌面前音 j、q、x 不能同开口呼韵母 a 相拼，而只能同齐齿呼、撮口呼韵母相拼。

mòng（梦）改为 mèng。因为韵母 ong 不拼唇音声母 b、p、m、f。

güé（决）改为 jué。因为舌面后音 g、k、h 不能跟撮口呼相拼，而 j、q、x 能跟撮口呼相拼。

tuēng（通）改为 tōng。因为 ueng 韵母只能自成音节，不能与任何声母相拼。

tō（拖）改为 tuō。因为 o 韵母只拼双唇音和唇齿音 b、p、m、f，而舌尖中音 d、t 能跟开口呼韵母相拼。

giào（叫）改为 jiào。因为舌面后音 g、k、h 不能同齐齿呼韵母 iao 相拼，而舌面前音 j、q、x 能跟开口呼韵母 iao 相拼。

òng（瓮）改为 wèng。因为 ong 不能自成音节，而 ueng 只有零声母音节。

zīng（经）改为 jīng。因为舌尖前音 z、c、s 不能同齐齿呼韵母 ing 相拼，而舌面前音 j、q、x 能同齐齿呼韵母 ing 相拼。

luì（类）改为 lèi。因为舌尖中音 n、l 不能跟韵母 uei 相拼。

siòng（送）改为 sòng。因为韵母 iong 除了自成音节之外，只能跟 j、q、x 相拼。

4. 憎恨 zēnghèn　出租 chūzū　卧铺 wòpù　西欧 xīōu　教诲 jiàohuì　潜力 qiánlì　灾难 zāinàn　别墅 biéshù　亮相 liàngxiàng　高铁 gāotiě　掠夺 lüèduó　漂流 piāoliú　外汇 wàihuì　手机 shǒujī　隐私 yǐnsī　公务 gōngwù　穿越 chuānyuè　仓储 cāngchǔ　刷新 shuāxīn　软件 ruǎnjiàn　龙飞凤舞 lóngfēifèngwǔ

5. 韵脚逃 táo［t'au³⁵］、刀 dāo［tau⁵⁵］，属于遥条辙豪韵，即 ao 韵。

6. Zuòqiáng　Qǐyè　Jìnzé　Shèhuì

7. （略）

第六节 音变

一、填空题

1. 轻声
2. 音强
3. 儿化 儿化韵
4. 变调
5. 区别词性

6. 增音现象

二、选择题

1. B 2. C 3. A 4. D 5. D 6. A 7. C 8. D 9. A 10. C

三、简答题

1. 答：音变现象分为两类：一类是历时音变，又叫“历史音变”，指古今语音的变化。例如古代的平、上、去、入四声变成了普通话中的阴平、阳平、上声、去声。另一类是共时音变，又叫“语流音变”，指同时期的同一方言内部的语音变化，即一个个音节在连续说出来的时候形成语流，这时音节与音节、音素与音素之间就会相互影响，发生某些变化。音变从语音学角度讲，主要有同化、异化、弱化、脱落、增音、换位、代替、转化等。例如普通话上声音节在上声音节前时，变为阳平，“友好”的“友”调值由214变为35。

2. (略)

3. 答：(1) 区别词义，如：老子（人名）—老子（爸爸）。(2) 区别词性，如：段落大意（名）—太大意（形）。(3) 区别语法单位，如：买卖自由—做买卖（前为短语，后为词）。

4. 答：都有。因为轻声音节总可以找到其“本调”。例如：“吗”在“吗啡”中读本调，“们”在“图们江”中读本调。它们都有固定的调值。而轻声没有固定的调值，它的音高是随前一音节调尾趋势而变的。上声调型趋升，其后的轻声调值高，为4，如“椅子”[tsə^4]；去声调型趋降，其后的轻声调值最低，为1，如“木头”[t'əu^1]；阴平和阳平音节后的轻声音节调值则不高不低，为2或3，如“他的”[də^2]。

5. 答：读儿化音节最重要的是要在发这个音节主要元音的同时卷舌，不能等元音发完后再卷舌，否则会发成两个音节。要发准儿化韵，不同的韵母有不同的要求，一般规律是：(1) 韵母最后一个元音开口度大的，可以发音时同时卷舌；(2) 韵母带i、n韵尾的，丢掉韵尾，发前面主要元音时同时卷舌；(3) 韵母开口度小的，如i、ü，在它们后面加上元音[ə]，同时卷舌；(4) 舌尖元音韵母要改成元音[ə]，同时卷舌；(5) 舌根鼻音韵尾韵母要丢掉韵尾ng，然后把元音鼻化再卷舌。

6. 答：经过儿化，有些原来不同的韵母变得相同了，如：ua、uai、uan—uar（瓜儿、乖儿、官儿）。这样，普通话39个平舌韵母儿化后合并成26个儿化韵，韵类数目就减少了。

四、分析与操练题

1. 打（35）假（214）　启（21）发　火（21）柴　水（21）运

好（21）产（35）品（214）　蒙（35）古（35）语（214）

请（35）你（21）给（35）我（21）买（21）几（35）把（21）小（21）雨（35）伞（214）。

2. 统一（55）　一（51）时　一（51）举　一（35）瞬　一（51）瞥　扫一（轻声）扫　毫不（51）　不（51）行　不（51）仅　不（35）料　吃不（轻声）完

我是一（55）班的，他是二班的，我们不是一（51）班的。

3. (略)

4. (略)

5. (略)

6. (略)

第七节 音位

一、填空题

1. 社会
2. 音质，非音质
3. 音位变体
4. 条件变体
5. 自由变体
6. 32，4
7. 区别特征
8. 互补分布

二、选择题

1.D 2.A 3.A 4.C 5.D

三、简答题

1. 答：音位是一个语音系统中能够区别意义的最小语音单位，也是按语音的辨义作用归纳出来的音类。同一个音位往往包含一些不同的音素，这些音素是该音位在不同场合的表现形式，叫作“音位变体”。音位变体是音位的具体表现形式，音位是音位变体中归纳概括出来的语音单位的类别。音位和音位变体是一般和个别的关系。

2. 答：归纳音位涉及好几项基本原则，这些原则往往不可能协调一致，比如符合互补原则，而语音并不相似。这样，就造成了音位归纳的多种可能性。

题目中的三种处理各有理由。归为一个音位的，认为 [i] [ɿ] [ʅ] 不起区别意义的作用，虽然发音很不相同，但因为它们不在同一个场合出现，可以看作条件变体。归为三个音位的，是认为它们发音很不同，意义也不同，三个音素起到区别意义的作用。归为两个音位的，着重于一个舌面元音和两个舌尖元音的对立区别，舌面元音为一音位，两个舌尖元音为一音位。

3. 答：声调因为能区别意义，所以本身就是一种音位。调类是各个不同的声调音位，调值体现的是具体声调的音位变体。普通话有/55/、/35/、/214/、/51/四个调位，也可以分别写作/1/、/2/、/3/、/4/。声调音位的主要变体有：(1) 声调音位的非轻声变体，/1/只有一个变体 [55]，/2/只有一个变体 [35]，/3/的主要变体有 [214]、[35]、[21]，/4/的主要变体主要有 [51]、[53]；(2) 声调音位的轻声变体 [2]、[3]、[4]、[1]。

四、分析与操练题

1. (略)
2. (略)
3. (略)
4. (略)

第八节
语音规范化

一、填空题

1. 异读
2. 规律性
3. 《普通话异读词审音表》
4. 多音多义字（简称“多音字”）
5. 普通话水平测试

二、选择题

1. D　2. A　3. C　4. A　5. B

三、简答题

1. 答：规范化的汉语语音，必须以一个具体地点的方言语音作为标准音，不能以虚拟的语音或各种方音拼凑起来的混合语音作为标准音，否则就没有一个活的语音标准。普通话主要以北京语音作为标准音。对于北京音，我们也不能全盘接受，一是要排除一些特殊的土音成分，如北京话中儿化音很多，普通话中只吸收一部分能够区别意义或词性的儿化词语，像“盖儿”“面儿”；但“动物园儿”“水儿”等要剔除。二是有一些词的读音在北京话中有异读，如“波浪”的“波”，声调有去声和上声两个声调。每一个汉字的北京话读音应该是确定的，对那些任意异读的字必须进行规范，确定其中一种读音为标准音。

2. 答：异读词指习惯上有几种不同读音的词。一个汉字在同一个词（词性和意义都相同）内有不同的读音，这就是同词异读现象。异读词同义异读，是语言中的一种累赘，在普通话中必须只保留一种读音而淘汰其他读音。

由于异读词的来源很复杂，因此在审定异读词的读音时考虑了以下处理原则：第一，一个字的某种读音在北京话里非常通行而不符合北京语音的一般发展规律，只要这个音在官话区用得广泛，那么还是可以采用的。第二，“开齐合撮”不同韵的异读词，原则上以符合北京话的声韵配合规律为准。第三，古代清音入声字在北京话中的声调，凡是没有异读的，就采用北京已经通行的读法；凡是有异读的，假若其中有一个是阴平调，原则上就采用阴平。

根据以上原则，普通话审音委员会于 1985 年 12 月正式公布了《普通话异读词审音表》，并规定自公布之日起，普通话异读词的读音、标音，都以此表为准。

四、分析与操练题

1. 露宿（sù）—星宿（xiù）　塞（sè）音—木塞（sāi）
中（zhōng）途—中（zhòng）肯　淡泊（bó）—湖泊（pō）
连累（lěi）—累（léi）赘　登载（zǎi）—装载（zài）
钻（zuān）探—钻（zuàn）床　翘首（qiáo）—翘尾（qiào）

枝蔓（màn）—瓜蔓（wàn）　　佣工（yōng）—佣金（yòng）
晕厥（yūn）—晕车（yùn）　　夹攻（jiā）—夹袄（jiá）

2.（略）

3.（略）

4.（略）

第二章 文字

第一节 汉字概说

一、填空题

1. 书写符号，辅助性交际，时间，空间，远方，未来，交际功能

2. 劳动实践，仓颉

3. 语言，语言，语言

4. 书写符号，形音义，悠久，五六千，三千多

5. 表音，表意，表意，语素

6. 朝鲜，韩国，越南，日本，日本，韩国

7. 六

二、选择题

1.B　2.C　3.D　4.A　5.B

三、简答题

1. 答：世界上通行的文字可以分为表音、表意两大体系。表音文字用少量的字母或符号单纯表示语音；表意文字不直接表音，而是用大量特定的符号直接表示词或语音。汉字就是大体上用一个字记录音节的词或语素，声音相同但意义不同的词或语素往往用不同的字表示。形声字在汉字中虽占大多数，但表音并不很准确，仍要依靠表意的形旁才能确定是哪个词或语素。所以说，汉字是表意体系的文字。

2. 答：汉字同拼音文字相比，最显著的特点是：汉字是表意性质的文字，而拼音文字

是表音性质的文字。表意文字同语音的联系不是很直接，表音文字同语音则有直接的联系。此外，汉字与拼音文字相比的特点还有：汉字是平面的文字，拼音文字是线性文字；汉字代表音节，拼音文字往往用字母表示音素；汉字不实行连写法，大多数拼音文字则实行连写法。

四、分析与操练题

1.（1）汉字的基本单位是字，而每个汉字对应的语言单位，大体上是一个语素；所以，从文字单位同语言单位的对应关系看，汉字是语素文字。语素是最小的语音语义结合体。汉字的一个个的单字记录的是汉语里的一个个语素，例如汉语的“祖国”是由“祖”和“国”两个语素构成的，但也可以用两个或更多的汉字来表示一个语素，如“葡萄”。

（2）汉字是表意性质的文字，表意文字同语音的联系不是很直接。汉语一个音节可以用很多汉字来记录，例如“句、聚、据、拒、巨”等汉字的读音都是“jù”，同一个汉字有的可以表示几个不同的音节，例如“和”这个字有“hé、hè、huó、hú、huò”五种读音。

2.（开放题，答案供参考）汉字不必走拼音化道路。

（1）几千年来汉字形体演变由繁到简，但是汉字始终没有走向拼音化道路。关于汉字拼音化的号召也由来已久，“废除汉字”的口号高呼了百年，拼音文字方案先后出台了好几套，汉字的地位却仍然难以撼动。汉字没有走拼音化道路主要有以下几点原因：

第一，汉字自身的性质与特点决定了汉字拼音化的不可行性。汉字是表意性质的文字，汉字几千年来所固有的这种表意性质是无法轻易改变的。同时汉字的这种性质也决定了汉字所固有的一些特点。其中之一就是同音字比较多，同音字可能造成理解上的困难，是汉字拼音化的一大障碍。

第二，方言的存在是汉字拼音化的一大阻碍。汉字如果实现拼音化，就必须适合各个社会群体。但是由于我国人口分布比较广，方言现象明显，一共有七大方言区，每个方言区的语言又各不相同。拼音化的文字会给他们的日常交际带来很大的困难，因此对于那些不会讲普通话的人来说，他们在与不同方言区的人们交流时就必须依靠文字来区别意义。

第三，汉字拼音化对阅读古籍来说有很大的困难。汉字是表意性质的文字，古籍由汉字写成，虽然古今读音已经有很大差别，但根据汉字、利用注解我们可以读懂古籍。如果汉字拼音化了，那么这些古籍将无法传承，即使留下来了也将是常人不懂的“天书”。

第四，汉字是中国传统文化的代表，不可随意丢弃。

（2）在现代中国，推广汉语拼音并不是要将汉字彻底拼音化。汉语拼音只是帮助学习汉字，降低汉字的学习难度，提高汉字的实际交际能力的一种工具。进入电脑信息化时代，一种语言能否适应电脑的工作，这是一个关系重大的问题。汉字形体结构信息编码的“形码”和汉语拼音编码的“音码”相结合，完全可以满足人们的需求，因此，汉字不必走拼音化道路。

第二节 汉字的形体

一、填空题

1. 甲骨文，金文，篆书，隶书，楷书，草书，行书

2. 殷商，龟甲或兽骨，西周，青铜器，钟鼎

3. 甲骨文，金文，籀文，六国文字，通行于春秋战国时期秦国的文字

4. 小篆，秦，籀文，石鼓文，篆书

5. 秦隶，汉隶

6. 真书，正书，章草，今草，狂草，东汉末，楷书，草书，连绵，独立

7. 小篆，最后

8. 隶书

9. 楷书

二、选择题

1. A　2. D　3. C　4. D　5. A

三、简答题

1. 答：隶书分秦隶和汉隶。秦朝以小篆为标准字体，同时还通行隶书。秦始皇在"书同文"的过程中，命令李斯创立小篆后，又采纳了程邈整理的隶书。隶书是下级人员（"胥吏"，即掌管文书的小官吏）用于日常书写的辅助字体。隶书改造了小篆的偏旁，使汉字进一步变成纯粹符号性质的文字，大大降低了汉字的繁难程度，奠定了楷书的基础，提高了书写效率。自隶书出现后，汉字的结构基本上固定了下来，一直到当代，基本上没有太大的变化。

2. 答：汉字的形体是朝着简便易写的方向发展的。这主要表现在以下四个方面：从图画性的象形文字逐步变成不象形的书写符号；笔形从类似绘画式的线条，逐步变成横、竖、撇、点、折的笔画，书写更方便了；许多字的结构和笔画逐步简化；甲骨文、金文都异体繁多，小篆、隶书、楷书的异体减少了。

四、分析与操练题

1. 汉字字体的演变，主要经历了甲骨文、金文、小篆、隶书、楷书、草书、行书等几个发展阶段。不同历史时期，有着不同的通行字体：殷商时期通行甲骨文；西周时代通行金文；战国时期各国有自己的文字，其中秦国流行大篆。秦始皇统一天下后统一文字，小篆成为秦王朝的官方字体，隶书是当时的日用字体。从秦代到汉代、三国，主要通行隶书，尽管当时草书、行书也已经出现并流行。隶书的草写体是章草，楷书的草写体是今草，行书介于楷书和今草之间。汉字字体的通行与各个历史时代的关系，大致可以标示为：

甲骨文→金文→篆书（大篆→小篆）→隶书（章草）→楷书（今草/行书）

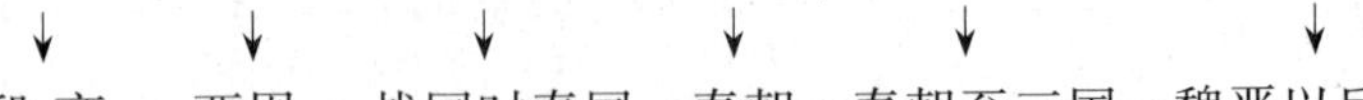

殷 商 → 西周→ 战国时秦国→秦朝→秦朝至三国→魏晋以后

2. 汉字自产生起，几千年来一直为中华民族服务。汉字的发展走着一条独立发展的道路，汉字的演变也只是在其体系内部进行局部的变革，汉字的整体体制没有发生根本性的变化；因而汉字没有被其他体质的文字所代替。我们认为，几千年来汉字的性质从本质上看并没有改变。这其中的原因固然很多，但根本的一条是汉字能够适应汉语的需要，适应社会的发展。目前虽然已进入信息社会、知识经济时代，但汉字依然很好地为中华民族服务。汉字编码技术以及汉字信息处理技术的发展和完善，使得汉字很好地适应了信息社会和知识经济时代的要求。我们有理由相信，以汉字为载体的汉语必将在未来的网络世界以及其他媒体中发挥更大的作用，古老的汉字也必将焕发出更加美丽的青春。

第三节
汉字的构造

一、填空题

1. 象形，指事，会意，形声，用字法，形声

2. 意音

3. 宋体，仿宋体，楷体，黑体

4. 笔画，偏旁

5. 横，竖，撇，点，折

6. 笔画，相离，相接，相交

7. 先横后竖，先撇后捺，从上到下，从左到右，从外到内，先里头后封口

8. 合体字，部首，首字

9. 540，梅膺祚，《字汇》，201

10. 形旁，声旁，左形右声，右形左声，上形下声，下形上声，外形内声，内形外声，形占一角，声占一角

11. 象形，指事，会意，形声，表音

二、选择题

1. A　2. B　3. A　4. A　5. C　6. A　7. B　8. C　9. D　10. D

11. C　12. B　13. C　14. A　15. C　16. B　17. B　18. A　19. C　20. A

三、简答题

1. 答：象形是用简单的线条来描摹实物形状的造字法，使人一看就能把字形与具体事物联系起来，知道它所代表的事物。它用线条或笔画，把要表达物体的外形特征具体地勾画出来。象形是汉字构造的基础，属于“独体造字法”。

指事是以象征性的符号来表示意义的造字方法。它用一种特殊性符号，标记某一客观事物和表示某一概念。这种标记符号或是加在独体象形字的某个部位，或是加在代表某种事物符号的特殊位置。指事属于“独体造字法”。

指事与象形有时容易混淆。以“上”“下”二字为例：在字形上，指事不是某种客观物体的画像，而是抽象符号；在字义上，指事不是某种物体的名称，而是表示比较抽象的概念。

2. 答：取表示事物意义的字作为意符，取表示事物声音的字作为声符，意符、声符合在一起组成的字，就是形声字。形声属于“合体造字法”。形声字由意符和声符两部分组成，意符又称形旁，声符又称声旁。形旁表示字的意思或类属，声旁则表示字的相同或相近发音。形声和象形、指事的区别是：用形声造字法造的字是合体字，而用象形、指事造字法造的字是独体字。形声和会意的区别是：用形声造字法造的字，有形旁和声旁，在一个合体字中既有表示该字意义的形符，又有表示该字读音的声符；用会意造字法造的字没有声旁，由几个部分的意义合成合体字的汉字

意义。

3. 答：形声是形旁和声旁并用的造字法。由于形声字具有以表意为主，又兼能表音的特点，因而具备其他造字法无法比拟的优点；加上形声造字法构造简便，孳生新字的能力强，所以在汉字的发展史上，形声字的数量呈上升趋势，其他几种造字法已很少使用了。形声以其能产性而成为汉字主要的造字方法。

4. 答：笔画是汉字书写时不间断地一次连续写成的一个线条。笔画是汉字的最小构成单位。笔画可分为横、竖、撇、点、捺、折等几类。具体细分可达 31 种。现行汉字的笔画确定依据是根据《印刷通用汉字字形表》和《现代汉语通用字表》所拟定的标准。基本笔画包括：横、竖、撇、点、折。

笔画的组合方式大致有相离、相接、相交等三种。

5. 答：偏旁又叫“部件”，是由笔画组成的构成汉字的基本单位。

由偏旁构成全体字时的组合方式有以下几类：上下结构、上中下结构、左右结构、左中右结构、全包围结构、半包围结构、穿插结构、品字形结构。

6. 答：笔顺就是汉字笔画的书写顺序。

(1) 一般规则。

先横后竖：十、干、古；

先撇后捺：人、大、父；

从上到下：三、亏、音；

从左到右：孔、理、明；

从外到内：月、问、司；

先里头后封口：日、西、园。

(2) 补充规则。

点在上边或左上，先写：衣、为、立；

点在右上或里边，后写：发、我、瓦；

半包围结构：

A. 上右和上左包围的，先外后里：句、厅、庆；

B. 左下包围的，先里后外：远、道、延；

C. 上边未包围的，先里后外：凶、幽、函；

D. 下边未包围的，先外后里：用、同、冈；

E. 右边未包围的，先上后里再左下：医、巨、匠；

F. 有的比较特殊，如：出、非、兆、方、火。

“出”先写竖折，然后写短竖，再写中间从上到下的长竖，最后是竖折和短竖。

“非”先写左边的竖，然后写三小横，再写右边的竖，最后写三小横。

“兆”的笔顺为：撇、点、提、竖弯钩、撇、点。

“方”的笔顺为：点、横、横折钩、撇。

“火”先写上面两笔，即点和撇，再写人字。

现行汉字笔顺依据 1988 年 3 月 25 日国家语言文字工作委员会和新闻出版署联合发布的《现代汉语通用字表》确定了 7 000 个汉字的规范笔顺。《现代汉语通用字笔顺规范》是在《现代汉语通用字表》的基础上形成的，将隐性的规范笔顺变成显

性的，列出了三种形式的笔顺。同时，明确了字表中难以根据字序推断出规范笔顺的“火”“叉”“鬯”“爽”等一些字的笔顺，调整了“敝”“脊”两个字的笔顺。

四、分析与操练题

1. （1）伦、论、轮　（2）舱、沧、苍　（3）限、跟、狠

（4）浪、粮、娘　（5）陷、焰、馅　（6）插、歃、锸

（7）滔、蹈、稻　（8）灼、钓、酌　（9）均、钧、韵

（10）吟、琴、芩　（11）冷、怜、聆　（12）纸、舐、芪

（13）低、底、抵　（14）瑕、假、霞　（15）煅、缎、塅

（16）汤、杨、场　（17）锡、惕、踢　（18）弑、刹、铩

（19）除、涂、途　（20）勉、冕、娩　（21）逸、菟、冤

（22）闺、挂、硅　（23）准、雀、难　（24）拔、跋、鲅

（25）泼、废、拨　（26）闹、柿、铈　（27）肺、沛、芾

（28）吃、迄、讫　（29）汽、忾、氧　（30）悉、番、藩

（31）彩、睬、踩　（32）策、枣、棘　（33）整、漱、辣

（34）抓、爬、笊　（35）孤、呱、菰　（36）茂、威、感

（37）越、钺、槭　（38）听、斧、芹　（39）拆、柝、坼

（40）迎、昂、仰　（41）柳、聊、珋　（42）啄、琢、涿

（43）琢、豪、逐　（44）婢、碑、脾　（45）痹、鼻、箅

（46）熙、颐、姬　（47）卧、藏、臧　（48）悻、倖、婞

（49）锌、莘、骍　（50）呜、坞、钨　（51）鸣、鸡、鸠

2. （1）横折钩　（2）竖　（3）横折折撇　（4）点　（5）竖

（6）竖折　（7）撇　（8）横折弯钩　（9）横折折折　（10）横折折

（11）横　（12）点　（13）长撇　（14）竖　（15）撇折

（16）竖　（17）竖折折　（18）竖　（19）竖　（20）撇

（21）横　（22）撇　（23）横　（24）横斜钩　（25）短横

（26）横折钩　（27）横　（28）撇　（29）撇　（30）竖

3. （1）冖（军）　（2）宀（宝）　（3）冂（冈）　（4）勹（勿）

（5）⺗（慕）　（6）心（思）　（7）囗（国）　（8）卩（即）

（9）礻（社）　（10）穴（究）　（11）疒（疾）　（12）广（磨）

（13）阝（陈）　（14）阝（部）　（15）革（鞭）　（16）八（兵）

（17）钅（铜）　（18）讠（论）　（19）木（榭）　（20）扌（拎）

（21）纟（绕）　（22）虍（虑）　（23）灬（蒸）　（24）匚（匡）

（25）犭（狗）　（26）爫（爱）　（27）攵（放）　（28）饣（饮）

（29）人（全）　（30）刂（刻）

4. 象形：几、子、止、田、牛、井、雨、伞、网

指事：寸、刃、末、朱、本、刃、上、二、甘

会意：甜、初、伐、帘、采、析、囚、闪、众、尘、林、从、明、泪

形声：腊、恭、桥、剔、锦、裳、试、湖、泡、袋、玛、沐

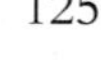

第四节
汉字的形、音、义

一、填空题

1. 繁体字，简体字
2. 语境
3. 音同义同而形不同，几种不同的读音，同一种读音
4. 不是绝对的/是笼统的
5. 不完全固定的/灵活的

二、选择题

1.C 2.B 3.A 4.A 5.D

三、简答题

1. 答：一个字形只有一种读音、一个意义，这是单音单义字。

一个字形有不止一种读音，不止一个意义，这是多音多义字。

一种字形有不止一种读音，却表示一种意义，这就是异读字。

两种或两种以上的字形只有一种读音，表示一种意义，这就是异体字。

一种音义用不同的字形来表达，但不同字形只有笔画多少的差别，这是繁简字。

一种字形，一种读音，表示不同意义，这是同音字。

一种字形，一种读音，多个字义，这是多义字。

2. 答：声符相同，形符不同的形声字，如“读”和“续”、“愉”和“喻”、“胶”和“狡”、“淬”和“猝”等。字形整体相似，某些笔画只相差一两笔，如“狼”和“狠”、“巾”和“币”、“普”和“晋”等。字形整体相似，某些笔画有细微差别，如“未”和“末”，“己”、“已”和“巳”，“戊”、“戍”和“戌”等。字形整体相似，局部不同，如“旋”和“旅”，“载”和“裁”，“贪”和“贫”等。

3. 答：形声字形旁的主要作用是表示字的意义类属，帮助了解和区别字的意义。适当运用汉字形体演变的知识，了解形旁在古时的形体和意义，有利于对字义的理解和辨析。声旁的主要作用是表示读音，大约有1/4的形声字声旁和整个字的读音完全相同，例如：“换、涣、唤”等字的读音与声旁“奂”完全相同。虽然有些形声字的声旁表音不很准确，但也有一定规律，可帮助区别形似字（例略）。另外，学习普通话可以利用声旁类推法纠正方音。

4. 答：形符的表意功能不是绝对的。现代汉字中相当一部分汉字的形符已经不能有效地起到表意的作用了。首先，形声字的形符只能笼统地表示事物的类别，不能表示具体的意义。形符只表示该字的大类，而且仅就本义而言。其次，形声字的形符表意还受到历史文化的制约。随着社会的发展，有些形声字的表意部分出现了“名不符实”的现象。再次，形声字的声旁本来是表示字音的，但由于古今语音的变化，有一部分形声字的声旁已经不能准确地表示现代的字音。最后，声符的类推规律不是绝对的，同一个音符在不同的

字中可能有读音差别，甚至差别很大。主要表现在声符的读音跟形声字的读音不一样，声符的表音准确率不高。

四、分析与操练题

1. (1) chóng、suì　(2) zhān、shàn　(3) bì、cī
(4) chāi、zhé　(5) xū、róng　(6) shù、wù
(7) zhuì、chuāi　(8) tuān、chuǎn　(9) tuò、xī
(10) guǐ、kuí　(11) qiǎn、qiǎn　(12) dú、shú
(13) nè、nà　(14) jǐ、yǐ、sì　(15) jiān、jiàn、zhàn
(16) dǒu、tú、xǐ　(17) jiǎn、dǔn、xué　(18) chuán、yuán、huì
(19) zhàn、diàn、dìng　(20) chuò、duō、zhuì

2. (1) 川　(2) 漠　(3) 蹴
(4) 垠　(5) 帆　(6) 源
(7) 竽　(8) 贻　(9) 源
(10) 成　(11) 黯　(12) 敝
(13) 戴　(14) 瘁　(15) 寰
(16) 墨　(17) 稍　(18) 厉
(19) 邪　(20) 议　(21) 茹
(22) 眈　(23) 脍　(24) 晨
(25) 箭　(26) 婢　(27) 及
(28) 繁　(29) 躬　(30) 惮
(31) 喑　(32) 制　(33) 异
(34) 工　(35) 鸩　(36) 恃
(37) 紊　(38) 金　(39) 赅
(40) 筹　(41) 鼓　(42) 既
(43) 倚　(44) 杳　(45) 生
(46) 趾　(47) 马　(48) 毙
(49) 恣　(50) 仗

3. (1) zhuō、chù、duō、zhuó、qū、chù
(2) bèi、pò、bǐ、pī、bǒ、pō
(3) zhì、yě、yí、dài、chī、tāi
(4) gé、lù、luò、kè、lüè、lào
(5) liáng、láng、láng、lǎng、làng、láng
(6) zēng、zēng、zēng、zèng、cèng、sēng
(7) līn、líng、líng、líng、lǐng、lín
(8) lóu、lóu、lǒu、lǒu、lǚ、lǚ
(9) bīn、bīn、bìn、bìn、bìn、pín
(10) zhèn、zhèn、chén、chén、shēn、shèn
(11) níng、níng、níng、nǐng、nìng、nìng
(12) huā、huā、huá、huà、huà、huò
(13) fēi、fēi、fēi、fěi、fěi、fèi
(14) pén、fēn、fén、fén、fěn、fèn
(15) fú、fú、fó、fèi、fèi、fèi

(16) fú、fǔ、fǔ、fù、fù、fu
(17) fāng、fáng、fáng、fáng、fǎng、fàng
(18) sǎo、sōu、sōu、sōu、sǒu、shòu
(19) shēn、shēn、shēn、shén、shěn、shěn
(20) zōng、zōng、zòng、cóng、cóng、chóng

4. (1) hōng、hǒng、hòng
(2) cān、cēn、shēn
(3) sāi、sài、sè
(4) è、wù、ě
(5) chà、chā、chāi、cī
(6) hé、hè、huó、huò、hú、huo
(7) qiáng、qiǎng、jiàng
(8) mán、màn、wàn
(9) zhē、zhé、shé
(10) sù、xiǔ、xiù
(11) tiè、tiě、tiē
(12) yūn、yùn、yù
(13) guī、jūn、qiū
(14) zé、zhái
(15) mài、mò
(16) pàng、pán
(17) xiān、qiàn
(18) shí、zhì
(19) yùn、yù
(20) zuò、zuō

5. 左形右声：松、理、河、招、惜、肝、媚。
右形左声：雕、期、鸿、救、劲、功、战。
上形下声：茅、空、简、宇、窍、露、盂。
下形上声：基、裳、姿、勇、竺、袋、贸。
外形内声：园、闾、裹、衷、囤、阁、匣。
内形外声：问、闻、瓣、辩、辨、赢、羸。
形占一角：修、倏、腾、裁、颖、佞、疆。
声占一角：旗、施、徒、徙、寐、魍、魉。

6. (1) 形旁木，表树类。
(2) 形旁土，表与土有关。
(3) 形旁刀，表以刀断物。
(4) 形旁宀，表与房屋有关。
(5) 形旁钅，表由金属制成。
(6) 形旁⺮（竹），表由竹简编结而成。
(7) 形旁王（玉），表加工玉石。
(8) 形旁车，表轻车。
(9) 形旁米，表米经过选拣。

（10）形旁刂，表刀断两半。

（11）形旁王（玉），表玉器珍贵。

（12）形旁扌，表用手悬持。

（13）形旁巾，表可做巾之料。

（14）形旁灬（火），表燃烧。

（15）形旁冫（冰），表与冰有关。

（16）形旁阝（阜），表与阜（土，山）有关的台阶。

（17）形旁氵（水），表示和水有关。

（18）形旁⺮（竹），表示和竹子有关。

（19）形旁忄（心），表示和心理活动、情感因素有关。

（20）形旁鸟，表示飞禽种类。

第五节 汉字的标准化和规范化

一、填空题

1.《第一批异体字整理表》,《简化字总表》,《印刷通用汉字字形表》

2. 1 055，2 236

3. “二简”，相对稳定

4. 简化偏旁，同音代替，草书楷化，换用简单的符号，保留特征或轮廓，构成新的形声字或会意字

5. 3 500，2 500，1 000

6. 定量，定形，定音，定序

7. 义序法，形序法，音序法

8. 部首法，号码法

二、选择题

1. C 2. B 3. C 4. C 5. A 6. B 7. A 8. C 9. B 10. D 11. B

三、简答题

1. 答：汉字存在“三多五难”（即字数多、音读多、笔画多，难认、难读、难写、难记、难用），所以汉字必须从简化笔画和精减字数两方面进行整理。但汉字的简化是有限度的，简得太多，就会增加形似字的数量，使打字、译电、排版等工作的出错率上升。同音替代是简化汉字的一种方法，但同音替代多了，就会增加多义字的数量。所以，简化汉字是有限度的，如果不断地简化，势必使汉字处于一种不稳定的状态，造成使用中的混乱状态。

1986 年 2 月，国务院批准废止《第二次汉字简化方案（草案）》，并且指出：“今后，对汉字的简化应持谨慎态度，使汉字的形体在一个时期内保持相对稳定，以利于

社会应用。”

2. 答：汉字标准化是指对现代汉语用字进行全面、系统、科学的整理，做到字有定量、字有定形、字有定音、字有定序（简称“四定”），使现代汉语用字的数量、形体、读音、序列等四方面都有明确的标准。汉字标准化可以使当前汉字的使用数量、汉字的形体、汉字的读音、汉字的查检统一起来，以利于运用。汉字是辅助汉语交际的最重要的工具，为了便于人们更好地学习、使用汉字，提高汉字的使用效率，有利于汉字工作的自动化、现代化，必须对形、音、义关系复杂的汉字进行整理，建立统一的规范、标准。实现现代汉字的标准化，这是当前我国语言文字工作的主要任务之一。

四、分析与操练题

1. (1) 蹈　(2) 彰　(3) 恬
(4) 沧　(5) 瘴　(6) 挠
(7) 骛　(8) 拈　(9) 棘
(10) 染　(11) 坂　(12) 称
(13) 瞠　(14) 贻　(15) 殚
(16) 釜　(17) 胫　(18) 亘
(19) 悛　(20) 罄　(21) 炮
(22) 昔　(23) 坼　(24) 祟
(25) 潸　(26) 斡　(27) 渔
(28) 揖　(29) 抵　(30) 崭
(31) 手　(32) 里　(33) 心
(34) 肓　(35) 窠　(36) 毛
(37) 滥　(38) 覆　(39) 其
(40) 鼎鼎　(41) 辄、咎　(42) 断
(43) 是　(44) 沽　(45) 浃
(46) 涣　(47) 鸿　(48) 和
(49) 矫　(50) 瑕

2. (1) 憾　(2) 叛　(3) 妄
(4) 慨　(5) 赡　(6) 肤
(7) 仓　(8) 崇　(9) 辑
(10) 姿　(11) 安　(12) 度
(13) 毕　(14) 贡　(15) 提
(16) 惋　(17) 躁　(18) 搏
(19) 糜　(20) 殴　(21) 淀
(22) 暄　(23) 纂　(24) 挞
(25) 湎　(26) 蜡　(27) 磋
(28) 韧　(29) 诋　(30) 蜇
(31) 蔽　(32) 蔑　(33) 密
(34) 明　(35) 妁　(36) 檐
(37) 藉　(38) 挛　(39) 萃
(40) 寞　(41) 瀚　(42) 连
(43) 捍　(44) 绵　(45) 绯
(46) 辐　(47) 皙　(48) 抱

(49) 拨 (50) 销

3. (1) 停 (2) 量 (3) 展
(4) 信 (5) 赛 (6) 蛋
(7) 耀 (8) 宣 (9) 建
(10) 舞蹈 (11) 帽 (12) 器
(13) 漆 (14) 嘴 (15) 谦
(16) 勤 (17) 富 (18) 算
(19) 韭 (20) 整 (21) 餐
(22) 藏 (23) 原 (24) 缘
(25) 寨 (26) 燎 (27) 龄
(28) 董 (29) 蹭 (30) 鳜
(31) 潜 (32) 墙 (33) 罐
(34) 演 (35) 部 (36) 病
(37) 播 (38) 酒 (39) 雪
(40) 雄 (41) 意 (42) 迎
(43) 懒 (44) 影 (45) 磊
(46) 预 (47) 帮 (48) 靴
(49) 璃 (50) 权

4. (1) āo (2) jǔ (3) biān
(4) mì (5) bì (6) jì yú
(7) lèi (8) nù (9) Qiūcí
(10) qǔ (11) tà (12) chuò
(13) chèn (14) bèi (15) bì
(16) bǐng (17) chán (18) chǐ
(19) chì (20) chìchù (21) jiàochóu
(22) chú (23) chuǎn (24) dàng
(25) è (26) fú (27) dù
(28) guān (29) huī (30) què
(31) huì (32) jiéjué (33) jiū
(34) jù (35) guǐjué (36) juéshuò
(37) lí (38) lì (39) lián
(40) liào (41) mèi (42) mì
(43) nìng (44) qiāng (45) tiǎn
(46) yù (47) yè (48) yú
(49) zhī (50) zhì

5. (1) Zhā (2) Bǔ (3) Chóng
(4) Chǔ (5) Gě (6) Ruì
(7) Guō (8) Hǎ (9) Hù
(10) Huà (11) Ruǎn (12) Jǐ
(13) Kuǎi (14) Kuàng (15) Xiè
(16) Yān (17) Piáo (18) Qín
(19) Qiú (20) Rén (21) Shàn

(22) Tóng (23) Mòqí (24) Línghú
(25) Yùchí (26) Póyáng (27) Qíjiāng
(28) Xíngyáng (29) Qiónglái (30) Yǎnzhōu
(31) Běi bèi (32) Bèngbù (33) Bìyáng
(34) Bózhōu (35) Bǔzhèn (36) Chēnzhōu
(37) Shèngzhōu (38) Dānzhōu (39) Dàngshān
(40) Fúlíng (41) Dōngguǎn (42) Hánjiāng
(43) Jǐnán (44) Juànchéng (45) Làngzhōng
(46) Lěiyáng (47) Lù'ān (48) Pānyú
(49) Wènshuǐ (50) Tāizhōu

6.（1）简化偏旁 （2）保留特征 （3）同音代替 （4）重新构造
（5）同音代替 （6）保留特征 （7）重新构造 （8）重新构造
（9）简化偏旁 （10）换用简符 （11）同音代替 （12）保留轮廓
（13）简化偏旁 （14）草书楷化 （15）同音代替 （16）草书楷化
（17）草书楷化 （18）保留特征 （19）重新构造 （20）简化偏旁

7.（1）“呈现”改为“呈献”。
（2）“商叽”改为“商几”。
（3）“海市唇楼”改为“海市蜃楼”。
（4）“末落”改为“没落”。
（5）“微妙微肖”改为“惟妙惟肖”。
（6）“卫戌”改为“卫戍”，“甘败下风”改为“甘拜下风”。
（7）“可佳”改为“可嘉”。
（8）“全神灌注”改为“全神贯注”。
（9）“锥刺骨”改为“锥刺股”。
（10）“即”改为“既”。
（11）“即然”改为“既然”。
（12）“滥芋充数”改为“滥竽充数”。
（13）“珠联壁合”改为“珠联璧合”。
（14）“一股作气”改为“一鼓作气”。
（15）“一杯土”改为“一抔土”。
（16）“倾刻之间”改为“顷刻之间”。
（17）“做月子”改为“坐月子”。
（18）“有持无恐”改为“有恃无恐”。
（19）“雾蔼”改为“雾霭”。
（20）“看风驶舵”改为“看风使舵”。
（21）“探询”改为“探寻”。
（22）“鼓角争鸣”改为“鼓角铮鸣”。
（23）“指甲”改为“趾甲”。
（24）“特意”改为“特异”。
（25）“过度”改为“过渡”。
（26）“报到”改为“报道”。
（27）“振荡”改为“震荡”。

(28)“景然”改为“井然”。

(29)“复员”改为“复原”。

(30)“切记”改为“切忌”。

8. (1)“庸”改为“雍”、“萎”改为“委”、“洪”改为“宏”、“匹”改为“媲”、“具”改为“俱”。

(2)“象”改为“像”、“迭”改为“叠”、“艰”改为“坚”、“幽”改为“悠”、“喻”改为“誉”。

(3)“付”改为“赋”、“阀”改为“伐”、“输”改为“抒”、“订”改为“定”、“界”改为“届”。

(4)“青”改为“清”、“胜”改为“盛”、“蕴”改为“韵”、“混”改为“浑”、“遂”改为“邃”。

(5)“意”改为“臆”、“鼎”改为“顶”、“反”改为“凡”、“勒”改为“羁”、“溶”改为“融”。

第六节 汉字的信息化处理与应用

一、填空题

1. 键盘输入，音码，形码，音形码
2. 光电扫描输入
3. 汉字的信息化处理
4. 语音合成/文语转换
5. 标准字符集

二、选择题

1. A　2. C　3. C　4. A　5. B

三、简答题

1. 答：目前的汉字输入法主要包括音码、形码、音形码、形音码以及手写、语音录入等方法，广义的输入还包括用于速写记录的速录机输入等。

2. 答：第一，简明易学，方便记忆，最好不需要学习。如非经过特别学习，现在大多数的输入者一般都采用拼音输入的形式来打字。因为如果有拼音的基础，拼音汉字输入的方法几乎是不用学习的。第二，编码短，重码少，适合盲打者尤佳。这样的输入法可以减少击键次数，从而加快输入速度，提高输入效率。

3. 答：目前汉字输入的方式主要分为键盘输入和非键盘输入，其中键盘输入包括音码、形码、音形码和形音码等输入方法。非键盘输入包括手写输入、语音输入和光电扫描输入等。汉字的计算机输出主要有屏幕显示输出、打印输出和语音识别输出等几种形式。汉字信息处理的关键技术是汉字编码。

四、分析与操练题

1. 现代汉字的应用领域和应用方式较过去有了很大的变化。汉字的传统应用领域是人与人之间，如书写、阅读、书法、篆刻、字模、排版等；而现代汉字的应用领域，不仅在人与人之间的交际领域有所扩大，如打字、传真等，还增加了人与计算机交际的新领域。所谓人机应用就是利用电子计算机对汉字进行各种类型的信息处理，让计算机接受和理解汉字。汉字应用于计算机是汉字应用领域的扩大，也是汉字应用的一种革命。汉字应用于计算机就是汉字的信息处理。

随着汉字研究和应用的不断深入和发展，随着现代汉字信息处理技术的进步和不断实践，我们有理由相信现代汉字完全能适应现代社会对书写符号的各种不同的需求。

2. 汉字的信息化处理就是计算机直接对汉字信息进行输入输出和加工处理的技术。

汉字字种繁多，字型复杂，汉字的信息处理与通用的字母数字类信息处理有很大差异，突出表现在汉字输入输出技术和汉字处理系统的软件方面。但是，汉字信息在信息结构、交换、信息加工等方面与西文信息加工又存在共性。因此，现有计算机汉字信息处理系统构成的指导思想是：尽量利用原有西文计算机的硬件，通过改造系统软件，做到在原有处理西文的基础上，增加处理中文的功能，而不降低原系统的效率。所以，目前在汉字信息处理中多采用与西文信息处理兼容的途径，以便充分利用已取得的计算机信息处理技术资源。同时，汉字信息处理还包括研究适合汉字特点的操作系统和汉字计算机语言。

第三章 词汇

第一节 词汇概说

一、填空题

1. 熟语，专用短语
2. 全民性，稳定性，能产性
3. 语言的词汇
4. 语音，意义
5. 各种语言词汇共同规律
6. 词汇的起源和发展历史
7. 某种语言某个时期的词汇系统
8. 词汇，词，短语，惯用语，谚语，歇后语
9. 概括

二、选择题

1. C　2. D　3. B　4. A　5. B

三、简答题

1. 答：词汇是语言的建筑材料，是一种语言中所有的词以及作用相当于词的固定结构的总汇。词汇包括了一种语言中所有的词；除此之外，还包括了作用相当于词的固定结构，主要是熟语和专用短语两类。这些固定结构都是在语言的长期运用中具有完整意义的

短语或句子。所以，词汇有时也叫“语汇”。词汇作为语言的建筑材料，其作用就是组词造句以进行交际。根据词汇的这一特点，凡是具有这种功能和性质的语言成分，都应该属于词汇的范围之内，例如成语、惯用语、歇后语等，它们虽然是由词组成的词组形式，但都是一种组句的备用单位，都具有和词一样的建筑材料的性质。词汇也可以指某一特定范围的词语总汇。比如说，“古代汉语词汇”“近代汉语词汇”“现代汉语词汇”是指汉语三个不同发展阶段所使用的词语的总汇；“晋方言词汇”“吴方言词汇”“北方方言词汇”是指现代汉语三种不同方言的词语的总汇；而“鲁迅词汇”“老舍词汇”“《红楼梦》词汇”则是指作家或作品中所使用的词语的总汇。

2. 答：词汇是一个系统，它的组成成分不是孤立存在的，而是互相联系、彼此制约，从而构成了大大小小的关系密切的类聚。具有相同或相近特点的词可以聚合成群，形成一个类聚；若干个词的类聚又可以在某些相同或相近的特点上形成一个更大的类聚。词汇系统就是由许多相互关联的大大小小的词的类聚构成的。这些大大小小的词的类聚及其相互关系，充分体现了语言词汇的系统性。词汇的系统性也体现在词义的相互联系上。词义是客观事物或对象在人们头脑中的概括反映，这种反映也是相互联系、相互制约的。每一个词都限制了其他词反映客观对象的范围，而它自身反映客观对象的范围也受到了其他词的限制。词义的形成和存在是受词汇系统的制约的，语言的词义本身就是一个系统。

四、分析与操练题

1. 这句话不对，“词汇”应该改成“词”。词汇是语言的建筑材料，是一种语言中所有的词以及作用相当于词的固定结构的总汇。词汇是集合体而不是个体，所以一般不跟专用量词搭配，特别不能跟表示个体的量词“个”搭配。这句话要表达的意思实际上是记住了汉语中的 15 个词。

2. 这句话不对。词汇学作为语言学的一个分科，与语音学、语法学、语义学、修辞学等有着密切的关系。词是音义结合体，语音是它的物质外壳，意义是它所表示的内容。只有在语法规则的支配下对词进行具体的运用，才能反映出语言应用中的各种修辞现象。因此，我们在学习或研究词汇时，决不能把词汇孤立起来，而是必须把它放在与语音、语义、语法、语用、修辞等方面的广泛联系之中。

第二节 词汇单位

一、填空题

1. 语素，成词语素，不成词语素

2. 构成词，和别的语素一起构成词，和别的语素一起构成词

3. 12，10，7

4. 单音节语素，多音节语素，实语素，虚语素，自由语素，黏着语素，不自由语素，

成词语素，不成词语素

5. 12，8

6. 问答法，提取法，扩展法

7. 离合词

8. 构词

9. 音节语素化

10. 语素音节化

11. 联绵语素，外来音译语素，拟声语素，叠音语素

12. 歇后语

13. 短语，句子，词

14. 成语，惯用语，歇后语，比较固定，具有整体性，词

二、选择题

1. C　2. A　3. C　4. B　5. C　6. B　7. D　8. A　9. D　10. D　11. A　12. A

三、简答题

1. 答：语素和词都是音义结合的语言单位。有的词是由一个语素构成的，这时，词和语素是一致的。有的词是由两个或两个以上的语素构成的，这种情况下，词和语素就不同了。因此，语素不等于词。它们的区别主要有三点：第一，语素是构词单位，词是造句单位。语素是词中的一个有意义的成分，词是比语素高一级的语言单位，可以直接充当句子成分。第二，语素表示的意义不稳定，比较宽泛，而词表示的意义则比较确定。例如"母亲""母语""母校""母音"这些词的含义都是十分明确的；而"母"作为语素，在这几个词中所表示的意义就不完全相同，把它单独抽出来，意义就不太明确，只有当它同别的语素构成合成词时，它的意义才能明确地固定下来。第三，词一般都具有完整、固定的语音结构形式，在词的末尾可以停顿；语素的语音形式并不固定，它往往随着结合条件的不同而产生变化，语素只有处在一个词的末尾时，才可以停顿，语素本身是不允许停顿的。

2. 答：确定语素的方法主要采用替换法。它是用别的有意义的语言单位来替换一个成分，如果替换后仍然有意义，那么被替换的单位就是语素，否则就不是语素。例如：

肥美：用别的有意义的语言单位替换"肥"：华美、丰美、壮美、赞美

肥美：用别的有意义的语言单位替换"美"：肥大、肥胖、肥厚、肥硕

以上的分析说明"肥"和"美"分别为一个语素。

3. 答：汉语的语素在口头上用音节表示，在书面上用汉字表示。但是，音节是从语音学角度分析的结果，文字是记录语言的书写符号，语素是语言中构词的基本单位。这三者角度不同，并不是一回事，我们要特别注意它们之间的区别。语素和音节、汉字之间的关系大体上可以分为以下几种情况：（1）一个语素由一个音节表达，写成一个汉字。（2）不同的语素用同一个汉字表示。具体又可分为以下几种：第一，汉字虽然相同，但读音不同；汉字和读音虽然相同，但是词性不同（这主要指成词语素）；第三，汉字、读音、词性都相同，但意义不同。（3）不同的语素由同一个音节表示，但写成不同的汉字。（4）一个语素由两个或两个以上的汉字表示，由两个或两个以上音节构成。

4. 答：这种说法不对。因为有好些名称是由一个短语来表示的，例如"中国共产党""中华人民共和国""中国人民解放军""四川师范大学"等，分别是由两个或三个词构成

的，这些专用名称就都不是一个词。专用名称和词并不是一对一的关系。只有当专用名称由一个词构成时（如“月亮”“黄河”“雷锋”），这种专用名称才可以说成“专用名词”；由两个或两个以上的词构成的专用名称是不宜说成“专用名词”的（因为它是一个短语并不是一个词）。

5. 答：离合词的特点主要有以下几个。

（1）从构词的角度看，离合词可分为三类：

动宾式：毕业、革命、起床、催奶、搭话、打包、打春、打表、斗气

动补式：打倒、看清、提高、放下、说服、打败、拉平、听见、扑空

联合式：鞠躬、洗澡、游泳、睡觉、游行、考试、登记

其中动宾式离合词数量最多。

（2）从内部的搭配关系看，前一个语素与后一个语素之间都受到严格的限制，不能用同义或近义的语素替换。例如，“革命”“撒谎”“鞠躬”“续弦”“蜕皮”“洗澡”“失眠”中的“命”“谎”“躬”“弦”“皮”“澡”“眠”等，都是不可替换的。

（3）从离合词的功能看，需要注意两点：首先，一部分离合词是兼类词，有的是名兼动，如“签证、移民、存款、导游、贷款”。有的是形兼动，如“倒霉、灰心、败兴、吃惊”等。而只有动词性的才有离合的问题。其次，动宾式离合词如果再另带宾语就不能再扩展了。例如，“起草文件、出价三千元、注意这个问题、留意股价波动、留宿邻居家中”。

6. 答：按照音节的多少，语素可以分为单音节语素和多音节语素。只有一个音节的语素是单音节语素，如“山”“水”“美”“高”“坐”“看”“他”“热”“子”“啊”“哎”等。汉语从古代到现代一直都是以单音节语素为主的，单音节语素是汉语语素的基本形式，它在汉语语素中占绝对优势。语素单音节化是汉语语素的一个重要特点。

由两个或两个以上音节构成的语素是多音节语素，如“蜘蛛”“琵琶”“起司”“沙发”“尼古丁”“奥林匹克”“布尔什维克”等。这些语素中的每一个音节都不能单独表示意义，只有几个音节合起来才能表示一定的意义。这是多音节语素的特点。

7. 答：熟语是常用而定型的短语或句子，是词汇中的一种特殊的构成成分。它是大于词的语言单位，但又具有词的特性，只能整体地来表达意义，一般不能任意变动其组成成分。常见的熟语包括成语、惯用语、谚语、格言、歇后语等。

8. 答：词是具有一定语音形式的、最小的能够独立运用的有意义的语言单位。这句话包含了四层含义。第一，词的语音形式是固定的，这指的是一个词的声韵调是固定不变的，同时也指词的语音形式具有整体性的特点，词的内部在语音上不允许割裂开来。第二，词的意义是明确和融合的。比如“人”的意义是“能制造工具并使用工具进行劳动的高等动物”，“耸立”的意思是“高高地直立”，“喊叫”的意思是“大声叫”，这些词的意义比较实在，是实词。“的”“了”“虽然”“所以”等词的意义比较抽象，它们在句中表示一定的语法意义，是虚词。实词的意义不是语素义的简单相加。有的语素义发生缺损，如“窗户、国家、税课”；有的语素义发生转化，如“千金、傀儡”；有的语素义发生融合，如“眼红（羡慕而嫉妒）、染指（比喻分取非分的利益）”。这些意义都是在词这级单位上体现出来的，它们同语素义既有关又不同。第三，词具有一定的语法功能。实词能同别的词组合起来，组成短语、句子，充当短语和句子的成分。虚词有的表示短语成分或句子成分之间的关系，有的表示句子与句子之间的关系，虚词的这些作用说明虚词同实词一样也是独立运用的语言单位。第四，词应该是最小的可独立运用的语言单位。这样一方面与短

语区别开来，另一方面与语素区别开来。可独立运用的语言单位有词、短语、分句、句子、句群等，而词则是最小的，它不可再分。语素虽然也是最小的音义结合体，但它是构词的语言单位，不能独立运用。语素只有构成词之后才可以组成各种不同的句子，成为造句单位。

9. 答：鉴定一个语言单位是否是词，大致可以采用三种方法：问答法、提取法、扩展法。

问答法就是看一个语言单位能否单用。能单用、能单独回答问题的就是实词，不能单用或单独回答问题的可能是不自由语素或虚词。如："我喜欢刘欢的歌"这句话可以分别提问：

（1）谁喜欢刘欢的歌？——我。

（2）你喜欢什么？——刘欢的歌。

（3）你对刘欢的歌怎样？——喜欢。

第二个问题的回答不是最小的语言单位，其内部还可以继续切分出更小的单位。比如可以提问：

（4）你喜欢谁的歌？——刘欢。

（5）你喜欢刘欢的什么？——歌。

提取法是将一个句子中可以单用的实词提取后，再确定剩余的成分是否是词。一般来说，虚词都不能单独回答问题，所以提取实词后剩下的就是虚词了。如上例中提取"刘欢""歌"之后，剩下"的"就是虚词了。

扩展法是看一个语言单位的中间能不能插入其他成分。如果可以插入其他成分的就是短语，反之则是词。如"白布"可以说成"白的布"，"白菜"则不能扩展为"白的菜"，所以"白布"是短语，"白菜"是词。

10. 答：采用替换法应注意两点。第一，如果一个语言单位包括两个成分，那么，这两个成分都要被替换。如果只有其中一个成分可以替换，那么整个语言单位还是一个语素。例如："香槟"中"槟"可以用其他语素替换，构成"香水""香气""香味""香菜"等，但"香"却不能被别的语素所替换，即"香"这个位置不能换填其他语素，因此"香槟"合起来是一个语素。第二，如果一个语言单位包括两个成分，那么，其中一个成分被替换后，其意义与原词毫无联系或发生改变，则不能看作语素。例如："博客"似乎两个成分都可以被替换：

博～：博学、博闻、博览、博识

～客：过客、访客、房客、宾客

但是，"博学""博闻""博览"的"博"指"多；丰富"，而"博客"中的"博"没有具体意义；"过客""访客""房客""宾客"中的"客"指的是客人，而"博客"是英语"blog"的音译，台湾多译为"部落格"，也可以意译为"网络日志"，其中的"客"没有实际意义。"博"和"客"都与原词的意义毫无联系，因此，"博客"合起来只能是一个语素。

多音节（包括双音节）语素是不能随意拆分的。如果拆开的话，或者不能表示任何意义，例如"葡萄""鹧鸪""莫斯科"等，它们拆分为"葡"和"萄"、"鹧"和"鸪"、"莫""斯""科"后，这七个组成成分都是一些不表示意义的音节；或者表示与原语素没有联系的其他的意义，例如："拷贝"是英语"copy"的音译，作为一个双音节的语素，是不可以拆分的，"拷"和"贝"一旦拆开后，"拷"和"贝"只有音和形，不能分别表示意义，"拷"虽然可以组成"拷打、拷问"，但其意义指用刑具打，"贝"也可以组成"贝

壳、贝雕、扇贝、宝贝”等，但它是对有壳的软体动物的统称，它们在上述语言单位中是语素，但与“拷贝”没有关系。所以说，语素是不能切分的最小的音义结合体。

四、分析与操练题

1. 能独立成词的：军（消灭了敌人一个军）、稳（立场不稳）、得（打得好）、趟（来一趟）。只能作语素的：绪（绪论、情绪）、习（习惯、练习）。仅仅是个字，既不是语素也不是词的：玻（玻璃）。

2. 者——单音节的、成词的实语素

蝙蝠——多音节的、成词的实语素

机——单音节的、不成词的实语素

劳——单音节的、不成词的实语素

水——单音节的、成词的实语素

迪斯科——多音节的、成词的实语素

3. (1)“明天（语素），明天，过了今天……”这是懒汉的语言。

(2) 一锹挖不成井（词），一天（词）盖不成罗马城。

(3) 井（语素）水不犯河（语素）水

(4) 科学的敌人（语素）不比朋友少。

(5) 一个人（词）最不容易改变的是眼睛。

(6) 牛顿说：“如果我（词）所见的比笛（字）卡尔要远一点，那就是因为我是站在巨人的肩膀上的缘故。”

(7) 在我（语素）们的生活中，什么事都会碰到，而且比书本里的要更离（语素）奇。

(8) 他俩谁也离（词）不开谁。

(9) 一个风（词）雨（词）交加的夜晚。

(10) 善问者能过高（词）山。

第三节 词的构造

一、填空题

1. 词根，词缀
2. 词根
3. 词缀
4. 单音词，双音词，多音词
5. 单纯词，合成词
6. 双音词
7. 构词法

8. 由一个语素构成的词
9. 联绵词，叠音词，拟声词，音译词
10. 两个音节连缀成义而不能拆开来使用的词，双声，叠韵，非双声叠韵
11. 叠音词
12. 拟声词
13. 音译词
14. 合成词，复合式，附加式
15. 复合式
16. 联合型，偏正型，补充型，动宾型，主谓型
17. 附加式
18. 真词缀，类词缀
19. 真词缀，类词缀
20. 重叠式
21. 双声，非双声叠韵，叠韵
22. 双声，非双声叠韵，叠韵
23. 短语，句子，词
24. 单纯词，两个或两个以上
25. 双声词，叠韵词，非双声叠韵词
26. 复合词，重叠词
27. 不同词根，相同词根，词根加词缀
28. 联合式，偏正式，动宾式，主谓式，补充式
29. 词汇，词，短语，惯用语，谚语，歇后语
30. 偏正型，动宾型，动宾型
31. 偏正型

二、选择题

1. A　2. A　3. D　4. A　5. A

三、简答题

1. 答：词根指的是具有实在的词汇意义的成词语素和位置不固定的不成词语素；词缀指的是没有具体的词汇意义、位置固定的不成词语素。

词根是构词的主要成分。例如，"人民、老虎、妈妈、读者"等词中的"人、民、虎、妈、读"等都是词根。它们可以表示具体的词汇意义，是词义的主要承担者。

词缀是构词的附加成分。例如，"桌子、石头、学历门、拼车族、老婆、非金属"等词中的"子、头、门、族、老、非"就是词缀。

2. 答：真词缀是指位置完全固定，意义基本虚化，读音弱化的词缀。例如："老师、老虎、桌子、石头"，这几个词中的"老、子、头"都没有实际意义了。类词缀是指位置基本固定，意义正在类化，读音不变的词缀。类词缀是由词根向真词缀转化的中间过渡形式。

3. 答：单纯词是指由一个语素构成的词。汉语中的单音节词都是单纯词。例如："天、地、马、人、看、红、我、不、很"。除此之外，还有一些比较特殊的情况，一个语素可能由两个以上的音节构成。主要有以下四类。

（1）联绵词，指两个音节连缀成义而不能拆开来使用的词。又可分为三类：

双声词，指两个音节声母相同的联绵词。例如："琉璃、惆怅、踌躇"。

叠韵词，指两个音节的韵相同的联绵词。例如：“苗条、蜻蜓、迷离”。

非双声叠韵词，指两个音节的声母、韵均不相同的联绵词。例如：“芙蓉、蝙蝠、蝴蝶”。

（2）叠音词，由相同的两个音节重叠而成的词。例如：“孜孜、巍巍、潺潺”。

（3）拟声词，指模拟自然界或人类自身声音的词。例如：“知了、扑通、叮咚”。

（4）音译词，指按外族语词的语音翻译过来的词。例如：“咖啡、扑克、坦克”。

4. 答：合成词是指由两个或两个以上的语素构成的词。主要有以下两大类。

（1）复合式。指由词根加词根直接组合成合成词的构词方式。又可分为联合、偏正、补充、动宾、主谓等五种基本类型：

A. 联合型。例如：“询问、江山、尺寸、教学”。

B. 偏正型。例如：“过程、稍息、漫谈”。

C. 补充型。例如：“提高、延长、说明、脑海”。

D. 动宾型。例如：“效劳、跑步、怀疑”。

E. 主谓型。例如：“事变、自修、心疼、耳鸣、头疼”。

复合式合成词主要有上述五种构词方式，另外还有两种比较少见的类型：

F. 连动型。指两个语素之间具有先后承接关系的构词方式。例如：“接管、借用、贩卖”。

G. 兼语型。指两个语素分别与主体和客体相关的构词方式。例如：“请教、逼供、遣返”。

（2）附加式。由表示具体词汇意义的词根和表示某种附加意义的词缀构成合成词的构词方式。例如：“老乡、架子、忽然、可疑、亚健康”。

5. 答：叠音词中的音节在现代汉语中都是不能单独表示意义的，也不能单用。构成叠音词的每一个字在词典中一般都没有单独解释，必须看叠音形式才能了解其意义。例如：“潺潺、淙淙、奕奕、瑟瑟”。

重叠式指由两个词根语素重叠而成的构词方式。例如：“哥哥、姐姐、久久、稍稍、刚刚”。

6. 答：词和短语的区别。

（1）从意义上看，词表示的是比较单纯的概念，短语表示的是比较复杂的概念，但是，所谓“简单”与“复杂”是个相对概念，无法精确区分。词的意义比较凝固，不是语素意义的简单相加；而短语的意义却往往是其构成成分的意义相加。例如“白菜”不等于“白的菜”，“黑板”不等于“黑色的板”，“骨肉”喻指子女等。

（2）从语音形式看，词的语音结构具有整体性，内部不允许有停顿，而短语则可以有内部的语音停顿。比如作为“西南航空”的“西南”内部不可以有停顿，但“南北会谈”中的“南北”之间可以有停顿。“花红是一种落叶小乔木，这种植物的果实也叫花红”，其中的“花红”中间不能有停顿，但是在“花红了，树绿了”中的“花红”中间却有明显的停顿。

（3）从内部的组合关系看，词和短语的结构关系非常相似，都可以有复合、附加和重叠等基本类型，复合式又有五种基本结构关系。但词内部语素和语素之间是凝固的，不能分开和随意替换；而短语内部的词和词之间是离散的，是可以分离和自由替换的。例如：“眼红”表示嫉妒别人，两个语素不能用别的语素替换，而且也不能分开；而“眼疼”则可以说“眼睛很疼”“眼睛有点儿疼”，词与词的组合关系比较松散，还可以用别的词进行替换，其语义关系不变。

7. 答：汉语讲究音节韵律的和谐、平衡，两个音节组成一个音步，两个音步就构成

了和谐的韵律。汉语音节的韵律形式对汉语构词产生了深刻的影响，它是汉语逐渐双音化的动因之一。韵律词是由音步决定的，汉语中由一个音步（两个音节）构成的韵律词是标准韵律词。韵律词是节律音系学和构词学相互交叉的产物。汉语的合成词就是最和谐的韵律词。例如：“年轻、大小、提高、电视、得罪、休息、纯洁、联欢、操心、负责、讲学、国家、祸害、知道、应该、洁白”等。

8.（略）

四、分析与操练题

1. 联合型：人民

偏正型：现实、理想、头像、幼儿、平头、痛快、天蓝、粉饰、鸟瞰

补充型：房间、看齐、照明、充满

动宾型：超额、无穷

主谓型：自愿、体验、雪崩、胆怯、肉麻

词根＋词缀：念头、阔气、深化

词缀＋词根：可亲

2. 词：抗旱、改变、老鸦、老娘、山头、苦头、优秀生、流水账、心肠、流水、自来水、河水、心思、书本、吃得来、经不起、失言、共产主义、无产阶级、高炉、高见、高材生。

短语：老脾气、老地方、心肺、水浅、看书、打不烂、用不尽、天安门广场、高山。

3. 词缀：老（乡）、老（师）、老（大）、（石）头、（馒）头、（罐）头、（僵）化、（美）化、（现代）化、可（信）、可（取）、可（笑）、初（六）、（画）儿、（短）儿、（亮）儿。

词根：老（调）、老（实）、（烟）头、（前）头、（变）化、（消）化、可（口）、可（体）、初（赛）、初（级）、初（版）、（女）儿、（低能）儿。

4. 不能。“族”“姐”“客”表示的抽象意义是从原词义引申而来的，语法化程度比较低，虽然位置固定，但又没有虚化，既不同于词根，又不同于词缀，是一种中间状态，或者说是过渡状态，不能称作完全意义上的词缀。

5. 直接型，即直接移用外文缩写字母而组成的词：CAD、DNA、OPEC、IT、CPI、PM2.5、ECFA、CBD、NBA；

混合型，即外文字母、外文缩写和汉字组合形成的词：4S 店、IP 电话、POS 机、pH 值、Win7 系统、AC 米兰、维生素 A。

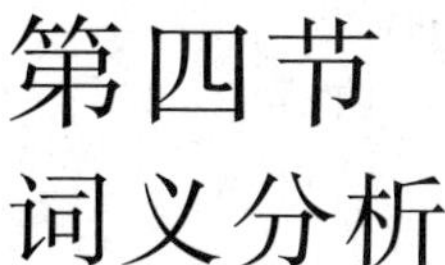

第四节 词义分析

一、填空题

1. 语音，意义，语音，意义

2. 客观和主观的统一，概括和具体的统一，模糊和明确的统一，稳定和变异的统一

3. 词汇意义，语法意义，附加意义

4. 理性义，评价义，语体义，理据义

5. 学科义，普通义

6. 形象意义，文化意义

7. 义项

8. 本义

9. 派生义，引申义，比喻义，借代义

10. 引申义

11. 比喻义

12. 语义成分，语义特征

13. 它是义项的组成成分，它没有特定的语音形式，它是通过比较一组相关的词义而分析出来的区别性语义特征

14. 单义词，多义词

15. 单义词

16. 多义词

17. 同音词，同音同形词，同音异形词

18. 多音词

19. 同源词，音近，义通，源同

20. 聚合

21. 层次性，系统性

22. 母场，下层语义场

23. 上位词，下位词

24. 类属义场，顺序义场，关系义场

25. 同义义场，同义词，等义词

26. 色彩分析法，意义分析法，用法分析法，理据分析法

27. 反义义场，互补反义义场，两极反义义场

28. 反义词

29. 绝对反义词，相对反义词，依存反义词，对称反义词

30. 深化，扩大，缩小，转移，语素义的衍化

31. 客体世界的变化

二、选择题

1. B　2. A　3. D　4. C　5. A　6. (1) B　(2) A　(3) C　(4) B　(5) B　(6) B　(7) A　(8) A　(9) C　(10) B　(11) A　(12) B　(13) B　(14) C　(15) C　7. B　8. A　9. D　10. B　11. A　12. A　13. D　14. A

三、简答题

1. 答：词义呈现出多方面的特征。主要表现为四个方面。(1) 客观和主观的统一。词义是客观事物和对象在人们头脑中的概括反映。(2) 概括和具体的统一。词义是对某一类客观对象的反映，所以词义都是对同类客观对象的概括。在反映的过程中它要舍弃同类客观对象中不同个体的具体特征，从中抽象出共同的本质的特征。(3) 模糊和明确的统一。词义的模糊性指的是词义的界限有不确定性，它来源于词所指的事物边界不清。(4) 稳定和变异的统一。词的外部形式同该词所指的对象、现象之间本来没有必然的联

系，但一旦确定下来，约定俗成，它们的关系必然是十分稳固的。尽管语音会发生变化，但这种变化只能在一定范围内、按一定规律进行。

2. 答：任何一种语言的词义都是由多种因素构成的复杂系统。就一些多义词而言，每一个词的意义也是一个综合的系统。就实词而言，词义主要包括词汇意义、语法意义和附加意义三个部分。附加意义种类很多，比较重要的有四种：评价义、语体义、理据义和搭配义。虚词一般没有明确的词汇意义和色彩意义，只有语法意义。

3. 答：词义中同概念相关的部分是理性义，又称“逻辑义”。它是人们对所指对象或现象的区别性特征的概括反映。

4. 答：评价义指由一个词所体现出来的说话人对所指对象的评价和主观态度。它反映了说话人的喜、怒、爱、憎、敬、谦、褒、贬等伴随理性义的主观信息。例如，“功败垂成、功亏一篑”表示的是惋惜之情，“宝宝、乖宝宝、银燕”表示的是喜爱之情，“老家伙、充斥、鬼子、劈腿（出轨）、花里胡哨、死鬼、穷鬼、吝啬鬼”等表达的是厌恶、憎恶之情。

5. 答：语体义指一些词经常用于某种特定场合而形成的风格色彩意义，又称“风格义”。它反映了词与交际场合、媒介、语境等的关系。可以分为两大类：书面语体和口语语体。

6. 答：词义和概念的关系主要体现在两个方面：一方面是概念是词义形成的基础；另一方面是词义反映概念，概念凭借词义而成为直接现实。词义与概念具有同一性的方面。因为两者都是客观事物在人们意识中的概括反映。两者都是词的形式所表示的内容。概念对词义来说是第一性的，词汇意义都是在概念的基础上形成，同时又将概念的内容表现为直接的现实。

7. 答：词义和概念的区别主要体现在以下几个方面。第一，词义与概念分属于不同的研究范畴。词义同词一样属于语言范畴，而概念则属于思维范畴。第二，词义与概念的基本属性不同。词义是主客观的统一体，概念则更偏重于客观性。第三，词义与概念的功能不同。词义和概念的不同，归根结底是由于二者的职能不同。概念属于逻辑思维范畴，它的职能在于认识和反映客观世界。词义属于语言范畴，它的职能在于让人们用来交际，交流思想，以达到相互了解。词义无须包括事物的所有特征，只要包括使我们足以将它与邻近事物区别开来，并在日常交往中从语义上划清与其他近义词区别的内容就够了。

8. 答：义项是词的理性意义的分项说明。分为以下几类：本义，词最初产生时所具有的意义。本义是从词源学的角度而说的。当词刚出现时，它的初始义就是它的本义。基本义，相对于派生义而言，指词的义项中基本的、常用的并由此产生其他意义的意义。派生义，由基本义直接或间接地发展转化来的义项，包括引申义、比喻义、借代义。

9. 答：义素是构成词义的最小意义单位，也就是词义的区别特征。所以又叫“语义成分”或“语义特征”。

10. 答：义素分析法的原则：结构语言学的对比性原则。步骤：第一，确定对比分析的词义；第二，寻找词义之间的共性特征和区别性特征；第三，将寻找出的各种义素用结构式描述出来。

11. 答：（1）有一定的主观性。在分析的过程中仍然难以避免某种主观性，如义素的选择在数量和构成方面可能会出现因人而异、因分析目的而异的情形。（2）缺少普及性。义素分析法目前还停留于几种词类如名词、动词、形容词等词的分析中，还无法普及到所有类型词的分析。（3）义素分析还遇到了两个难题：词义的模糊性、词义集合有例外。

12. 答：只有一个义项的词叫作“单义词”。语言中，表示科学术语的词绝大多数是

单义词，一些事物的名称和刚产生的新词也往往是单义的，例如“猫、狗、铅笔、书包、互联网、电视机”等。

13. 答：具有多个固定义项且义项与义项之间具有内在联系的词叫作“多义词”。多义词都是由单义词发展变化而来的，这是语言音义矛盾和词义发展演变的必然结果。一种语言的语音形式是有限的，而客观的事物、现象则是无限的，以有限的形式反映无限的内容，就有矛盾。用已有的词语记录新的意义，可以有效地解决这一矛盾。多义词既记录了新的意义，又不增加新词，从而使得词汇既发达又经济。

14. 答：同音词指仅仅语音形式相同而词义之间没有联系的词，它是跟异音词相对而言的。同音词可以分为两类：(1) 同音同形词：指字形相同的同音词。例如：“花”的一个义项是“花儿，可供观赏的植物”，另一个义项是“耗费”。(2) 同音异形词：指字形不同的同音词。如：“原因”和“元音”两个词的读音相同，词义却不同。

15. 答：现代汉语同音词形成的原因主要有四个方面。(1) 造词的偶合。词汇是不同时代、不同地域的人们造出来的，造词时只考虑了需要，没有考虑语音形式的雷同，从而造成了同音。(2) 语音的演变。有些词在古代汉语里并不同音，由于语音发展变化，到现代汉语中就成了同音词。(3) 词义的演变。有些词在古代是多义词，随着语言的发展，几个意义之间逐渐失去了原有的联系，而语音形式却发生相应的变化，这就造成了同音现象。(4) 词语的借用。借用外来词是丰富汉语词汇的方法之一。汉语借用外来词时，经常把外来词的语音形式汉化，使得借词的读音和汉语原有某些词的读音相同，造成了同音词。

16. 答：两者的根本区别在于：从现代汉语共时平面来看，词义之间是否有联系。多义词是指一个词内部有几个义项，这几个义项之间有一定的联系；而同音词则是几个词仅仅语音形式偶然相同，语义上完全没有联系。

17. 答：凡是一种词形具有两种或两种以上读音，就是同形多音词，简称“多音词”。(举例略)

18. 答：同源词指声音相同或相近，意义上相近或相通，从同一语源派生出来的词。它有三个特点：音近、义通、源同。(举例略)

19. 答：(1) 层次性。层次性是语义场的一个显著特点。事物本身的分类是有层次的，因而反映事物类别的语义场也就形成了有层次的结构，若干较小的语义场可以集合成较大的语义场，若干较大的语义场可以集合成更大的语义场。(2) 系统性。指语义场系统中某个词语的意义会受到系统中其他词语的制约，系统中某个词义的变化或词语数量的增减，会导致意义领域的重新划分和分配，从而引起系统中其他词义的变化。

20. 答：语义场有层次性，一个上层语义场的下面一般又可以分出一些下层语义场。例如，“生物”语义场可分为“植物、动物、微生物”，“动物”语义场又可以分为“人类、其他动物”。上层语义场叫作“母场”，下层语义场叫作“子场”。其中上层语义场的词叫作“上位词”，下层语义场的词叫作“下位词”。例如，“生物”就是“动物”的上位词，“动物”是“生物”的下位词。

21. 答：关于上位词、下位词需要注意三点：(1) 词语的兼属性。有的词是多义词，既表示种概念，又表示属概念。(2) 上下的相对性。上位语义场的上位词作为一个类别义素是下位语义场中下位词所共有的。(3) 对称的自足性。

22. 答：根据语义场中各个成员的相互关系，我们可以把语义场分成以下类型：(1) 类属义场，它反映的是一类事物，场中的成员是同类事物的各种（或各个）对象。类属义场也叫“分类义场”。类属义场是很常见的语义场。(2) 顺序义场，它是按照某种固定顺序排列的一组词所构成的语义场。(3) 关系义场，它反映某种相互依存的关系。

23. 答：辨析同义词的差别，主要从以下四个方面入手。(1) 色彩分析。第一，感情色彩：主要指褒贬色彩，分为褒义、贬义、中性三种。第二，语体色彩：词的语体色彩一般分为书面语、口语、通用语三种。(2) 意义分析。第一，词义的轻重不同。第二，词义的范围不同。第三，词义的侧重点不同。(3) 用法分析。第一，词性和句法功能不同。第二，搭配对象不同。

24. 答：同义词的表达作用有以下几个。第一，表意准确、严密。同义词能反映出事物现象的细微差别，表达人们对客观事物的各种不同的态度和感情色彩。第二，避免重复呆板，使语言富于变化美。汉语很讲究用词上的重复，同义词的交替使用不仅可以避免用词单一，还可以使语言生动活泼，多姿多彩。第三，突出强调、加强语义。

25. 答：两个意义相反或相对的词组成的语义场叫“反义义场”。反义义场可分为两个小类：互补反义义场和两极反义义场。

26. 答：反义词是意义相反或相对的一组词。我们可以从三个方面去认识反义词的性质：第一，反义词的存在是以客观事物的矛盾对立为前提的；第二，从逻辑上讲它们都必须属于同一个上位概念，所以“聪明”与“傻子”、“愚蠢”与“智者”虽然具有反义性，但是并不能构成一组反义词；第三，反义词是词义与词义、词与词之间的关系，词和短语不能构成反义词。

27. 答：从反义词的两个成员——甲和乙的关系来看，反义词内部的关系可以细分为四种。绝对反义词：肯定了甲，就否定了乙；否定了甲，就肯定了乙。正反两方面之外绝对没有第三种可能性。又叫“互补反义词”。相对反义词：肯定了甲，就否定了乙；但是，否定了甲，不一定就肯定了乙。即在正反两方面之外还有第三种可能性。依存反义词：有甲必有乙，有乙必有甲。甲和乙相互依存。依存反义词中的两个词所表示的行为、性状、情况、人、事等都是相互共存的。对称反义词：甲和乙互相独立，虽然对立但没有矛盾。肯定甲或否定甲，对乙都不会产生直接影响，反之亦然。(举例略)

28. 答：词义发展演变类型可概括为七种：深化、扩大、缩小、转移、转化、虚化、同化。主要涉及词义本身的变化和语素义的衍化两类。

29. 答：词义演变的原因包括：(1) 客观世界的变动是推动词义演变的第一动力。(2) 动态使用是促使词义发生变化的最重要的动力和最活跃的因素。(3) 认知心理的变化。(4) 语言系统内的相互制约。

30. 答：语法系统促使词义演变，主要表现在以下两个方面：第一，语法功能促使义位产生转类义位。由语法功能 A 派生出语法功能 B，使一个词的 A 类义位派生出 B 类义位。第二，语法功能促使实词产生虚词义位。汉语的大多数虚词是由动词、形容词虚化而来的。实词的句法功能的改变、结构关系的影响是词义演变的一个重要因素。

四、分析与操练题

1. (1) 阿訇　阿门　支那　罗汉　胡同　镭射　和尚　苏打　探戈　卡通

2. (1) 动宾　(2) 偏正　(3) 联合　(4) 偏正　(5) 动宾　(6) 补充　(7) 主谓　(8) 联合　(9) 偏正　(10) 偏正

3. (1) 音译词　(2) 音意兼译词　(3) 音加意译词　(4) 音加意译词　(5) 音意兼译词　(6) 音译词　(7) 音加意译词　(8) 音意兼译词　(9) 借形词　(10) 借形词

4.（1）多义词　（2）多义词　（3）单义词　（4）多义词
（5）多义词　（6）单义词　（7）单义词　（8）多义词
（9）多义词　（10）多义词

5.（1）专门义：固态物质不经液态直接变为气态。普通义：比喻事物的提高和精炼。

（2）专门义：身体某部分失去知觉和运动能力。普通义：比喻失去警惕性，疏忽大意。

（3）专门义：母体内发育初期的动物体，由卵细胞受精后发育而成。普通义：泛指事物萌芽。

（4）专门义：视力缺陷，能看清近处东西，看不清远处东西。普通义：比喻目光短浅。

（5）专门义：（飞机、火箭等）开始飞行。普通义：比喻事业开始上升、发展。

6.（1）A. 本义、基本义　B. 转义
（2）A. 本义、基本义　B. 转义
（3）A. 本义、基本义　B. 转义
（4）A. 本义　B. 基本义　C. 转义　D. 转义
（5）A. 本义、基本义　B. 转义　C. 转义
（6）A. 本义、基本义　B. 转义　C. 转义
（7）A. 本义、基本义　B. 转义　C. 转义
（8）A. 本义　B. 基本义　C. 转义　D. 转义

7.（1）能起沟通作用的人或事物。（2）指在某一事件中充当的不光彩角色。（3）就某种事情、某种活动进行接头、联系。（4）一种事物或势力逐渐进入到其他方面。（5）为某人或某事进行吹嘘捧场的人（贬义）。

8.（1）动作行为的特点不同，即语义程度轻重不同。（2）语义范围大小不同。（3）支配对象不同。（4）感情色彩不同。（5）词的用法（句法功能）不同。（6）语体色彩不同。（7）动作行为的特点不同，即语义程度轻重不同。（8）感情色彩不同。（9）语义范围大小不同。（10）语体色彩不同。

9.（1）A. 喧哗　B. 吵闹　C. 烦躁
（2）A. 浓密　B. 浓厚　C. 深刻

10.（1）ABC 三词同音
（2）AB 二词同音
（3）AB 一词多义

11.（1）基本词　（2）一般词　（3）基本词　（4）一般词　（5）基本词
（6）基本词　（7）一般词　（8）一般词　（9）一般词　（10）一般词

12.（1）变化　（2）经理　（3）悄悄　（4）船队　（5）自己
（6）紫色　（7）损失　（8）交友　（9）休克　（10）动词

13.

	穿在脚上的东西	走路时着地	有筒
鞋	+	+	−
靴子	+	+	+
袜子	+	−	−

	衣服	上身	穿
上衣	+	+	+
裤子	+	−	+
裙子	+	−	+

	人	工、商、戏剧行业	教技艺
师傅	+	+	+
徒弟	+	+	−

14.（1）生日＝［＋出生的日子］［＋人活着］［－尊重庄重色彩］

寿辰＝［＋出生的日子］［＋人活着］［＋尊重庄重色彩］

诞辰＝［＋出生的日子］［－人活着］［＋尊重庄重色彩］

（2）流言＝［＋背后议论］［＋毫无根据］［＋污蔑性］［＋流行广泛的］［＋言语］

谰言＝［－背后议论］［＋毫无根据］［＋污蔑性］［－流行广泛的］［＋言语］

（3）天赋＝［＋人智力、体力的来源］［＋人天生具有的素质或条件］［＋人的智力、才能或体魄］［－人的个性、性格］

本性＝［＋人智力、体力的来源］［＋人天生具有的素质或条件］［－人的智力、才能或体魄］［＋人的个性、性格］

天性＝［＋人智力、体力的来源］［＋人天生具有的素质或条件］［－人的智力、才能或体魄］［＋人的个性、性格］

15.（1）“高”共有五个义项。其中例句A与C、H可归并为一个义项，表示从下向上的距离大；例句B与E可归并为一个义项，表示等级在上的；例句D表示在一般标准或一般程度之上；例句F是敬辞，表示高明；例句G和I可归并为一个义项，表示高度。

（2）“缺”共有四个义项。例句A与F可归并为一个义项，表示短少；例句B表示该到而未到；例句C与E表残破义；例句D表示官职的空额。

16.（1）义素：［跟实际比较］［符合］［不符合］。归并义素：［跟实际比较］±［符合］。结构式，虚假：［跟实际比较］［－符合］；真实：［跟实际比较］［＋符合］。

（2）义素：［人］［传授文化技术］［学习文化技术］。归并义素：［人］±［传授文化技术］。结构式，老师：［人］［在］［＋传授文化技术］；学生：［人］［在］［－传授文化技术］。

第五节 词汇系统

一、填空题

1. 词的总汇，作用相当于词的固定结构的总汇
2. 基本词汇

3. 基本词
4. 基本词汇以外的词
5. 渐变性，继承性
6. 古语词
7. 方言词
8. 外来词
9. 行业词
10. 成语，惯用语，歇后语
11. 历史故事，神话寓言，古典诗文
12. 惯用语
13. 三字格
14. 四字格短语，非四字格
15. 频繁
16. 新词语
17. 现代汉语词汇系统
18. 基本词汇
19. 整体性
20. 和谐，平衡
21. 同汉语四声相配合，可以有效地调动平仄，显示高低起伏、抑扬顿挫的变化；是组成各种结构形式的最低限度，形式完备，表意丰富多彩
22. 语言的表达
23. 整体上表达一个另外的意义
24. 实际上只是真正意义的比喻或引申，才是要表达的真正意义

二、选择题

1. A　2. D　3. B　4. C

三、简答题

1. 答：基本词汇具有以下几个特点。第一，普遍性。基本词汇所表示的是生活中最基本、最必要的概念，和人们的生活关系非常密切，不论是哪个阶层、哪个行业、哪个地域和哪种文化程度的人们都要使用它，都离不开它；所以它为全民普遍使用，使用的范围最广，使用的频率很高。第二，稳固性。由于基本词汇为全民使用，因此它就会为本民族的世世代代的人们不断地运用，生命很长久，其所表示的概念和事物，都是千百年来一直存在着的，是极为稳定的。基本词在被社会上的人们共同认可的同时，本身也具有了极大的稳固性。第三，是产生新词的基础。基本词可以成为产生新词的基础，这主要表现在两个方面：一方面是作为语素构成新的合成词，如"天"作为语素构成了"天"这一基本词，同时"天"作为语素又可以参与构成许多其他合成词，从而形成了它的能产性；另一方面是由合成词充当的基本词，当它被社会广泛使用并具有了一定的稳固性之后，它就会以整体的形式参与创制新词。

2. 答：与基本词汇相比较，一般词汇使用的范围比较狭窄，使用的频率也比较低。从总体上讲，一般词汇在稳固性和作为产生新词的基础等方面，都要比基本词汇弱得多。

3. 答：新词语的产生与社会生活有着密切的关系，一般都可以在新词语的背后直接找到某一具体的社会生活事件。社会变迁越急剧，新词语的产生也就越频繁。有的新词

语会随着人们的广泛使用而进入普通话词语，成为词汇体系中的一部分；有的则会被慢慢淘汰，甚至消亡。新词语有的是整个词形是新的，有的是旧词新义，还有的是旧义新用。

新词语有以下几种类型：反映经济领域的新词语，如“承包、包产到户、责任田、合资”；反映科技发展的新词语，如“互联网、网络系统、网虫、网友”；反映政治生活的新词语，如“改革开放、三个代表、科学发展观、主旋律、问责制、小康”；反映教育生活的新词语，如“扩招、保送生、定向生、代培生、省筹生”；反映社会生活其他方面的新词语，如“倒爷、丁克、白领、休闲、房改、打的”。

4. 答：第一，结构的定型性。熟语的构成成分和结构关系都是固定的，不能随意替换结构成分或改变其结构关系。第二，语义的融合性。熟语的意义不等同于构成成分意义的简单相加，而是其内部成分意义的融合，表达一个新的完整的意义。第三，功能的整体性。熟语同词一样，是构成句子的备用材料，它们的作用相当于词。

5. 答：成语的作用主要表现为言简意赅，表意明确；形象生动，色彩鲜明；结构匀称，音律和谐。

6. 答：惯用语含义单纯、形象生动、通俗贴切、口语色彩浓厚，具有鲜明的修辞效果。从意义上来说，惯用语不同于自由短语，不是构成成分意义的简单相加，而是整体上表达一个另外的意义。例如，“泼冷水”不是说“把冷水泼出去”，而是指“挫伤人的积极性或让人清醒”；“醋坛子”不是指“装醋用的坛子”，而是指“在男女关系上嫉妒心极强的人”。

7. 答：类固定词语与成语既有联系，又有区别。联系是指有些类固定词语随着可变部分使用的经常化、搭配关系的凝固化而渐趋定型，变成成语。例如：“声东击西、顶天立地、半推半就、花言巧语、七手八脚、百折不挠、欢天喜地、四面八方、七嘴八舌”等。区别是指类固定词语的可变部分都是可以有限替换的，所表示的语义大都是字面意思，与成语不同。

8. 答：成语结构的固定性表现在两个方面。第一，结构关系稳定，不能随便改变次序。例如“非驴非马”不能改为“非马非驴”，“背井离乡”不能改为“离乡背井”，“如火如荼”不能改为“如荼如火”。但是有的成语前后两部分的次序也可以颠倒，存在两种形式。如“摇唇鼓舌—鼓舌摇唇”。第二，结构成分都是固定的，一般不能任意变动词序或抽换、增减其中的成分。例如“拔本塞源”不能说成“拔本堵源”或“拔本而且塞源”；“冠盖如云”不能变为“冠盖像云”或“冠盖如伞”等。成语是在长期频繁使用中约定俗成的，凝固的典型形式更便于传达丰富的含义；如果变更结构成分和结构关系，就会破坏典型形式与概括意义之间的联系。成语结构凝固，语义浓缩，表示一个整体意义。

9. 答：从创制方式看，歇后语主要有三类。一是利用谐音。例如：“上鞋不用锥子——针（真）好”，就是利用了“真”与“针”的同音特点，产生了出其不意的修辞效果。二是利用常识性的现象得出结论。例如“懒婆娘的裹脚——又臭又长”，就是抓住了“懒人的脚臭”“婆娘的裹腿长”这两个生活常识，得出了“又臭又长”的结论。三是利用历史典籍中的故事和事件引申出本意。例如“周瑜打黄盖——一个愿打，一个愿挨”，就是借《三国演义》中的一个故事，表达“情愿吃亏”的意思。

10. 答：由于各种类固定词语的凝固程度、搭配能力、表达作用和使用频率各不相同，情况比较复杂，所以，掌握和熟悉这些类固定词语，可以帮助我们更为有效地理解和驾驭汉语的语汇。

四、分析与操练题

1. 动宾式：跑龙套、钻空子、卖关子、炒鱿鱼、和稀泥、穿小鞋、夸海口、套近乎、磨洋工、吃闭门羹

偏正式：半吊子、闷葫芦、白眼狼、擦边球、醋坛子、跟屁虫、鬼门关、聚宝盆、定心丸、光杆司令、没头苍蝇

并列式：穷庙富和尚、求爷爷告奶奶、缺胳膊少腿、睁一只眼闭一只眼、吹胡子瞪眼皮

主谓式：鬼推磨、耳朵软、狗咬狗、一家人不说两家话

2. 音译词：巴士、咖啡、吉他、克隆、逻辑、扑克、白兰地、比基尼

音加意译词：啤酒、芭蕾舞、吉普车、坦克车、巧克力糖

音意兼译词：绷带、基因、可口可乐、乌托邦、俱乐部、幽默

借形词：SOS、MBA、CT、WTO、IT、IP、UFO、T恤衫

3. 历史故事，神话寓言。

4. 汉语词汇中，通过一定修辞手段构成的成语很多。例如，“千钧一发、九牛一毛”，用对比和比喻构成；“翻江倒海、天翻地覆”，运用了夸张的手法；“蒸蒸日上、栩栩如生”，用叠音的手段构成。恰当地运用成语，能增强文章的鲜明性、生动性和表现力。

5. （1）负荆请罪，历史故事。刎颈之交，诗文语句。（2）黄粱美梦，神话寓言。（3）狼子野心，诗文语句。（4）寸草春晖，诗文语句。

第六节 网络用词以及词汇规范

一、填空题

1. 广播电视，新闻报刊，网络媒介
2. 发展科学技术，丰富社会语汇，传承思想文化
3. 网络
4. 直接
5. 移用的外文缩写形式
6. 自创
7. 吸收各种新兴词汇，使用的合适度
8. 直接，迅速
9. 数字，字母
10. 外形特点，排列的顺序性，它们之间的区别性

二、选择题

1. D　2. A　3. C　4. B　5. C

三、简答题

1. 答：第一，多字词语占优势，其中三字词语、四字词语的比例合计约为65%。第

二，大量使用词语模类推构词，词族化表现明显。第三，名词性词语最多，约占全部新词语的90%。

2. 答：网络词语的构词形式呈现多样化的趋势，数字和字母的使用量远远大于其他媒体语言。这与网络媒体的特性以及网民们为追求便捷性、新奇性和趣味性等原因是分不开的。由于表达的简洁性，网络语言词汇的使用往往具有随意性的特点。

3. 答：混合型字母词即外文字母、外文缩写和汉字组合形成的词。这类词语是已经汉化了的词，它的符号性大大降低，比如：B淋巴细胞、IP电话（网络电话）、POS机（销售点终端机或电子收款机）。其中，维生素A中的“维生素”是一个音译加意译的外来词，“A”表示序号。外文字母、外文缩写和汉字的组合在构词上形成了混合形式：外文字母或外文缩写表示词语的区别性特征，汉字部分表示词语的类义。这种结构与单纯的外文缩写相比，汉化程度较高；其符号性也有所降低，能够比较容易地融入汉语词汇系统中。

4. 答：汉语字母词中，有一些是利用字母的外形特点来造词的。比如：T型人才（知识广博又有研究深度的人才）、X型人才（多学科的交叉型人才）、O形腿（罗圈腿）、V字领（一种衣领的样式）等。汉语传统上是采用天干、地支来排序；西学东渐以来，字母的顺序性和区别性也日益为人们所熟悉，也被用来创造新词。如字母词ABC，是利用它们在字母表中排在最前面，来借指一般常识或浅显的道理；AB制和AB角，是利用A、B是两个字母，并且A排在B之前，来借指一个角色由两人担任，并且A角先于B角。

5. 答：英语单词缩略成的字母词，无论在词形、词音上还是词义上几乎完全都借之于英语，是所有外来词当中汉化程度最低的。这类字母词一般都是分读的，也就是分别读各个字母的字母音，但是也有一些可以拼读。有些字母词在长期使用中逐渐凝固，读音也就会按照单词的方式来读，这个时候就不能再按照字母的读音一个个来读，这种字母词已经成为缩略词。比如：NATO（North Atlantic Treaty Organization，北大西洋公约组织）、UNESCO（United Nations Educational，Scientific and Cultural Organization，联合国教科文组织）、SARS（Severe Acute Respiratory Syndrome，严重急性呼吸系统综合征，简称“非典”，音译“萨斯”）、NASA（National Aeronautics and Space Administration，美国国家航空航天局）。

6. 答：字母词在使用中有其方便之处，特别是一些医学术语，一般都使用简单方便的字母词表示。人们之所以比较喜欢在一些场合中使用字母词，主要是因为它具有以下特点：(1) 简短明快，打字便捷；(2) 可扩大交流，便于与国际接轨；(3) 生动形象，使人觉得可爱、好玩；(4) 富于时尚感，可满足崇尚外语心理；(5) 互相联系，容易使人产生共同语言；(6) 委婉曲折，可以避讳难言之语。

7. 答：运用字母词必须有一定的规范。首先要看对象。使用字母词的交际对象必须是能够接受、能够理解字母词的人，否则就不能达到交际效果。其次要看场合。一部分字母词还不宜在正规的场合使用，尤其是一些汉语拼音字母词以及英语字母谐音字母词。再次要看需要。不要为了使用而使用，不问需要不需要，只要有字母词就套用，应该尽量做到用得恰到好处。最后还要看通行。自己不能随意生造字母词，只有那些已经流通并被大家认可，有相当一些人使用的字母词才可以用。对于那些生僻的或过于专业的字母词，我们还是提倡不用，在一些正式场合尽量使用汉字词，尽管有时可能要繁琐一点。

8. 答：词汇规范化应该考虑三个主要原则：必要性原则、普遍性原则、明确性原则。

9. 答：在当代社会中，要想畅通无阻地传播信息，无论是传播者、编发者还是广大受众，都应该重视对字母词的理解和积累。不但要能够正确地理解字母词，还要学会掌握

并且运用字母词。这就要求同学们都来关心字母词，了解字母词的性质、构成和范围，注意字母词的意义、色彩和用法。

四、分析与操练题

1. 直接型：CAD（计算机辅助设计）、DNA（脱氧核糖核酸）、OPEC（石油输出国组织）、IT（信息技术）、MP3（一种袖珍型音乐播放器）、DVD（数字影碟）

混合型：B淋巴细胞、IP电话（网络电话）、POS机（销售点终端机或电子收款机）、维生素A

自创型：T型人才（知识广博又有研究深度的人才）、X型人才（多学科的交叉型人才）、O形腿（罗圈腿）、V字领（一种衣领的样式）

汉语拼音字母词：PSC（普通话水平测试）、HSK（汉语水平考试）、RMB（人民币）、KSJ（跨世纪）人才、ZL（专利）、ZX（专线）车、RW（软卧）

2.（略）

3. 在词汇规范化的明确性原则下，我们选用意义明确的、已经为人们所了解或容易为人们所了解的词，而舍弃那些含义模糊的方言词、晦涩费解的古语词和一些音译外来词。《现代汉语词典》第六版没有收“神马”，是遵循意义明确的原则来取舍的。所以，一般情况下，应该用“什么”而不用“神马”；除非在特定的场合，用“神马都是浮云”这样一个当代流行格式时，才可以有选择地使用。

4. 正能量：“正能量”本是物理学名词，而“正能量”的流行源于英国心理学家理查德·怀斯曼的专著《正能量》。书中将人体比作一个能量场，通过激发内在潜能，可以使人表现出一个新的自我，从而更加自信、更加充满活力。

经济适用男：指身高一般、发型传统、相貌过目即忘；性格温和，工资无偿上缴给老婆或者AA制；不吸烟、不喝酒、不关机、不赌钱、不泡吧，无红颜知己；月薪2 000～10 000元，有支付住房首付的能力；一般从事教育、IT、机械制造、技术类行业的男人。

房姐：意为拥有多套房产的女人，也是网友对拥有多套房产的女人的戏称。2013年1月16日，有关陕西神木“房姐”的帖子在网上热传。帖文称神木县农村商业银行副行长龚爱爱在京有20多套房产，总价值近10亿元；她还有另一个名为龚仙霞的身份证。

拼爹游戏：它不是一种游戏，而是指当今青年在上学、找工作、买房子等方面，有时候比拼的不是自己的能力，而是各自的父母这种现象。

北漂：也称“北漂一族”，是特指来自非北京地区的、非北京户口（即传统上的北京人）的、在北京生活和工作的人们（包括外国人、外地人）。因其来京初期很少有固定的住所，搬来搬去的，给人漂泊不定的感觉，其自身也因诸多原因而不能对北京有更多的认同感而得名。尽管他们实现了就业，但是，从就业所在地与户籍所在地相分离这种视角来看，他们仍然属于“漂”的一族。

第四章 语法

第一节 语法概说

一、填空题

1. 词法，句法
2. 词，短语
3. 结构主义语法
4. 组合关系，聚合关系
5. 递归性
6. 语序，语调
7. 基本结构成分，语用成分
8. 主语，谓语
9. 独立成分
10. 称代式，总分式
11. 有定，无定，自主，非自主

二、选择题

1. B　2. C　3. A　4. C　5. D

三、简答题

1. 答：语法是词、短语、句子等语言单位的结构规律。学习语法的作用可以从几个方面思考：一是能够提高语言运用能力。二是可以增强对语言的鉴别能力，提高语言的规范意识。三是可以提高语言教学能力。四是为语法研究打好基础。

2. 答：语法包括语素、词、短语和句子四个单位。语素是最小的音义结合体，是最小的语法单位；词是最小的能自由运用的语言单位，它由语素构成；短语是由两个以上的词构成的；句子是用于交际的言语单位，具有一定的语调。在语法单位之间，语素和语素构成词，词和词构成短语，因此，从语素到词到短语具有层级关系；而词或短语带上一定的语调就成为句子，因此，词和短语与句子之间是实现关系。

3. 答：研究语言结构规律的科学叫“语法学”。根据不同的理论、用途，语法学可以分为不同的类型。根据研究形成的方法可以分为：历史语法学、比较语法学、描写语法学。根据研究采取的立场可以分为：传统语法学、结构主义语法学、转换生成语法学、认知功能语法学。根据研究切入的角度可以分为：历时语法学、共时语法学。根据研究对象的类别可以分为：普通语法学、语别语法学。根据研究者的教育目的可以分为：理论语法学、教学语法学、习惯（参考）语法学。

4. 答：语法的递归性是指，在语言的语法规则中，虽然语法规则是有限的，但这些规则可以在组合中重复地使用，不断地进行同功能单位替换，从而使句法结构不断地复杂化。比如在现代汉语里，有联合、偏正、述宾、述补、主谓等句法结构，这些结构的每一部分都可以用同功能的短语去替换。例如：老师走路。→英语老师慢慢地走路。→二年级的英语老师在校园里慢慢地走路。→从北京来的二年级的英语老师昨天在校园里慢慢地走路。

5. 答：语法意义是语法形式表现出来的意义，如词语之间的联合关系、连动关系、同位关系等关系意义，名词和名词性短语、动词和动词性短语等词语的功能意义，以及陈述语气、疑问语气等表述意义，都属于语法意义。而表示一定语法意义的形式就是语法形式，如现代汉语的“着”就是表示动作进行或持续意义的形式，“因为……所以……”是表示因果关系意义的形式。语法形式和语法意义是密不可分的，语法意义要通过语法形式表达，而语法形式也离不开它所表达的语法意义。语法形式和语法意义并非一一对应关系：同一种语法意义，能用多种形式表达；而同一个语法形式，能表达不同的语法意义。

6. 答：句法成分是句子的基本结构成分，也称为“一般成分”，包括主语、谓语、宾语、定语、状语和补语。对句子进行句法成分的分析就称为“句法分析”。句子除了句法成分以外，还包括一些语用成分，如语气成分、独立成分、提示成分等。我们把句法成分和句子的语用成分统称为“句子成分”。对句子的句法成分和语用成分都进行分析，就是句子成分分析。句子成分和句法成分形成一种包含和被包含关系：句子成分包含了句法成分，句法成分是句子成分的一部分。

7. 答：语音要素包括音节、停顿、轻重音等。音节对语法的影响表现在：音节数对语法有所影响。如地名和人名有单双音节现象，这种单双音节就会影响句子的成立与否。比如在县名中，如果县名是双音的，则“县”可以说出来，也可以不说出来；而如果县名是单音节的，则“县”就必须说出来。例如“她出生在沛县。→ * 她出生在沛。”停顿对语法的影响表现在：由相同的成分组合的结构，停顿不同（包括停顿的地方、停顿的长短），就会产生不同的结构关系和意义。如“两个学校的领导”，如果在“两个”后面停顿长一些，意思就是“学校的领导有两个”，如果在“两个学校的”后面停顿长一些，意思就是“领导来自两个学校”。轻重音对语法的影响表现在：词语读轻音或者重音会影响到结构关系和意义。如“想起来”，如果把“起来”读轻音，“起来”就是趋向动词，“想起来”就是述补关系，意思为“刚才忘记了，现在记起来了”；如果“起来”不读轻音，“起来”就是动作动词，“想起来”就是述宾关系，意思是“刚才躺下了，现在想站起来”。

四、分析与操练题

1. 该句子包括13个语言片段，这些语言片段的组合分为几个层次：首先是语素和语素组合成词，即：我＋们→我们、睡＋前→睡前、尽＋量→尽量、打＋扰→打扰、大＋脑→大脑。其次是词和词组合成短语，简单短语组合成复杂短语，即：不＋要→不要、在＋睡前→在睡前、打扰＋大脑→打扰大脑、不要＋打扰大脑→不要打扰大脑、尽量＋不要打扰大脑→尽量不要打扰大脑、在睡觉＋尽量不要打扰大脑→在睡前尽量不要打扰大脑、我们＋在睡前尽量不要打扰大脑→我们在睡前尽量不要打扰大脑。最后是短语带上语调成为句子，即：我们在睡前尽量不要打扰大脑。

2.（1）在形容词和表示度量的数量短语构成主谓结构时，形容词应该是表示量度大的词语，不能是表示量度小的词语。

（2）在“把”字句当中，动词不能是光杆形式。

（3）程度副词能修饰形容词，不能修饰名词。

3.（1）运用了语序，表达了不同的结构关系和结构意义。衣服干净（主谓关系）—干净衣服（偏正关系）；学习外语（述宾关系）—外语学习（偏正关系）；工业发展（主谓关系）—发展工业（述宾关系）

（2）运用了重叠。走—走走（表示动作时间短暂）；漂亮—漂漂亮亮（表示程度加深）；个—个个（表示数量多）；风雨—风风雨雨（表示量多）

（3）运用了虚词。跑了—跑着—跑过（“了”表示动作完成，“着”表示动作进行，“过”表示动作已经发生）；我的朋友—认真地看—写得很快（“的”表示定语和中心语关系，“地”表示状语和中心语关系，“得”表示补语和述语关系）

4.（1）主语：小河，谓语：在村边静静地流淌着，谓语中心：流淌，状语：在村边、静静。

（2）主语：他朋友的想法，谓语：竟然和他如此相似，谓语中心：相似，定语：他朋友，状语：竟然、和他。

（3）主语：船头，谓语：蹲着一个跟明子差不多大的女孩子，述语：蹲着，宾语：一个跟明子差不多大的女孩子，定语：一个跟明子差不多大。

（4）主语：他，谓语：拥有两家工厂和一家在镇上装修得最豪华的饭店，述语：拥有，宾语：两家工厂和一家在镇上装修得最豪华的饭店。

（5）主语：我俩，谓语：已经是无所不谈，述语：是，宾语：无所不谈，状语：经过几年的相处、已经。

（6）主语：大家，谓语：听到这些消息乐得合不拢嘴，述语：听到、乐，宾语：这些消息，定语：这些，补语：合不拢嘴。

5.（1）关联成分“反之”，用来连接上下文。

（2）语气成分“的”，表示对事实的确定。

（3）插说语“据记载”，表达消息来源。

（4）招呼语“医生”，引起别人注意。

（5）插说语“照我说”，表达自己的看法。

（6）提示成分“手艺”和“纺，拐，浆，落，经，镶，织”构成复指。

（7）感叹语“对对”，表示兴奋。

（8）关联成分“再说”，用来连接上下文。

（9）插说语“尤其是统计数据”，表示列举说明。

6. (1) 轻重音不同引起句法结构关系不同。A 中的“热饭”：当“热”读重音时，是偏正结构；当“饭”读重音时，是述宾关系。B 中的“表演节目”：当“表演”读重音时，构成偏正关系；当“节目”读重音时，构成述宾关系。

(2) 音节关系影响句法结构是否成立。像“进行、加以、给予”等不表示实在意义的动词后面带宾语时，这个宾语不能是单音节的。

(3) 停顿不同引起句法结构关系不同。A 中的“咬死了猎人的狗”：当在“咬死了”后面停顿稍长时，构成述宾关系；当在“的”后面停顿稍长时，构成偏正关系。B 中的“对他的批评”：当在“对”后面停顿稍长时，“对”和“他的批评”构成介宾关系；当在“的”后面停顿稍长时，“对”和“他”构成介宾关系修饰“批评”，构成偏正结构。

第二节
词的分类

一、填空题

1. 功能标准
2. 实词
3. 叹词
4. 动量词
5. 指示代词
6. 短语，分句

二、选择题

1. C　2. D　3. C　4. A　5. C　6. B　7. D　8. B　9. B

三、简答题

1. 答：根据语法特征对词进行的分类叫“词类”。词的语法特征包括词的形态、造句功能和组合功能三个方面。词的形态是指构词和构形的语法形式，造句功能是指词在句子中充当句子成分的能力，组合功能是指词与词之间能否组合及其组合方式。造句功能和组合功能是汉语划分词类时所采取的主要标准，其中，尤其以组合功能最为突出。

2. 答：根据词的语法特征给现代汉语的词类进行划分，可以得出如下一个词类层级系统。第一层：把整个词类划分为实词、虚词和拟音词三大类。第二层：实词划分为体词、谓词和加词；虚词划分为关系词和辅助词；拟音词划分为象声词和叹词。第三层：体词划分为名词、量词、数词；谓词划分为动词、形容词；加词划分为区别词、副词。关系词划分为连词、介词；辅助词划分为语气词、助词。代词是特殊词类，它用来代替体词和谓词，它代替哪种词就具有哪个词类的特征。

3. 答：现代汉语中，副词的句法功能相对比较简单，但是，一些常用的副词不仅使用频率很高，而且用法丰富多样。副词是一个内部成员比较复杂的类。从实词与虚词的归属看，有的副词能单用，意义比较实在，具有实词的特征，如“有意、全力、亲口”等；

有的不能单用，意义比较虚泛，具有虚词的特征，如“很、也、就”等。因而，把副词归为实词或虚词都有一定的道理。关于副词的归属，张谊生（参看《现代汉语副词研究》）提出了自己的一些看法。他认为，副词的归属应该走出虚实两分的传统观念，另辟切实可行的新途径。他提出的一种方案是：根据词类的句法功能，结合其他八个区别性标准（意义的虚化或实在、搭配的黏着或自由、句位的定序或变序、数量的封闭或开放、使用频率的较高或较低、读音的变化或不变化、内部的参差或整齐、发展的缓慢或迅速），将现代汉语的词分成两大类：一类是以表示词汇意义为主的概念词，一类是以表示语法意义为主的功能词。前者包括名词、动词、形容词、区别词、数词、量词、代词，它们一般都可以充当句法成分，并且大都符合上述八类标准的后项；后者包括连词、介词、助词、叹词、语气词、方位词、趋向词，它们一般都不能充当句法成分，并且大都符合参照标准的前项。与此同时，将现代汉语的副词再一分为二：那些以表示词汇意义为主的描摹性副词可以归入概念词，称之为“状词”（或方式词）；那些以表示功能意义为主的限制性副词和以表示情态意义为主的评注性副词则应当归入功能词，仍然叫“副词”。

4. 答：部分动词和部分形容词能够重叠表达一定的语法意义。它们在重叠方式和重叠意义上有所不同。动词的重叠方式主要是：单音节动词为AA式、A一A式、A了A式。如“说说、笑笑，看一看、想一想，扯了扯、踢了踢”；双音节动词为ABAB式。如“研究研究、了解了解”。动词重叠后主要表示短暂、尝试或持续义。如“你先坐一会儿，我去去就来”表示时间短暂义，“今天你多睡睡”表示持续义，“让我喝喝这杯酒，看好不好喝”表示尝试义。形容词主要是性质形容词的重叠，其重叠方式主要是：单音节能重叠为AA式，如“高高（的）、小小（的）”；双音节词能重叠为AABB式，如“舒舒服服、大大方方”；有的重叠为A里AB式，如“慌里慌张、小里小气”；部分可以重叠为ABAB式，如“轻松轻松、新鲜新鲜”。形容词重叠后就具有程度量的意义，表示程度加深；A里AB式重叠后有贬义色彩；ABAB重叠式一般带有使人感受的意义，如“放假了，让孩子轻松轻松”。

5. 答：性质形容词表示人或事物的属性，状态形容词表示事物的状况或情态。两者区别的主要表现是：其一，性质形容词能受程度副词“很”和否定副词“不”修饰，而状态形容词不能受“很”和“不”修饰，因为状态形容词本身有程度意义。例如：很直、不直，很绿、不绿，很小气、不小气，*很笔直、*不笔直，*很绿油油、*不绿油油，*很小里小气、*不小里小气。其二，性质形容词可以带补语，状态形容词不能带补语。例如：冷得很→*冰冷得很；脏得不得了→*脏了吧唧得不得了；小气得要死→*小里小气得要死。三是性质形容词可以用在“A比B（√）”的比较句中，状态形容词不能。例如：这个苹果比那个红。→ *这个苹果比那个通红。*这个苹果比那个红彤彤。

6. 答：时间名词和时间副词都表示时间，都可以作状语，所以容易发生混淆。区别的方法是：时间名词除了可以作状语以外，还可以作主语、宾语、定语，还可以构成“的”字短语。而时间副词只能作状语。时间名词如“刚才、将来、目前、最后、原先、过去、现在”等，时间副词如“曾经、将要、即将、刚刚、正在、已经、马上、忽然”等。

7. 答：形容词和区别词都可以作定语或跟“的”组成“的”字结构。但是，它们的区别也是明显的。一是形容词可以作谓语中心，而区别词不能。例如：这人老实。大家都幸福。*这电视机老式。*材料都上等。二是形容词可以受程度副词修饰，可以受否定副词“不”修饰，而区别词不能。例如：很低、很明显，*很中式、*很双边；不低、不明显，*不中式，*不双边。但有些区别词可以受程度副词修饰，如“很高级、太正式、非

常直接”等，这些词可以看作形容词和区别词的兼类。三是形容词可以重叠，区别词不能重叠。例如：高高（的）、轻轻松松、凉快凉快；＊额外额外、＊袖珍袖珍、＊短期短期。

8. 答：副词和区别词的共同点是只能作修饰语。区别词的主要功能是修饰名词，作定语；副词的主要功能是修饰动词或形容词，作状语。两者基本上能区分开来。不过部分区别词有时也能作状语。例如“非法收入—非法买卖”，这样的词我们不看作副词和区别词的兼类，还是看作区别词。

9. 答：现代汉语中的许多介词是从动词虚化而来的，有些既可以作动词，也可以作介词，两者存在词类上的区分问题。区分的方法是看两者在意义和句法功能上的不同：动词意义比较具体，介词意义比较虚泛；动词可以单独作谓语，介词不能；动词可以重叠，介词不能；动词可以加时态助词“着、了、过”，介词不能。比较：

A	B
他们俩离开了北京。	这里离北京还有一百二十公里。
你用这把钥匙吧。	你用这把钥匙开门吧。
我来把门。	我来把门看住。
叫了两声	叫小王弄丢了。

A组的例子中加点的词是动词，它们意义比较具体，如“离”是“和人、物或地方分开”的意思，“用”是“使用”的意思，“把”是“用手握住”的意思，“叫”是“喊”的意思。在句法功能上，A组的加点词可以单独作谓语，或者可以重叠，可以加时态助词等。如“用了这把钥匙”“用用这把钥匙”“把了门”“把把门”等。B组例子中的加点词则意义比较虚泛，同时也不能单独作谓语、不能重叠和不能加时态助词。如不能说“离了北京还有一百二十公里”“你用用这把钥匙开门”“我来把了门看住”等。

10. 答：拟音词包括叹词和象声词。拟音词的归属一直以来难以确定，因为拟音词是模拟人或自然界的声音而形成的词类。由于它们只是对某种具体声音的模拟，而不和具体事物相联系，因此本身没有具体的意义，所以有人把它们归为虚词。但它们经常能独立地充当句子成分，或者和其他句法成分构成句法关系，因此，有人认为它们属于实词。也有人认为既然把两者归入实词或者虚词都不是很合理，不妨把它们作为与实词、虚词并列的特定词类。

11. 答：词的兼类是指某个词经常兼属两种或两种以上词类的主要语法功能，或者说，某个词在甲语法环境中属甲词类，在乙语法环境中属乙词类，因而形成词的兼类现象。例如：

端正：态度很端正（形容词）；端正学习态度（动词）。

内行：我对电脑很内行（形容词）；电脑方面我是一个内行（名词）。

组织：组织大家参观展览（动词）；他加入了我们的组织（名词）。

判别兼类词要注意下面几个问题：

一是兼类词虽然在不同的语境中具有A类和B类词的语法功能，但在意义上要有密切的联系。如“导演”兼属名词和动词，作名词的“导演”就是动词“导演”代表的动作发出者。没有任何意义联系而又同音同形的两个词不属于兼类词，而是同音词关系。如“白纸”中的“白”和“白跑”中的“白”，前者表示颜色，后者是徒劳的意思，意义没有联系，虽然分属不同的词类，但不是兼类词。

二是意义完全相同，但作不同句子成分的词，不能算是兼类现象，而是同一个词。如在“劳动光荣”和“我们下午劳动”中，两个“劳动”虽然所作句子成分不同，但意义相同，它们不是兼类词现象。

三是某个词属于A类词，但由于表达的特定需要，临时性地被用作B类词，这是词的临时活用现象，不是兼类现象。例如：“别太近视了。”“孩子在战场上光荣了。”

四、分析与操练题

1. 所谓 | “穷 | 则 | 变，变 | 则 | 通”，暂时 | 停 | 下来 | 换 | 个 | 心情，也许 | 就 | 会 | 有 | 新 | 的 | 发现。停 | 下来 | 的 | 同时 | 要 | 积极 | 地 | 暗示 | 自己，想 | 着 | “我 | 一定 | 能 | 行，只要 | 静 | 下 | 心 | 来 | 想，一定 | 能 | 顺利 | 解决”。

词类	词例
名词	心情　同时　心
动词	变　通　停　下来　换　发现　暗示　想　行　下　解决　会　有　来　要　能
形容词	穷　新　积极　静　顺利
区别词	所谓
代词	自己　我
量词	个
副词	也许　暂时　就　一定
连词	则　只要
助词	的　地　着

2.（1）“迅即”是副词，它只能作状语，如“迅即答应、迅即离开”。“迅速”是形容词，它除了可以作状语外（如“迅速前进”），还可以作谓语，如“发展迅速、动作迅速”；可以受程度副词修饰，如“很迅速、非常迅速”。

（2）“新颖”是形容词，它可以受程度副词和否定副词修饰，如“很新颖、不新颖”；能作谓语、定语，如“观点新颖、新颖的观点”。“新秀”是名词，它主要作主语、宾语，如“她是一名新秀、一名新秀诞生了”；能受名量词修饰，如“三名新秀、两个新秀”；可以和介词组成介词结构，如“把新秀（毁了）、除新秀外”；不能受副词修饰，如不能说“不新秀、很新秀”。

（3）“亲自”是副词，它只能作状语，如“亲自动手、亲自过问”。“亲切”是形容词，它可以作状语、定语、谓语、补语等，如“亲切问候、亲切的态度、态度亲切”；可以受程度副词、否定副词修饰，如“很亲切、不亲切”。

（4）“决裂”是动词，它可以作谓语，如“他和传统观念决裂”；可以带时态助词“了、过”，如“他们的关系决裂了（过）”；可以受否定副词修饰，不能受程度副词修饰，如不能说“很决裂”。“决绝”是动词，它可以带宾语，如“决绝一切来往”；又是形容词，可以受程度副词、否定副词修饰，如“话说得十分决绝、他既不说接受也不决绝”；可以作谓语，如“与不良嗜好决绝”。

3. 句子中A组的加点词是方位词，B组的加点词是方位名词。它们在语法特征上的区别表现在：A组的方位词“旁、里、中、外”一般只能后附于其他词语组成方位短语，如“教堂旁、房间里、等待中、大墙外”，不能自由单独作句法成分；由它们和其他词语组成的方位短语之间是不能插入其他成分的，具有黏着性，如不能说“教堂的旁、房间的里、等待的中、墙壁的外”。B组的方位名词能后附于其他词语组成方位短语，如“桌子旁边、教室里头、我们中间、四里地以外”，也能自由地作句法成分，如“旁边有人、里头有一个人、中间的人散开些、工作以外的事情不要和我说”；由它们和其他词语组成的方位短语中间可以插入“的”，如“桌子的旁边、教室的里头、我们的中间、你们的外面”，插入“的”后构成偏正短语。

4. 这些副词修饰名词的现象是说话者在特定的语境中临时使用的情况，它们的使用

不能说明副词就能够修饰名词。能进入这种副词加名词结构中的名词要受到一定语义条件的限制，如名词应该蕴含对人或事物的气质、样式、风格、特征等方面的描述性、评价性、抽象性等语义特征。这些副词修饰名词的用法要依赖一定的语言环境，使听读人能够根据语境理解该结构所表达的意义。有人认为，这些名词一旦进入这种结构就已经活用为形容词了。

5. (1) 二、两　(2) 二、两　(3) 两　(4) 两　(5) 二　(6) 两　(7) 二、两　(8) 两

6. (1) 盘　(2) 抹、缕　(3) 片　(4) 根、把、撮、绺　(5) 块　(6) 张、副　(7) 缕　(8) 场　(9) 杆　(10) 家、座　(11) 堆、把　(12) 道、条

7. 代词有不定指、任指、虚指等用法。不定指是指代词指称的对象不确定；任指是指代词表示任何人或任何物，在所说的范围内没有例外；虚指指不能肯定的人或事物，包括不知道、说不出或不想说出的。

(1) 这人好面熟，像是在哪里见过。(虚指)　(2) 怎么劝他，他都听不进去。(任指)

(3) 今天我们下他个痛快。(虚指)　(4) 这边藏藏，那边躲躲。(不定指)

(5) 谁去都一样。(任指)　(6) 大家你看看我，我看看你。(不定指)

8. (1) 连词　(2) 介词　(3) 介词　(4) 介词　(5) 介词　(6) 介词

9. (1) 得　(2) 的，的　(3) 的，的　(4) 的，地　(5) 地，得

10. “的”既可以作结构助词，也可以做语气助词。要注意在句末的“的”的词性。一般区分的方法是：作结构助词不能省略，且一般后面可以补出一个名词性成分来；作语气助词则可以省略，且后面不能补出一个名词性成分来。据此可判别：(1) 中的“的”是语气助词，(2) 中的“的”是结构助词，(3) 中的“的”兼作语气助词和结构助词，这是歧义句。

11. “了”可以作时态助词，也可以作语气助词。不过语气助词“了”只能放在句末，时态助词“了”可以放在句中。因此，(1) 中的“了”是时态助词；(2) 中的前一个“了”是时态助词，后一个“了”是语气助词；(3) 中的“了”既是时态助词，也是语气助词，身兼两职。

12. (1) 表示对自己的看法不确定。

(2) 用于疑问句，增强疑问程度。

(3)“的”表示对情况的确定，“啊”表示舒缓语气。

(4) 用于是非问，增强疑问语气。

(5) 用于反问句，表示增强疑问。

(6) 起加强命令的作用。

(7) 表示对事实的确认。

(8) 起提示的作用。

13. 兼类词是指某个词经常兼属两种或两种以上词类的主要语法功能，或者说，某个词在甲语法环境中属甲词类，在乙语法环境中属乙词类，因而形成词的兼类现象。兼类词必须在意义上有一定的联系。根据这个要求，(2) 中的“工作”是兼类词，前一个“工作”是动词，后一个“工作”是名词；(3) 中的“因为”是兼类词，前一个“因为”是介词，后一个“因为”是连词；(5) 中的“看”是兼类词，前一个“看”是助词，后一个“看”是动词；(7) 中的“决定”是兼类词，前一个“决定”是动词，后一个“决定”是名词。(1) 中的“把”是同音词关系，例中的几个“把”虽然语法功能不同，但它们毫无意义联系。(4) 中第二个“中国”是词类活用现象，即临时性地作形容词了。(6) 中的

"严厉"不是兼类词现象，两个"严厉"虽然充当不同的句子成分，但意义保持同一，属于同一个词充当不同句子成分。

14. (1)"充沛"是形容词，这里误用为动词。应改为"充满"。

(2)"悬殊"是形容词，不能带宾语，这里误用为动词。应改为"相差"。

(3)"兴趣"是名词，这里误用为形容词。应改为"感兴趣"或"有兴趣"等。

(4)"对于"引导的主体和客体的位置颠倒。应改为"我对于它是很有感情的"。

(5) 数词运用表达错误。"超过去年的15%"是说今年的产量只比去年产量的15%多一点，实际上还没有去年的产量多，那去年就不是丰收年了。应把"的"去掉，成为净增量。

(6) 连词使用错误。数字只能扩大或缩小，不能既扩大又缩小。应将"和"改为"或"。

(7)"简单"形容词，不能带宾语，这里误用为动词。应将"简单"改为"简化"等。

(8)"笔直"是状态形容词，本身有程度意义，不能再受程度副词修饰。应将"笔直"改为"直"。

(9)"胚胎"是名词，这里误用作动词。应将"胚胎"改为"发源"。

(10) 量词使用错误。应将"张"改为"个"。

(11) 数词使用错误。应在"三十"后面加上概数"多"或"来"。

(12) 数词运用不当。应将"二"改为"两"。

(13) 代词使用错误。"这时"是时间上的近指，"六十多年前"时间比较远，应该用远指的"那时"。

(14)"和"使用错误。"和"既可作介词，也可作连词。该句子可以将"和"理解为介词，意即"中国、美国、俄国三个国家一起与英国谈判"；也可将"和"理解为连词，意即"中国、美国、俄国、英国四个国家一起谈判"。应将"和"改为"以及"。

(15) 时态助词"了"使用错误。句子前面的"应该"这个词要管到"批判地吸收"，说明"吸收"这个动作是将要采取的动作；而"了"是一个时态助词，表示动作已经完成，这与前面的"应该"相矛盾。应该把"了"去掉。

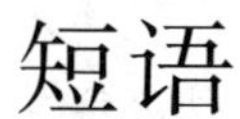

第三节 短语

一、填空题

1. 短语
2. 结构关系，融合性
3. 结构类型，功能类型
4. 体词性短语，加词性短语

5. 简单短语，复杂短语

6. 定语，状语

7. 离合词

8. 体词性成分，谓词性成分

二、选择题

1. B　2. C　3. B　4. C　5. D　6. C　7. A　8. D　9. B　10. C

三、简答题

1. 答：词和词按照一定的规则组合起来成为短语。我们在理解短语时要注意几个问题：一是短语是比词高一级的单位，要注意和词的区别；二是短语不同于句子，句子有句调，而短语没有句调；三是短语是词和词的有条件的组合，即在意义和语法上能互相搭配。

2. 答：汉语中主要通过语序、虚词及层次关系等语法手段来表达短语结构关系。

语序是指词语之间的排列顺序。语序作为表达短语结构关系的一种语法手段，主要体现在：词与词要组合成具有一定结构关系的短语，必须遵守语序规则。如“喜欢冬天”“非常可靠”分别构成述宾关系和偏正关系，而“冬天喜欢”和“可靠非常”就不行。另外，不同的语序所表达的短语结构关系可能不同。比较：

来早了（述补关系）——早来了（偏正关系）

繁荣市场（述宾关系）——市场繁荣（主谓关系）

虚词的功能是表达语法意义。虚词作为表达短语结构关系的语法手段，主要体现在虚词能决定或显示短语结构关系。比较：

为了孩子（介宾关系）——孩子似的（比况关系）

我的爸爸（偏正关系）——我和爸爸（联合关系）

层次关系不同也是表达短语不同结构关系的一种语法手段。比较：

知道｜这个没用（述宾关系）——知道这个｜没用（主谓关系）

看见｜她笑了（述宾关系）——看见她｜笑了（连动关系）

3. 答：短语的功能指短语在句子中充当句法成分的能力。短语是构句成分，在句中能充当主语、谓语、宾语、定语、状语、补语。当然，不同的短语充当句法成分时有功能差别，所充当的句法成分不相同，因而就形成不同的短语功能类别。短语按功能类型可以分为体词性短语、谓词性短语和加词性短语。例如：

体词性短语：爸爸和妈妈、优秀品质、经理这个人、两幅图画

谓词性短语：大雪纷飞、叫他来、匆匆忙忙地走、趴下去

加词性短语：凭学生证、把水里的鱼、神奇般的、大山似的

4. 答：简单短语和复杂短语的划分是以短语内包含层次的多少为标准的。只包含一个层次的短语是简单短语，包含两个和两个以上层次的短语为复杂短语。如“明天星期五”“红茶、绿茶和黑茶”是简单短语，“明天是星期五”“禁止闲人进入”是复杂短语。

复杂短语是由简单短语扩展而来的。扩展的方式主要有组合式和替代式。

组合式扩展是指：扩展前的短语为原式，以这个原式作为一个整体，然后将这个原式和另外的词语进行组合，构成一个层次上超过原式的复杂短语。如以“迅速发展”为原式进行组合扩展，则将“迅速发展”作为一个整体，表示为［迅速发展］，然后可在其前添加一个成分“工业”，扩展为“工业＋［迅速发展］”。扩展后的“工业迅速发展”就是一个复杂短语。

替代式扩展是指：以扩展前的短语为原式，然后将一个包含原式中某个成分但又比原

式成分更为复杂的新成分替代原式成分。如以“句子的类型”为原式进行替代式扩展，可将“功能类型”替代原式中的“类型”，成为“句子的功能类型”，用来替代的新成分“功能类型”既包含了原式中的成分“类型”，又比“类型”在结构上更为复杂。替代式扩展可以在原式中的任何一项上进行（只要有可能），也可以进行连续替代，使原式结构越来越复杂。

5. 答：为保证层次切分的正确性，在进行层次分析时要遵循一定的切分原则。遵循切分原则可以保证切分后得到正确的结果。层次切分遵循的基本原则一般包括意义原则、结构原则和功能原则。（1）意义原则。切分时，要确保切分出来的两个直接成分都有意义。切分后得到的两个部分中，只要其中一个没有意义，切分就不能成立。如“学习认真的孩子”，切分为“学习认真的”和“孩子”后，两个部分都有；但是切分为“学习认真”和“的孩子”后，“的孩子”就没有意义。（2）结构原则。切分后得到的直接成分必须都能成结构。如果其中有一个不是合法的结构形式，切分就不成立。如“建议女生不去”，切分为“建议”和“女生不去”后，两个部分都成结构；而切分为“建议女生”和“不去”后，“不去”虽然成结构，但“建议女生”却不成结构。（3）功能原则。切分后得到的两个部分如果重新组合，就必须符合语法的结构规律。如“一台电视机的钱”，切分为“一台电视机的”和“钱”之后，两个部分可以构成偏正关系；但是切分为“一台”和“电视机的钱”就不能组合。

6. 答：语言结构的主要特征是它的层次性，因此，在反映语言结构的层次特征，揭示语言的结构规律上，层次分析法有很大的优越性。这具体地体现在以下几个方面：一是可以把隐藏在线性序列下的语言内部的结构层次性显示出来。二是层次分析法可以适用于各级语言单位的结构分析，从词到短语、到单句、到复句直到句群，都可以用层次法进行分析，甚至语音结构都可通过层次法来分析。这是语言各层级单位都存在着层次性而决定的，同时也说明层次分析法具有较强的适应性。三是层次分析法可以更好地分化因结构内部层次不同而造成的歧义句。

层次分析的局限性体现在以下几个方面：一是层次分析只管结构层次和结构关系，而对于隐藏在结构背后的语义结构关系并不涉及。二是层次分析完全是一种静态的分析，因此有些现象它解释不了。如“台上坐着主席团”和“屋里开着会”，从层次分析上看，两者完全一样，不能反映它们的差别。但是从动态的变换角度看，前者可以变换为“主席团在台上坐着”，不能变换为“台上正在坐着主席团”；而后者却相反，能变换为“屋里正在开着会”，不能变换为“会开在屋里”。这种变换关系就反映出了两者的区别：“台上坐着主席团”是一种静态的持续，而“屋里开着会”是动态的持续。三是对非连续性结构、变式结构、兼语结构、双宾结构、多项联合结构等难以切分。

四、分析与操练题

1. 短语是比词高一级的单位，两者属于不同的层次单位，因此，两者存在一定的区别，这主要表现在两个方面：一是在结构关系上，词内部的语素和语素之间结合得比较紧密，中间不能插入其他成分。二是在意义关系上，词的意义具有融合性和凝固性，即词的意义不是各语素意义的相加，而是融合为一个整体的、固定的意义。

（1）中A组的加点成分是短语。它们在结构上可以扩展，如“买和卖”“水和土”“来和往”，在意义上是两个成分的意义相加。（1）中B组的加点成分是词。它们在结构上不能扩展，如不能说成“买和卖”“水和土”“来和往”，意义上也不是各成分的意义相加；“买卖”的意思是商店，“水土”指的是自然环境和气候，“来往”是指交际往来。

（2）中A组的加点词是离合词。这类词在意义上具有词的融合性和凝固性特征，但在结构上却像短语一样可以离散扩展。这类词没有扩展前看作词，扩展之后看作短语。因

此，(2) 中A组加点的是词，B组加点的是短语。

2. 短语的结构类型是从短语内部关系来划分的类型。包括两大类：一类是由实词和实词组成的主谓短语、述宾短语、述补短语、偏正短语、联合短语、同位短语、连动短语、兼语短语、量词短语、方位短语；一类是由实词和虚词组成的介词短语、“的”字短语、比况短语、所字短语。

(1) 主谓短语　(2) 偏正短语　(3) 联合短语　(4) 述补短语
(5) 偏正短语　(6) 主谓短语　(7) 联合短语　(8) 述补短语
(9) 主谓短语　(10) 偏正短语　(11) 主谓短语　(12) 偏正短语
(13) 偏正短语　(14) 述宾短语　(15) 联合短语　(16) 述补短语
(17) 述宾短语　(18) 述宾短语　(19) 偏正短语　(20) 偏正短语

3. 该题中加点成分的构造特点都是“动词＋名词”，但是它们却可以构成两种不同的结构关系。例子中，A中的“复印材料”“学习文件”“代理班长”“修改方案”是述宾短语，B中的“复印材料”“学习文件”“代理班长”“修改方案”是偏正短语。

4. “他的到来”和“你的离去”属于定中式偏正短语，“到来”和“离去”是中心语，“他”和“你”是定语成分。类似的例子如“小孩的聪明”“资料的搜集”“作业的批改”等。“他的到来”和“你的离去”属于定中式偏正短语，首先是因为使用定语标记“的”，其次是这类短语具有和定中式短语相同的句法功能，主要作主语和宾语。例如：

他的到来成了会议的热门话题。

你的离去给她带来了极大的痛苦。

大家热烈欢迎他的到来。

千言万语也挡不住你的离去。

5. 例中的 (1)、(4)、(5) 是兼语短语，(2)、(3)、(6) 是连动短语。

连动短语和兼语短语都是由两个或两个以上的谓词性成分构成的。但连动短语是由同一个对象发出的两个或两个以上具有连续时间关系的动作构成的，兼语短语是由一个述宾短语和一个主谓短语套叠在一起组成的。形式上的区分方法是：连动短语可以分解为两个主语相同的结构，兼语短语可以分解为两个主宾同形的结构。

6. (1) 挖洞（动作和结果）　挖土（动作和受事）
(2) 上北京（动作和处所）　上菜（动作和受事）
(3) 坐地铁（动作和工具）　坐五次（动作和数量）
(4) 浇水（动作和工具）　浇花（动作和受事）
(5) 晒太阳（动作和施事）　晒被子（动作和受事）
(6) 站方队（动作和方式）　站前门（动作和处所）

7. (1) 说明白（结果补语）　说起来（趋向补语）
(2) 看得（可能补语）　看一下（数量补语）
(3) 听得清楚（可能补语）　听得津津有味（情态补语）
(4) 激动得很（程度补语）　激动起来（趋向补语）
(5) 挤坏（结果补语）　挤得喘不过气来（情态补语）

8. 例中的加点成分既可以分析为偏正短语，也可以分析为同位短语，因此，它们都可以分析出两种意义和两种结构关系。

(1) 偏正关系，“你们老师”意为教你们的老师。

同位关系，“你们”和“老师”指称相同的人。

(2) 偏正关系，“她这个学生”意为“她的这个学生”。

同位关系，“她”和“这个学生”指称同一个人。

(3) 偏正关系，“人家学校”意为人家的学校。

同位关系，“人家”和“学校”指同一个对象。

9. (1) 关于鲁迅先生 (2) 对这件事，到现在 (3) 从小，被她，从家里，到药店 (4) 按要求，在晚上，把这个方案 (5) 为了他的问题，根据大家要求，在不少地方，向不少人

10. (1) 大树下面，一辆 (2) 这盘，一盘 (3) 三十岁上下，多少个 (4) 考试之前，N遍 (5) 这位技术员，组织上

11. 会说的，不会说的，要求于人的，给予人的，你的

12. 体词性短语：老秦和老杨两个差不多七十岁的人、飞往上海的航班、站在左边的、我面前、科学文化、路线方针政策、老人们的笑、复杂的心情、明天阴天。

谓词性短语：讨论并通过、仰望星空、夹着一本杂志进公园、通知校长开会、打扫得干干净净、聪明而又单纯、满不在乎地说、大伙非常劳累、要不要上班、他个子不高、看了三遍、相聚在北京。

加词性短语：对于这件事情、芦柴棒一样、把盆里的菜、热锅上的蚂蚁似的、所理解、沿着河边。

13. (1) 提示：第一层切在“车”和“堵”之间，主谓关系。

(2) 提示：第一层切在“地”和“喊”之间，状中关系。

(3) 提示：第一层切在“来”和“驱”之间，连动关系。

(4) 提示：第一层切在“我的”和“一个”之间，定中关系。

(5) 提示：第一层切在“里”和“掏”之间，状中关系。

(6) 提示：第一层切在“的”和“没”之间，并列关系。

(7) 提示：第一层切在“他”和“是”之间，主谓关系。

(8) 提示：第一层切在“故乡”和“中国”之间，同位关系。

(9) 提示：“没有”和“谁”是动宾关系，“谁”和后面成分是主谓关系，整个结构是兼语短语。

(10) 提示：第一层切在“打电话”和“叫”之间，连动关系。

第四节
句型

一、填空题

1. 语调
2. 句型
3. 层级
4. 复句

5. 非主谓句

6. 添加特殊成分

7. 动词性，特殊

8. 零句

二、选择题

1. D　2. A　3. A　4. A　5. B

三、简答题

1. 答：句型是按照句子的结构关系划分出来的句子类型，它显示的是句子的结构型式或格局。句型是有层级的，应根据句子的结构，从上位句型到下位句型依次确定。比如单句，根据句中是否包含主语和谓语，可分为主谓句和非主谓句。主谓句的下位句型是根据谓语的性质和功能确定的，可以分为动词性谓语句、形容词性谓语句、名词性谓语句和主谓谓语句四种。非主谓句的下位句型是根据其构成成分的不同性质来确定的，可以分为动词性非主谓句、形容词性非主谓句、名词性非主谓句和特殊非主谓句四种。每类下位句型，尤其动词谓语句的下位句型，还可以根据结构上的特点划分出更下位句型来。

句型既然是句子的结构类型，那么我们在分析和归类的时候就需要排除与句子的结构无关的因素，比如语气、语调以及语气词等，这样的功能表达成分并不会影响句型的划分。又比如句子中有时会插入一些不跟别的成分发生结构关系的特殊成分（即独立成分、独立语），虽然其在语义表达上很重要，但由于它们并不参与句子基本结构关系的组合，因此在分析句型时也不必考虑。

2. 答：汉语中的句型、句类和句式是根据不同的角度对句子做出的分类。从结构方面来考察，看句子由哪些成分组成，成分之间的关系怎么样，基本结构或格局配置如何，由此划分出来的结构类型称作“句型”；从功能方面来考察，看句子表达什么意义，整体上可以起什么作用，具有哪些交际职能，由此划分出来的功能类型称作“句类”；根据句子结构中某种特殊性或标志性特征给句子归纳的类型称作“句式”。

四、分析与操练题

1. （1）动词谓语句　（2）名词谓语句　（3）动词谓语句

（4）形容词谓语句　（5）动词谓语句　（6）名词谓语句

（7）形容词谓语句　（8）主谓谓语句　（9）动词谓语句

（10）主谓谓语句　（11）动词谓语句　（12）主谓谓语句

（13）主谓谓语句　（14）主谓谓语句　（15）主谓谓语句

（16）动词谓语句

2. （1）大主语“李老六”是施事，小主语“谁”是受事。

（2）大主语“电视剧”是受事，小主语“他”是施事。

（3）大主语“砖头”是工具，小主语“他”是施事。

（4）大小主语“刘备”和“胳膊”有潜在的领属关系。

（5）大小主语“苹果”和“五块钱”是事物和数量的关系。

（6）大小主语“你的问题”和“我们”有潜在的关涉关系。

3. 指出下列非主谓句的类型。

（1）“1937 年”和“上海外滩”都是名词短语，因此是名词性非主谓句。

（2）“禁止乱丢垃圾”是动词短语，因此是动词性非主谓句。

（3）“好一派欣欣向荣的景象”中心语是“景象”，是名词，因此是名词性非主谓句。

（4）“咔嚓”是拟声词，是特殊非主谓句。

(5)“太漂亮”是形容词短语，因此是形容词性非主谓句。

(6)“出太阳”是动词短语，因此是动词性非主谓句。

(7)“嗯”是叹词，是特殊非主谓句。

(8)“安静点儿”是形容词短语，因此是形容词性非主谓句。

4.(1)站住！都进来？要什么吧，

(2)是，潘四爷，他妈的这些死人！没法子，这一群人！回头，潘四爷，小姐，刚才的事，您，——是我该死！该死！该死！

(3)哎哟哟，老蜗牛呀老蜗牛，买假的往上贴。

(4)是呀，杀了猪再给钱的，怎么给你呀？

(5)叫你来不为别事，有一件为难的事，先和你商议。要他在房里，叫我和老太太讨去。只是怕老太太不给，

(6)知道什么轻重？想来父母跟前，别说一个丫头，就是那么大的活宝贝，不给老爷给谁？恨不得立刻拿来一下子打死，及至见了面，也罢了，依旧拿着老爷太太心爱的东西赏他。依我说，要讨今儿就讨去。等太太过去了，把屋子里的人我也带开，给了更好，不给也没妨碍，

5.(1)主语“西红柿”后置于谓语“多少钱一斤”，是主语后置。

(2)补语“浑身直哆嗦”前置于述语“气得”，是补语前置。

(3)状语“才”后置于述语“出去了三个小时”，是状语后置。

(4)宾语“他就是没听懂”前置于述语“觉得”，是宾语前置。

(5)连谓结构成分“洗完了澡”和“出去走走”前后顺序颠倒，是连谓结构前后成分的顺序颠倒。

(6)定语“红色的”后置于中心语“笔记本电脑”，是定语后置。

第五节
句类

一、填空题

1. 叙述句，说明句
2. 倒叙，插叙，时间性
3. 描写句
4. 是非问句，选择问句
5. 反问句
6. 祈使句

二、选择题

1.C　2.C　3.A　4.B　5.D

三、简答题

1. 答：(1) 语调。例如："你别吹牛好不好？"

(2) 句末语气词。例如："你愿意到三线城市工作吗？"

(3) 语气副词。例如："你究竟想干什么？"

(4) 疑问代词。例如："谁先来？"

2. 答：(1) 不满。例如："你这是夸我呢还是损我呢？"

(2) 提醒。例如："这样的教训难道还不够深刻吗？"

(3) 感叹。例如："这样的人格魅力难道不应该名垂青史吗？"

(4) 抉择。例如："人的身躯，怎能从狗的洞子爬出？"

四、分析与操练题

1. (1) 叙述句　(2) 议论句　(3) 说明句　(4) 议论句

(5) 说明句　(6) 描写句　(7) 叙述句　(8) 描写句

2. (1) 提出问题，是疑问句。　(2) 陈述事实，是陈述句。

(3) 抒发感情，是感叹句。　(4) 请求命令，是祈使句。

(5) 陈述事实，是陈述句。　(6) 抒发感情，是感叹句。

(7) 请求命令，是祈使句。　(8) 提出问题，是疑问句。

3. (1) 有疑问代词"谁"和语气词"呢"，因此是特指问句

(2) 有语气词"吗"，"谁"是虚指疑问代词，不是真正疑问，因此是是非问句。

(3) 用"是……还是"的形式提供选择，因此是选择问句。

(4) 用"有没有"的形式正反对照，因此是正反问句。

(5) 有语气词"吗"，因此是是非问句。

(6) 有语气词"吧"，因此是是非问句。(注意："吧"和"吗"的不同在于，"吗"是全疑，是询问；"吧"是半疑，是猜测。)

(7) 有语气词"吗"，因此是是非问句。

(8) 用"愿不愿意"的形式正反对照，因此是正反问句。

4. (1) 他到过上海吗？

(2) 现在是北京时间十点钟吗？

(3) 小刘看上去很随和吗？

(4) 这件事就到此为止了吗？

(5) 女性的魅力在于她的成熟吗？

(6) 你恐怕要离开好几天吧？

(7) 说不定人家还看不上他吧？

(8) 他还没回来吧？

(9) 老孙不是那样的人吧？

(10) 他不会走了就不回来的吧？

5. (1) 这些话都是谁告诉你的？

(2) 他们全家昨天去哪里了？

(3) 小朱在干嘛，还不能回家？

(4) 他为什么被警察抓起来了？

(5) 他的大女儿是哪一年出生的？

(6) 这里太吵了，我们往哪里去呢？

(7) 老师怎么了？

(8) 范临风正在吹奏什么曲子？

(9) 张川什么时候给编辑部寄了一篇稿件？

(10) 你在桂林住了几年？

6. (1) 你喜欢游泳还是喜欢爬山？你喜欢不喜欢游泳？

(2) 明天是星期六还是星期天？明天是不是星期六？

(3) 你是乘飞机还是坐火车来的上海？你是不是乘飞机来的上海？

(4) 你会吹唢呐还是会吹笛子？你会不会吹唢呐？

(5) 找我有事还是随便聊聊？找我有没有事？

(6) 你懂我的意思还是半懂不懂？你懂不懂我的意思？

(7) 你会用电脑还是只懂点皮毛？你会不会用电脑？

(8) 明年的这个时间你还会来看我，还是另有打算？明年的这个时间你还会不会来看我？

(9) 你愿意为这个组织无私奉献，还是抱有个人目的？你愿不愿意为这个组织无私奉献？

(10) 你不爱逛街，还是不爱逛书店？你爱不爱逛街？

第六节 句式

一、填空题

1. 句式
2. 动词性
3. 判断句
4. 存现句
5. 比较主体，比较基点
6. 连谓句，兼语句
7. 主宾可换位句

二、选择题

1. A 2. A 3. B 4. C 5. D 6. D 7. A

三、简答题

1. 答：一般认为，“把”字句是表示“处置”意义的特殊句式。“武松把老虎打死了”具有处置意义，但“这些工作把我累坏了”很难说具有处置意义。实际上，“把”字句的语法意义可以概括为：动作行为的引发者A，通过某个动作行为，使某个特定对象B（一般是动作的对象）受到影响，从而发生某种变化，产生某种结果C。由“把”字句的语法意义可以得知，它实际上是表达一种“致使”关系，这种致使关系突出的是结果。比如“武松把老虎打死了”和“这些工作把我累坏了”，这两句话的意思是“武松打老虎”致使“老虎死了”，“这些工作很累人”致使“我累坏了”，由于要突出结果“死”和“累坏”，“老虎”和“我”使用“把”提到动词前，从而构造出“把”字句。

2. 答：“被”字句和被动句是包含与被包含关系，被动句包含“被”字句。在被动句中，和一般的受事主语句相比，“被”字句是有标记的被动句，“被”就是被动标记；和其他有标记的被动句（“叫”字句、“让”字句、“给”字句）相比，“被”字句是典型的有标记被动句，其他有标记的被动句有较多的口语色彩（“我叫小偷偷了钱包”），“被”字句有较多的书面色彩（“我被小偷偷了钱包”）。

3. 答：“被”字句的语法意义可以概括为：某个对象 A 由于受到 B（可以不出现）的动作行为的影响而发生某种变化，产生某种结果 C。“被”前主语 A 通常是述语动词所影响的对象，一般为名词性成分，如“老虎被武松打死了”中的“老虎”。“被”后宾语 B 通常是述语动词所表动作行为的发出或引发者。C 是致使关系的结果。比如“老虎被武松打死了”，“武松”是“打”的发出者，“死了”是“打”的结果，它的基本意思是“武松打老虎”致使“老虎死了”。“被”字句是“受影响而产生结果”，目的也是突出某种结果。因此，“被”字句的结果一般需要表达出来。

4. 答：存现句的主语一般由表示方位、处所的词语充当。如“台上坐着主席团”的“台上”。存现句的动词除了直接表示存在义的“有”和“是”外，其他都由动作动词充当，而且后面常带助词“着”等。如“台上坐着主席团”的“坐着”。存现句的宾语是表示存现事物的词语，它表示的是一个新的信息，一般是无定的，而且往往带有数量修饰语或其他定语。如“学校来了三位记者”的“三位记者”。如果宾语是专有名词，前边也可以出现“一个”之类的数量词（数词一般限于“一”）或单个量词，但有时也可以不用。如“大学里来了个贾老师”。

5. 答：所谓表达焦点，一般指句子新信息中的重点部分，是说话人突出表达的重点部分。作为表达的焦点，往往就意味着有对比的一方；肯定一方面，实际就意味着否定了其他方面。在“是……的”句式中，“是”的作用就是指明它后面的成分是句子的表达焦点。比如“是叛徒王连举把鬼子领到这儿来的”，“叛徒王连举”是表达的焦点，说话者要强调把鬼子领到这儿来的人是“叛徒王连举”而不是别人，所要突出的焦点信息“叛徒王连举”，因此出现在“是……的”之间。

6. 答：“张三比李四还高”和“张三比李四更高”的共性在于，都表示“李四高，张三高过李四”。它们的差异在于，“张三比李四还高”表达出乎意料的意义，是说话人事先没有想到的事实；“张三比李四更高”只表示“李四高，张三更高”这样的递进意义，不一定是出乎意料的事实。

7. 答：这个问题语法学界有两种截然不同的观点。一种观点认为，“我拿了他一本书”中“他”和“一本书”之间具有领属关系，意思是“他的一本书”，因此这样的句子是单宾句，“他一本书”是定中关系，一个宾语。另一种观点认为，“我拿了他一本书”中“他”和“一本书”虽然有领属关系，但由于没有结构助词“的”的连接，因此在句法上是不能独立为一个成分的。换句话说，“他一本书”不能单说，不成结构，应该看作两个成分，因此这样的句子是双宾句。（提示：学生可以根据自己的理解选择一种观点，不必完全依赖教材。）

8. 答：“墙角堆满化肥”和“化肥堆满墙角”在句法、语义、语用上都有不同。从句法和语义上看，“墙角堆满化肥”要陈述的是“墙角”如何，因此这句话表达的主要意思是“墙角”这个处所存在着化肥，而且化肥堆满了，这是存现句的意义；“化肥堆满墙角”

要陈述的是“化肥”如何，因此这句话表达的主要意思是“化肥”这种事物堆积在墙角这个地方，而且堆满了。前者的语义重点是某处有某物，后者的语义重点是某物在某处。从语用看，“墙角堆满化肥”和“化肥堆满墙角”反映了说话人视角的转变，前者以“墙角”为立足点表达，后者以“化肥”为立足点表达。句法、语义、语用的差异并不是相互割裂的三个方面，而是相互作用的。说话的视角变了，表达的方式就会适当调整；表达的方式变了，说话的视角就会有所不同。

四、分析与操练题

1.（1）“现在出现这样一个问题”是存现句，“这是不正常的”是判断句，“一定要把门户网站办得更好”是“把”字句，“吸引更多的网民去关注它的门户网站”是兼语句。

（2）“许多伤者已经被送到不同医院”是被动句，“现场还有很多焦虑的家属在寻找他们的亲属”是存现句含兼语句，“当地已经把尸体集中到一所体育馆”是“把”字句，“死者家属将被组织辨认亲人”是被动句。

（3）“今年的打工春晚节目内容要比去年的节目更丰富”是比较句，“节目几乎全部都是工友们原创的”是判断句，“每个节目和人物的背后都有着丰富而生动的故事”是存现句。

（4）“乘火车前往喀什”是连谓句，“春季飞往乌鲁木齐的儿子家度过凉爽的夏天”是连谓句，“他在喀什的儿子和女儿现在的工资收入都比他这个退休老干部还高”是比较句，“作为老人他时常劝导自己的儿女们省着点花钱”是兼语句。

（5）“位于山东半岛的青岛市被视为和厦门一样”被动句兼比较句，“是一定要去的一座城市”是判断句，“德国人留下的西洋风格建筑、庞大的地下水道工程，都是青岛留给世人的印象之一”是判断句。

（6）“国务院奖励他一台价值20万元的拖拉机”是兼语句，“黎彬贞因涉嫌诈骗被逮捕”是被动句。

（7）“我们现在的技术水平还没有达到通过小区某个房间发出的臭味、密集出现的苍蝇告诉警察这里有死人”是比较句含双宾句，“就像记者要‘走基层’一样”是比较句，“小区里装上几个摄像头”是存现句。

（8）“南北朝时的武陵王萧纪，是梁武帝的第八子”是判断句，“按说不应该把钱财当作一回事”是“把”字句，“每一个小钱都被他算计得清清楚楚”是被动句。

2.（1）受事主语。“巧克力”是“吃”这一动作的承受者。

（2）施事主语。“武松”是“打”这一动作的发出者。

（3）工具主语。“油布”是“盖汽车”的工具。

（4）处所主语。“辽阔的大海”是“把他变得像一粒芝麻那样微不足道”的处所。

（5）材料主语。“油漆”是“刷墙面”的材料。

（6）时间主语。“三年的时间”是“把他锻炼成为一名具有钢铁般意志的英雄”的时间。

（7）动词短语作主语。“吃冰激凌”是动词短语。

（8）主谓短语作主语。“闵惠芬拉了一曲《二泉映月》”是主谓短语。

3.（1）“把”字句的动词不是及物动词。改为：不检查不要紧，一检查，就把问题检查出来了。

（2）“把”的宾语不是已知的、确定的人或事物。改为：昨天回家的时候，他把那袋苹果买了。

（3）“把”字句的述语动词单独出现。改为：我们现在就走，你去把车开来。

（4）“把”字句的动词不是及物动词。改为：我们已经把工作开展起来了。

（5）能愿动词不能放在“把”之后。改为：对方愿意把房子腾出来给我们住。

（6）“把”字句的述语动词单独出现。改为：民工们正在把饭往碗里盛，工头走了进来。

（7）否定词不能放在“把”之后。改为：千万不要把这件事放在眼里。

（8）“把”的宾语不是已知的、确定的人或事物。改为：昨天发生了一起交通事故，一辆公交车把一辆自行车撞飞了。

4.（1）宫保鸡丁已经吃完了。（受事主语句）

（2）老虎被武松打死了。（“被”字句）

（3）钱包让小偷偷走了。（“让”字被动句）

（4）刚刚结婚三天新娘子就被赶出家门。（“被”字句）

（5）常年打雁还被雁啄瞎了眼。（“被”字句）

（6）田里的白菜全部卖掉了。（受事主语句）

（7）我太轻信别人了，差点儿叫他骗了。（“叫”字被动句）

（8）同学们深深地被老人的话所感动。（“被”字句）

5.（1）“被”字句的主语不是已知的、确定的人或事物。改为：那本书被老师没收了。

（2）“被”字句的述语动词不是动作性较强的及物动词或心理动词。改为：这桩婚事被她接受了。

（3）“被”字句的述语动词是光杆动词。改为：他在玩游戏的时候又被父母骂了一顿。

（4）“被”字句的述语动词不是动作性较强的及物动词或心理动词。改为：还没来得及说话就被推进了教室。

（5）能愿动词不能放在“被”之后。改为：能够被这样的大专家指教真是荣幸。

（6）否定词不能放在“被”之后。改为：我的事情没有被哥哥告诉父母。

（7）“被”字句的主语不是已知的、确定的人或事物。改为：那件衣服被洗干净了。

（8）“被”字句的述语动词是光杆动词。改为：拉利轿车被舅舅驾驶着。

6.（1）解释原因。意思是“我是因为恨铁不成钢才这样，不是因为和你过不去。”

（2）说明穿着。意思是“我穿着蓝夹克，他穿着西装打着领带”。

（3）表示等同。“鲁迅”和“《阿Q正传》的作者”是等同关系。

（4）表示存在。意思是“前面有一座高山，阻住了去路”。

（5）说明体貌。意思是“他长着黄头发”。

（6）表示确认。“鼻子是鼻子，眼睛是眼睛”是表示确认的固定格式。

（7）表示归类。“笛子、二胡、琵琶、古筝”都可以归到“民族乐器”的类别。

（8）说明情状。“收获的季节”是“秋天”的情状。

（9）表示时间恰当。“真是时候”是表示时间恰当的固定格式。

（10）表示归类。“《拉德斯基进行曲》”可以归到“西洋乐曲”的类别。

7. 指出下列存现句的类型。

（1）“述语动词＋满”构成的存在句。谓语部分有述语动词“挤”和“满”的组合形式。

（2）位移性隐现句。述语动词“走”是跟人体或动物位置移动有关的动词。

（3）述语动词是“是”的存在句。

(4) 非位移性隐现句。“教室里丢了一台笔记本电脑”是指“丢失”，不牵涉空间变化。

(5) 静态存在句。“垃圾里丢了一台笔记本电脑”是指“丢放”，是静态存在。

(6) 述语动词是“是”的存在句。

(7) 动态存在句。谓语部分有述语动词“闪烁”和“着”的组合形式。

(8) 静态存在句。谓语部分有述语动词“坐”和“着”的组合形式。

(9) 位移性隐现句。处所词语前面有“从”，述语动词“窜出”表示出现。

(10) 静态存在句。谓语部分有述语动词“站”和“着”的组合形式。

8. (1) 昨天我们在录音棚用新设备给那片子录主题歌。

昨天是我们在录音棚用新设备给那片子录主题歌的。(强调主语“我们”)

我们是昨天在录音棚用新设备给那片子录主题歌的。(强调时间“昨天”)

我们昨天是在录音棚用新设备给那片子录主题歌的。(强调处所“在录音棚”)

我们昨天在录音棚是用新设备给那片子录主题歌的。(强调工具“用新设备”)

我们昨天在录音棚用新设备是给那片子录主题歌的。(强调对象“给那片子”)

(2) 周平昨天在学校里看了一场电影。

是周平昨天在学校里看了一场电影的。(强调主语“周平”)

周平是昨天在学校里看了一场电影的。(强调时间“昨天”)

周平昨天是在学校里看了一场电影的。(强调处所“在学校里”)

周平昨天在学校里是看了一场电影的。(强调谓语“看了一场电影”)

周平昨天在学校里看的是一场电影。(强调对象“一场电影”)

9. (1)“职场就像一株爬满了猴子的大树”，比较主体是“职场”，比较基准是“一株爬满了猴子的大树”，比较基点是“生存状态”，比较结果是“相似”，比较标记是“像”。

(2)“照片里的我看起来和现在很不一样”，比较主体是“照片里的我”，比较基准是“现在的我”，比较基点是“外表”，比较结果是“不同”，比较标记是“和……不一样”。

(3)“昴星团在冬夜天空中所占的面积大约有满月那么大”，比较主体是“昴星团”，比较基准是“满月”，比较基点是“在冬夜天空中所占的面积”，比较结果是“大约相等”，比较标记是“有……那么大”。

(4)“您老拔一根寒毛比我的腰还粗呢”，比较主体是“您老的一根寒毛”，比较基准是“我的腰”，比较基点是“粗细程度”，比较结果是“粗”，比较标记是“比”。

(5)“鸦片战争时期，中国的武器没有西方先进”，比较主体是“中国的武器”，比较基准是“西方的武器”，比较基点是“先进程度”，比较结果是“不先进”，比较标记是“没有”。

(6)“有些副教授并不比教授的水平差”，比较主体是“有些副教授”，比较基准是“教授”，比较基点是“学术水平”，比较结果是“不差”，比较标记是“不比”。

10. (1) 同异比较。“像涂了‘明油’一般”是“像……一样”格式，“有鸡蛋清那样软，那样嫩”是“A有B那么……”格式。

(2) 相差比较。“猪已登上马戏舞台，表演起来比狗更加精彩”是“A比B……”格式。

(3) 相差比较。“从日本回流的吴昌硕《花卉十二屏风》并没有事先预料的那么引人注目”是“A比B……”的否定形式“A没有B……”。

（4）相差比较。“他的生活，倒也并不比造反之前艰难”是“A不比B……”格式。

（5）同异比较。“马尾藻鱼的色泽同马尾藻一样”是“A同B一样”格式。

（6）相差比较。“我国劳动就业服务企业发展第三产业的形势，从来没有像现在这样好，同时，压力也从没有像今天这么大”是“A比B……”的否定形式“A没有B……”。

（7）相差比较。“蟹状星云的温度远不如太阳的温度高”是“A不如B……”格式。

（8）相差比较。“为什么青蛙跳得比树高?”是“A比B……”格式。

11.（1）时间顺序。先“去菜市场”，然后“买了一大堆菜”，最后“回来”。

（2）认知顺序。“保持沉默”是在“有权”的背景下实现的。

（3）逻辑顺序。“病了”是原因，“躺在床上”是结果。

（4）时间顺序。先“急急忙忙跑过来”，后“在我耳边嘀咕了半天”。

（5）认知顺序。“顶着炎炎烈日”是背景，“执勤”是行为。

（6）认知顺序。“闭着嘴”是背景，“不说一句话”是状态。

（7）时间顺序。先“去三亚”，后“参观考察”。

（8）逻辑顺序。“站在那里”是前提，“向楼顶喊话”是目的。

12.（1）取得类双宾句。“收”是取得义动词，带“房客”和“三个月的房租”两个宾语。

（2）给予类双宾语。“分配”是给予义动词，带“他”和“一套房子”两个宾语。

（3）称说类双宾句。“答应”是称说义动词，带“他”和“明年这个时候还来北京”两个宾语。

（4）称说类双宾句。“喊”是称说义动词，带“他”和“铁公鸡”两个宾语。

（5）给予类双宾语。“扔”临时具有给予义，带“小亮”和“一个球”两个宾语。

（6）取得类双宾句。“吃”临时具有取得义，带“他”和“四个苹果”两个宾语。

（7）取得类双宾句。“打碎”临时具有取得义，带“他”和“一个杯子”两个宾语。

（8）称说类双宾句。“叫”的称说义动词，带“她”和“常数项”两个宾语。

（9）称说类双宾句。“封”是称说义动词，带“翟让”和“一字并肩王”两个宾语。

（10）给予类双宾句和取得类双宾句。“借”既可能是“借出”（给予义），也可能是“借入”（取得义），带“他”和“三万块钱”两个宾语。

13.（1）第一组：“家长督促孩子完成了作业”是兼语句，“家长知道孩子完成了作业”是主谓短语作宾语的句子。

第二组：“我们希望著名语言学家沈家煊先生作一场学术报告”是主谓短语作宾语的句子，“我们邀请著名语言学家沈家煊先生作一场学术报告”是兼语句。

第三组：“体育老师要求学生绕着操场跑完十圈”是兼语句，“体育老师看见学生绕着操场跑完十圈”是主谓短语作宾语的句子。

区分兼语句和主谓短语作宾语的句子，有两个办法。一是看谓语动词。如果谓语动词是使令动词（“督促、邀请、要求”），是兼语句；如果是认知动词（“知道、希望、看见”），是主谓短语作宾语的句子。二是看语音停顿，如果停顿在第二个动词性成分之前，是兼语句；如果停顿在第一个动词性成分之后，是主谓短语作宾语的句子。

（2）第一组：“父母瞒着孩子外出打工”是连谓句，“父母催着孩子外出打工”是兼语句。

第二组：“工人们有人能完成任务”是兼语句，“工人们有信心完成任务”是连谓句。

第三组：“连长带领战士冲向敌军阵地”是连谓和兼语混合句，“连长命令战士冲向敌军阵地”是兼语句。

区分兼语句和连谓句有两个办法。一是看谓语动词。如果谓语动词是使令动词（“催、命令”），则是兼语句；如果是其他动词，则是连谓句。二是看主语数量。如果两个动词性成分是一个主语，则是连谓句（“瞒着孩子”和“外出打工”的主语都是“父母”，“有信心”和“完成任务”的主语都是“工人们”）；如果两个动词性成分的主语不同，则是兼语句（“父母催着孩子外出打工”中两个动词性成分的主语分别是“父母”和“孩子”，“工人们有人能完成任务”中两个动词性成分的主语分别是“工人们”和“人”，“连长命令战士冲向敌军阵地”中两个动词性成分的主语分别是“连长”和“战士”）。“连长带领战士冲向敌军阵地”，“带领战士”和“冲向敌军阵地”主语都是“连长”，因此是连谓句；但“冲向敌军阵地”的主语还有战士，因此也是兼语句。

14.（1）表依附的主宾可换位句。“自行车”和“摩托车”互相挨着，具有依附性。

（2）表供用的主宾可换位句。一定量的物“一堆沙子”可以供给一定量的人“二十个人”。

（3）表混合的主宾可换位句。“青椒”和“土豆丝”通过“炒”的方式混合在一起。

（4）表供用的主宾可换位句。一定量的物“一堆草”可以供给一定量的动物“五只羊”。

（5）表混合的主宾可换位句。“小野鸡”和“蘑菇”通过“炖”的方式混合在一起。

（6）表存现的主宾可换位句。“街道两旁挤满了群众”是存现句，由于施受关系被中和而出现可换位的情形。

第七节
当前流行的特殊格式

一、填空题

1. 语法现象，修辞现象
2. 名人，大众模仿
3. 定型，类推性
4. 构造特征
5. 短语格式
6. 网络，当代年轻人

二、选择题

1.C　2.D　3.B　4.B　5.A

三、简答题

1. 答：流行格式是广大年轻人表达观点、宣泄情感、追求时尚的重要手段之一。由于精练且流行，这些格式常被媒体用作标题，例如“很红很给力”。这些格式的用途相当广泛，比如电视剧《美女也愁嫁》，歌曲集《音乐之旅：痛并快乐着》，小说《痛，但

深爱着》，广告词“没有最好，只有更好”，等等。在表达上，流行格式借助于格式的整体功效，既有固定的构式义，又有替换的类推义，形成了严整与灵活相结合的匀称效应，达到了吸引广大受众的最佳效果。在句法上，这一系列新兴格式都能起到其他句法格式难以完成的独特作用，不但增强了汉语的表达能力，而且丰富了汉语的表达手段。

2. 答：流行格式风行一段时间后，随着陌生化效应的淡化，有些逐渐成了基本句式，有些则日趋沉寂而消亡。还有一些在类推中产生了变体，比如“A并AB着”由并列式而增加了转折式的“忙但快乐着、累但幸福着”；“X也Y”还可以嵌入名词，构成“男人也瑜伽、熊猫也山寨”；“很A很AB”甚至可以分解专名填入，说成“很陈很冠希”等。

四、分析与操练题

1. (1)“不要迷恋我，我只是个声音”是复句，因此是复句格式。

(2)“钱文忠，季羡林喊你回校上课”是单句，因此是单句格式。

(3)“广告宝贝”是短语，因此是短语格式。(还有“奥运宝贝、足球宝贝”等)

(4)“她很生气，后果很严重”是复句，因此是复句格式。

(5)“眼睛一闭一睁，iPhone5没了；眼睛一闭又一睁，乔布斯没了；眼睛一闭再一睁，国庆长假没了”是复句，因此是复句格式。

(6)“总统也疯狂”是单句，因此是单句格式。

2. 从句法看，X主要为动词性成分，包括光杆动词，如“今天你微笑了吗”；动词短语，如“今天你买蜡烛了吗”(述宾短语)，“今天你倒写了吗”(状中短语)。X也有名词性成分，如“今天你‘大富翁’了没”。X还有副词性成分，如“今天你团了吗”，“团”是“以组团的方式做某事”，有一定的副词性质。

从语义看，X往往都是流行的或应该流行的行为方式，“扫码”是流行的行为方式，“微笑”是应该流行的行为方式。“今天你X了吗”是说话人询问听话人是否具有这种流行的行为方式。

从语用看，“今天你X了吗”常常是打招呼的问候语，带有调侃性质，用过一段时间，可能成为一个时间段的口头禅。当然也有说写者只调侃不打招呼的情形，用“今天你X了吗”是为了体现幽默风趣的风格，并不是真正打招呼。

3. 从句法看，X应该是表人名词，比如“星二代、诗人、皇帝、做鞋的”，包括比喻性表人名词和借代性表人名词，如“花瓶”是比喻，“中产”是借代，意思是“达到中产阶级水平”。“是X”还可以换成其他动词性短语，如“你才买中石油，你们全家都买中石油”。

从语义看，X本来应该是消极意义的表人名词，如“小偷、乞丐”等，但在流行格式中多数还是积极意义的表人名词。这些积极意义的表人名词在一般情况下是肯定性的，但在特殊情况下，对说话人而言是否定性的。比如，一般人是认可“星二代”的，但子義并不认可“星二代”，所以他极力否认自己“星二代”的身份。

从语用看，“你才是X，你们全家都是X”带有类乎诅咒的字眼，如果在特定场合针对听话人使用，是十分不礼貌的，容易产生人际冲突。因此这样的话语往往不针对特定的对方，或者出现在书面中，或者只是人物内心的表达。运用这样的流行格式，反映了说话人对某种身份、性质强烈排斥的心理。

4. 从句法看，“最X”是变项，“没有之一”是常项。一般情况下都是“N最X”，如“秦琼人品最好”、“摩托罗拉MT788主频最高”、“海参最受追捧”、“霍建华演得最好”等。也有其他形式，如“宋佳是只会聊戏的演员”、“她们三人的腿都不好

看”等。

从语义看，首先，“最X”往往有一个确定的范围，比如“《隋唐演义》”“在自我消费过度的娱乐圈”“送礼产品”“在‘双剑’的所有演员中”等。其次，“最X，没有之一”是表强调的流行格式。如果说“最X之一”，就把对象限制在一个高端的范围之内，对象尽管在这个范围，但并不是唯一的高端；如果“没有之一”，对象就成为唯一高端，是最极端的。“没有之一”相对来说是羡余性的，当说话人说某个对象“最X”时，也就意味着该对象处于高端地位，而且往往就是最极端的。但用“没有之一”，就更加强调了对象所处的极端状态，强调其唯一性。

从语用看，“最X，没有之一”有些情况下是客观真实的反映，比如“张支云大师是中国酱酒资历最深也最具权威的酿酒大师，没有之一”。但大多数情况下都往往只是说话人的主观认识，不一定反映客观真实。比如，“心里有一个人，当然是人生最美好的体验，没有之一”只是说话人的认识，而就客观真实世界而言，每个人对人生最美好的体验的看法各不相同。

第八节 歧义分析

一、填空题

1. 词汇歧义，语用歧义
2. 语义关系
3. 句法格式
4. 差异性
5. 删除，移位
6. 语义指向分析

二、选择题

1. A　2. D　3. A　4. B　5. D

三、简答题

1. 答：句法歧义主要是由于句法层次不同或句法关系不同而引起的歧义。

2. 答：句法歧义主要有下面这几种类型。

（1）由层次构造不同而引起的歧义。这类歧义是指同一种线性序列具有多种组合层次和构造。比如“咬死了猎人的狗”，它既可以是“咬死了猎人的／狗”，也可以是“咬死了/猎人的狗”，如果不放到特定的语境中，它的组合层次便不明确。

（2）由语法结构关系不同而引起的歧义。这类歧义是指同一种线性序列同一种组合层次，但具有多种结构关系。比如“经济困难”既可理解成偏正结构，也可理解成主谓结构。

（3）由语义关系不同而引起的歧义。这类歧义是指同一种线性序列、同一种组合层次、同一种句法关系但具有多种语义关系。比如“通知的人还没有来”，其中“通知的人”既可以理解成通知这个动作的发出者（施事），也可以理解成通知这个动作的接受者（受事）。

四、分析与操练题

1.（1）“看打乒乓球的孩子”是由层次构造不同而引起的歧义，其层次构造分别为“看/打乒乓球的孩子”“看打乒乓球的/孩子”。

（2）“母亲的回忆”是由语义关系不同而引起的歧义，“母亲”可以是“回忆”的施事，也可以是“回忆”的受事。

（3）“自行车没有锁”首先是由语义关系不同而引起的歧义，“自行车”可以是主事，也可以是受事；其次是由语法结构关系不同而引起的歧义，“没有锁”可以是述宾结构，也可以是状中结构。

（4）“连校长也不认识”是由语义关系不同而引起的歧义，“校长”可以是主事，也可以是受事。

（5）“不适当地睡觉会影响健康”是由层次构造不同而引起的歧义，其层次构造分别为“不适当地/睡觉会影响健康”“不/适当地睡觉会影响健康”。

（6）“在火车上写标语”是由语义关系不同而引起的歧义，可以是人“在火车上”，也可以是标语“在火车上”。

（7）“哥哥和姐姐的朋友”是由层次构造不同而引起的歧义，其层次构造分别为“哥哥和姐姐的/朋友”“哥哥/和姐姐的朋友”。

（8）“煮鸡蛋不好”是由语法结构关系不同而引起的歧义，“煮鸡蛋”可以是述宾结构，也可以是定中结构。

2.（1）三个学校的老师

```
    └────┘  └─┘ 偏正
    └─┘ └─────┘ 偏正
```

（2）突出的职工的业绩

```
 └──────┘  └─┘ 偏正
 └─┘  └──────┘ 偏正
```

（3）支持孙中山反对袁世凯

```
 └──────┘ └──────┘ 联合
 └─┘└─────────────┘ 述宾
```

（4）一个书包丢了

```
 └────┘ └┘ 主谓
 └┘ └────┘ 主谓
```

（5）赶进来的狗

```
 └───┘ └┘ 偏正
└┘└─────┘ 述宾
```

（6）关于儿童的作品

```
 └────┘ └──┘ 偏正
 └─┘└───────┘ 介宾
```

3.（1）在房上看到了敌人

在房上看到了敌人→敌人在房上，我们看到了

在房上看到了敌人→我们在房上，看到了敌人

(2) 这几捆书送学校图书馆

这几捆书送学校图书馆→这几捆书送给学校图书馆

这几捆书送学校图书馆→这几捆书送到学校图书馆

(3) 打伤了牛的主人

打伤了牛的主人→主人打伤了牛

打伤了牛的主人→牛的主人被打伤了

(4) 反对的是他

反对的是他→反对他

反对的是他→他反对

(5) 鸡不吃了

鸡不吃了→鸡不吃饲料了

鸡不吃了→我不吃鸡了

(6) 反对哥哥袒护妹妹

反对哥哥袒护妹妹→反对的是哥哥，袒护的是妹妹

反对哥哥袒护妹妹→哥哥袒护妹妹，我反对

4. “走”只有位移性，没有目的性，可以记为［＋位移，－目的］，类似的动词还有“上、下、进、出、奔、赶、跟、逃”等。“玩”只有目的性，没有位移性，可以记为［－位移，＋目的］，类似的动词还有“吃、喝、洗、骂、帮忙、休息、汇报、学习”等。“拿”既有位移性，又有目的性，因此造成了歧义，可以记为［＋位移，＋目的］，类似动词还有“跑、跳、追、爬、抓、取、交、还”等。

5. (1)“张晓明最喜欢老虎”，“最”可以指向“张晓明”，意思是“在所有人中，张晓明最喜欢老虎”；也可以指向“老虎”，意思是“在所有动物中，张晓明最喜欢老虎”。

(2)“他在沙发上绣花”，“在沙发上”可以指向“他”，意思是“他在沙发上”；也可以指向“花”，意思是“花在沙发上”。

(3)“一天就挣了一百块钱”，“就”可以指向“一天”，意思是挣得多；也可以指向“一百块钱”，意思是挣得少。

(4)“踢疼了”，“疼”可以指向施事，意思是施事的腿或脚因为踢东西疼了；也可以指向受事，意思是把对象（人或动物）踢疼了。

(5)“只吃了一片面包”，“只”可以指向“一片”，意思是“只吃了一片，没有多吃”；也可以指向“面包”，意思是“只吃了面包，没有吃其他食物”。

(6)“老张有一个女儿，很骄傲”，“很骄傲”可以指向“老张”，意思是“老张很骄傲”；也可以指向“女儿”，意思是“女儿很骄傲”。

6. (1) 这是闻一多的书

A. 这是闻一多的书，写得真好，闻一多太有才了。B. 这是闻一多的书，闻一多收藏了一辈子，竟然落到我手里了。C. 这是闻一多的书，我写了三年才完成的。

(2) 连张三李四都不认识

A. 张三李四那么有名气，你竟然连张三李四都不认识？B. 我以为张三李四认识校长呢，没想到，连张三李四都不认识。C. 连张三李四都不认识，别人的话，李四就更不认识了。

(3) 饭不热了

A. 饭不热了，我再去热热。B. 饭不热了，热的话恐怕时间不够，我就吃冷饭吧。

(4) 我买了

A. 这房子不要卖给别人了，我买了。B. 你以为我还没有买吗？我买了，早买了。

(5) 张三那样的儿子

A. 张三真有福气，张三那样的儿子，真给他老子争气。B. 张三非常孝顺父母，现在，张三那样的儿子，真是不多见。

(6) 井挖深了

A. 井挖深了，可以用了。B. 真没想到，井挖深了，可能会有问题。

第九节
复句

一、填空题

1. 意义上密切相关，结构上互不包含
2. 句法结构，关联词语，停顿
3. 显示，选示，强化，转化
4. 联合（等立），偏正（主从）
5. 并列，连贯，递进，选择，取舍，解注，因果，目的，条件，假设，转折，让步
6. 结构层次，多层复句，一个结构层次，一重复句，一层复句
7. 用类似单句的形式表达复句意义，单句和复句

二、选择题

1. A　2. C 3. C　4. C　5. D　6. C　7. B　8. B　9. D　10. B

三、简答题

1. 答：复句是由两个或两个以上意义上密切相关、结构上互不包含的分句构成的语言单位。复句不同于单句之处包括：

第一，句法结构上互不包含。

第二，关联词语是重要的语法标志。关联词语无疑是复句最重要的形式标记。

第三，停顿是分句与分句之间的形式标志。复句的分句之间一般要有停顿，书面上大都用逗号、分号或冒号来表示。

2. 答：紧缩复句具有既不同于单句，也不同于复句的特点，表现在：

第一，结构形式上，像单句而非复句。紧缩复句各部分之间没有语音停顿（书面上没有标点），缩略了一些成分，有时还没有关联词语，结构形式简单明了。

第二，结构关系上，像复句而非单句。紧缩复句各部分之间，是条件、连贯等逻辑语义关系，而非主谓、述宾等句法成分关系。

第三，结构单位上，有的像复句的分句，有的像单句中的句法成分。

四、分析与操练题

（一）填表

1.

并列复句	（1）（3）
连贯复句	（2）（4）
递进复句	（5）（7）
选择复句	（6）（8）
取舍复句	（10）（11）
解注复句	（9）（12）

2.

因果复句	（1）（4）
目的复句	（9）（11）
条件复句	（10）（12）
假设复句	（2）（6）
转折复句	（3）（7）
让步复句	（5）（8）

（二）操作

1.（1）是复句，由3个分句组成。

（2）是单句，“这风俗”是主语，“在国内”“在解放前”是状语。

（3）是单句，“新中国建立以后”是时间状语，“在前进在改变”是并列短语作谓语。

（4）是复句，由两个分句组成。

（5）A是复句，由两个分句组成。

B是单句，“发展体育运动，增强人民体质”作“方针”的定语。

（6）A是复句，由三个分句组成。

B是单句，“黑沉沉的夜”是主语，“使人感到压抑”是兼语短语作谓语。

（7）A是复句，由两个分句组成。

B是单句，“因为伊”是介词短语作状语。

（8）A是单句，“在软席包房里”是介词短语作状语，冒号后是复说语。

B是复句，由两个分句组成。

2.（1）是单句，（2）是紧缩复句，（3）是一般复句。

3.（1）（2）都可以加多种关联词语，以（1）为例如：

A. 你去，我也去。（并列）

B. 你去，然后我去。（连贯）

C. 不仅你去，我也去。（递进）

D. 要么你去，要么我去。（选择）

E. 与其你去，不如我去。（取舍）

F. 因为你去，我才去。（因果）

G. 你去，省得我去。（目的）

H. 只要你去，我就去。（条件）

I. 如果你去，我就去。（假设）

4.（1）是联合复句。分句之间是连贯关系，有关联词语“接着”。

（2）是偏正复句。分句之间是假设关系，有关联词语“要是……，那么……”。

（3）是联合复句。分句之间是递进关系，有关联词语“不仅……，也……”。

（4）是偏正复句。分句之间是转折关系，有关联词语“虽然……，却……”。

（5）是偏正复句。分句之间是因果关系，无关联词语。

（6）是联合复句。分句之间是取舍关系，有关联词语“宁可……，也……”。

（7）是偏正复句。分句之间是转折关系，无关联词语。

（8）是联合复句。分句之间是递进关系，有关联词语“不但……，反而……”。

（9）是偏正复句。分句之间是因果关系，有关联词语“……，所以……”。

（10）是偏正复句。分句之间是让步关系，有关联词语“哪怕……，也……”。

5.（1）选择复句　（2）连贯复句　（3）并列复句

（4）转折复句　（5）紧缩条件复句　（6）目的复句

（7）条件复句　（8）解注复句　（9）连贯复句

（10）并列复句

6.（1）因果复句，属推论性因果。　（2）条件复句，属无条件。

（3）目的复句，属积极目的。　（4）因果复句，属推论性因果。

（5）转折复句，属轻转。　（6）条件复句，属必要条件。

（7）目的复句，属消极目的。　（8）因果复句，属说明性因果。

（9）假设复句，属违实性假设。　（10）条件复句，属必要条件。

7.（1）两者都表示假言判断，区别在于：首先，“如果”侧重虚拟，“只要”侧重条件。其次，“如果”可形成两面假设、正反配合的用法，正反两面轻重平衡，显得客观、冷静；“只要”在正反两面中具有选择性和强调性，偏重于更积极的一面。

（2）两者都表示条件，区别在于：首先，“只要”可以后置和独用，“只有”一般不能后置与独用。其次，“只要”是“有它就够”，“只有”是“缺它不可”。再次，“只有”表达的是强制性条件，着重强调“必要”的一面，口气坚定，要求偏严；“只要”表达的是宽容性条件，着重强调“足够”的一面，口气缓和，要求偏宽。

（3）“即使”句跟“虽然”句相比，有转折意味，但不强调对已然事实的转折。

（4）两者都是转折，区别在于：首先，从转折语势看，“虽然……，但……”是重转，转折意味强，从“虽然”就可以预知后面的转折。“……，但……”是轻转，仅看前一分句，还不知道后面会有转折。其次，从表达效果看，“虽然……，但……”是容认并让开偏句所述事实，从而突出正句事实。“……，但……”仅是表明前后两句有转折关系。再次，从构成基础看，如果前后分句不存在因果逆转的语义关系，一般不能用“虽然……，但是……”格式。最后，从句式变化看，“……，但……”句，前分句不能后置。

（5）“也……，也……”“又……，又……”都表示并存，前者连接的分句主语一般不同，谓语可以是相同的；后者连接的分句主语往往相同，谓语则一定不同。

（6）两者都可以表示由一定的事实或前提作为根据或理由，顺势得到一种新的结果。“因为……”还可用于未然的事实。

（7）目的关系是一种广义的因果关系，即行为和目的互为因果：一方面，目的是

引起、促发行为的动机、原因。另一方面，行为也是目的得以实现或避免的原因、手段。所以，目的复句“为了……”可转换成因果复句“因为……，所以……”。

(8) “只有”是从正面确认必要条件，常用来表示一般的必要条件，只能构成“只有……，才……”一种格式；而“除非”是从反面排除其他条件后提出特定的条件，还可以构成“除非……，不……”格式。

(9) 条件复句“……，才……”跟因果复句“因为……，……”有一定的联系。因果是客观事物间的一种已然联系，原因是导致结果产生的客观事实；而条件仅表示事物间抽象的、有规律性的联系，不涉及现实性问题。如果前后分句均表示已然的事实，条件句与因果句可以互换。

(10) 必要条件“只有……，才……”考虑的只是条件与结果的真假制约关系，不考虑条件或结果本身是不是事实。因此，前后分句所述情况可以是一般时，也可以是将来时，甚至是与已然事实相反的反事实假设。后两种情况，“只有……，才……”带有虚拟性，可以跟“如果……，就……”转换。

8. (1) 因果关系。例略。(2) 让步关系。例略。

(3) 转折关系。例略。(4) 无条件关系。例略。

(5) 必要条件关系。例略。(6) 充分条件关系。例略。

9. (1) (2) 不是紧缩复句，是单句。连谓短语作谓语。

(3) (4) 是紧缩复句，表条件关系。

10. (1) 让步 (2) 递进 (3) 条件 (4) 条件/连贯 (5) 选择

(6) 让步 (7) 条件 (8) 条件 (9) 连贯 (10) 并列/连贯

11. (1) 提示：第一层切在“虽然”前面，因果关系。

(2) 提示：第一层切在“但是”前面，转折关系。

(3) 提示：第一层切在“所以”前面，因果关系。

(4) 提示：第一层切在“但”前面，转折关系。

(5) 提示：第一层切在“才”前面，条件关系。

(6) 提示：第一层切在“杨柳”“桃花”前面，并列关系。

(7) 提示：第一层切在“那样的文章”前面，条件关系。

(8) 提示：第一层切在“即使”前面，让步关系。

(9) 提示：第一层切在“爱群居”前面，并列关系。

(10) 提示：第一层切在“只要”前面，让步关系。

(11) 提示：第一层切在第二个“天山”前面，连贯关系。

(12) 提示：第一层切在“也许”前面，转折关系。

(13) 提示：第一层切在“搞”前面，因果关系。

(14) 提示：第一层切在“于是”前面，顺承关系。

(15) 提示：第一层切在“这样”前面，因果关系。

第五章 修辞

第一节 修辞概说

一、填空题

1. 修辞
2. 修辞规律
3. 修辞学
4. 特定的语境
5. 修辞学，修辞学著作
6. 上下文语境，情景语境，社会文化语境

二、选择题

1. A　2. C　3. A　4. C　5. C

三、简答题

1. 答：言语交际中，人们总是希望通过言语行为来提高表达效果，如果这种希望被付诸行动，就会成为修辞活动。修辞活动不是随意的、无原则的，它必须遵循一定的规律，这个规律就是修辞规律。狭义的修辞，其实就是修辞规律。修辞学是建立在修辞规律基础之上的理论的认识。

2. 答：修辞、语法、逻辑是三门性质不同的学科。它们各有各的研究对象和任务，是不能混为一谈的。一般说来，逻辑管“对不对”，语法管“通不通”，修辞管“好不好”。

具体说来，语法是研究符号之间结构规律的，逻辑是研究思维的形式规律的，修辞是研究提高表达效果规律的。语法、修辞、逻辑的研究和学习是可以相互促进的。语法、逻辑为修辞研究提供了基础，修辞又促进了语法、逻辑的研究。有人认为修辞或艺术语言就是要超越语法和逻辑的。其实不然。语法搭配分常规搭配和超常搭配两种情况，有的例子不符合语法的常规搭配，却符合语法的超常搭配，所以并不是超越语法。逻辑上除了讲求符合事理以外，还讲求符合心理。如果真正地超越了语法，话就说不出来了；如果真正地超越了逻辑，事物就认识不清了。认为修辞或艺术语言要超越语法和逻辑的人，是把语法和教学语法、逻辑和教学逻辑混为一谈了。教学语法和教学逻辑属于语法学和逻辑学的范畴，是人们对客观存在的语法和逻辑认识的结果，但它们并不是语法逻辑本身。客观存在的语法和逻辑是与人的语言能力和认识能力同在的，修辞永远不能超越它们。

四、分析与操练题

1.（1）没有适合上下文语境。应该改为："在这春雨中，最引人注目的是我家对面的那座茶山，它雄伟挺拔，上小下大，仿佛是座巨大的绿色宝塔。"

（2）没有适合上下文语境。应该改为："今天我们去参观高科技农业生产基地，走在半路上，忽然下起雨来，路滑得很，我一不小心，摔了一跤，跌了个四脚朝天。"

（3）没有适合情景语境。说话人没有考虑到具体的时间情况，造成了不得体的表达。

（4）没有适合情景语境。说话人没有考虑到具体的说话场合，造成了不得体的表达。

2. 在语言学中，同样的意义或内容，有许许多多种表达方式。这许许多多种表达方式，就形成了修辞中的同义形式。同义形式有两种情形：语言的同义形式和言语的同义形式。语言的同义形式是不依赖语境的，如果把一种语言中某个意思的同义形式列举出来，懂得这种语言的人一看便知道它们是同义的。语言的同义形式为修辞提供了条件。修辞就是要根据特定的语言环境，在多种多样的同义形式中选择一个最合适的形式，以取得最佳的表达效果。

第二节 语音修辞

一、填空题

1. 音节组合，音节再现
2. 音节，平仄，叠音
3. 平声，仄声
4. 押韵，韵脚
5. 重复相连
6. 双声叠韵，双声，叠韵
7. 相对，不论

二、选择题

1. A　2. A　3. C　4. C　5. D　6. C

三、简答题

1. 答：(1) 音节分明，便于安排。汉语音节非常分明，它跟汉字基本上是对应的，音节可以通过“字”来确定。音节分明，便于进行数量上的安排，许多修辞现象都是跟音节数量有关的。如音节和音节的组合，就讲求数量的匀称；再如对偶修辞格，就要求两部分音节数量完全相同。(2) 声韵分明，便于组织。声母和韵母是汉语音节的基本构成单位。现代汉语有 21 个声母和 39 个韵母，在形成音节之后，音节和音节之间可以有规律地组织声母和韵母，从而形成“声律”和“韵律”。(3) 四声分明，便于规划。现代汉语有阴平、阳平、上声、去声四个声调，前两个是平声，后两个是仄声。平声和仄声的分别便于有规律地安排组织话语，使话语形成抑扬顿挫的节奏，从而使话语产生旋律感。

节律对修辞的影响是明显的。主要表现在以下两个方面。(1) 节律对日常口语的影响。日常口语的表达，不仅讲求语音准确明白，还讲求节律的运用。音节搭配得好，声韵配合得巧，语调、语速、语力适合特定的情境，就能够取得好的效果。相反，如果不注意音节搭配，节律混乱，势必削弱表达效果。(2) 节律对诗歌韵文的影响。诗歌、韵文甚至散文，往往都是以语音的配置见长的。可以说，没有合适得体的语音节律配置，就没有诗歌韵文的存在。在诗歌、韵文甚至散文中，合理地调配声音，注意节律的运用，会使语言上口入耳，富于音乐性和艺术感染力。

2. 答：(1) 排韵和随韵；(2) 奇韵和偶韵；(3) 交韵和抱韵。韵文和押韵并不是一一对应的。韵文可以不押韵，押韵的也不一定都是韵文。在俗文化中，押韵也是能经常见到的情形，如顺口溜、打油诗、流行段子等。善于运用押韵的手段，对于记忆性的学习很有帮助。另外，非韵文性的曲艺也讲求押韵。

四、分析与操练题

1. 都是多并列项的排列，其中 (1)、(2) 排列得好，(3) 排列得不好。(1) 比较整齐划一，而且把音节数少的放在前，音节数多的放在后；(2) 符合说写者的心理，按照说话人思考的顺序排列，也是合宜的；(3) 排列比较乱，既不符合音节数量的顺序，也不符合逻辑顺序和心理顺序，不能在更高的层面上得到解释，表达效果不好。

2. (1) 的叠音运用具有音乐美和绘画美，不仅读来上口入耳，还展示出一幅幅色彩鲜明的画面。同时也形成了藻丽的语言风格。(2)、(3)、(4) 通过叠音的手段达到描写和表述目的。

第三节 词语修辞

一、填空题

1. 搭配

2. 语义，语法

3. 同音相加，同音联想

4. 同音联想

5. 符合习惯

二、选择题

1. A　2. A　3. D　4. A　5. B

三、简答题

1. 答：词语的选择应该注意声音和意义两个方面。词语是声音和意义的结合体：声音是其形式，意义是其内容，两者相辅相成，缺一不可。在声音方面应该力求音节整齐匀称，平仄相间，韵脚和谐以及叠音、双声叠韵运用恰当，给人以音乐美的感觉。在意义方面应该力求用最准确、生动的词语来描绘事物，体现人物感情。

2. 答：(1) 词语搭配语音受到语音制约。词语搭配的语音制约主要包括两个方面：一是避免消极的同音相加，二是避免消极的同音联想。

(2) 词语搭配受到语义的制约。词语搭配在语义上的要求是：一要符合事理，二要符合习惯。

(3) 词语搭配受到语法的制约。在语法中，搭配不当是常见语病类型之一。从修辞的角度看，语法上搭配不当往往会影响表达效果。

四、分析与操练题

1. (1)"铺"选择得好。"铺"本来的意思是把东西展开，这里用来表示人的快乐表情，说明人物受到感染的程度之深。

(2)"抢、扯、裹、塞、抓、捏"这些动词选择得好，运用一系列贴切、相关的动作，把刽子手的形象描绘得淋漓尽致。

(3)"轻佻、孤单"选择得好，表面上看是把三角梅当人来写了，是拟人的手法，实际上反映了人物的心理，是人物的一种特定的感受。

(4)"孤儿、弃儿"选择得好，不仅正确地表明了事实，而且反映了许灵均对父亲幽怨的心理状态。

(5)"剜、冷冷、破破烂烂、杀气、砸、阴霾"等词语选择得好，这些词语把情景中的人物冲突表现得非常鲜明，给人如临其境之感。

(6)"终于"选择得好，表现了人物如释重负的特别感受。

2. (1) 语音搭配上同音相加，表达效果不好。

(2) 语音搭配上同音相加，但因为是绕口令，符合语用搭配的需要，所以表达效果良好。

(3)"双口"不符合语义搭配的要求，表达效果不好。

(4) 不符合语义搭配的要求，但符合语用搭配的要求，表达效果良好。

(5)"钻研业务、搞科研、写书"和"自留地"不能搭配，不符合语法搭配的要求，表达效果不好。

(6)"风揉积雪""将山地揉得安静了"不符合语法搭配的要求，但符合语用的需要，表达效果良好。

第四节
句子修辞

一、填空题

1. 运用
2. 长句，短句
3. “剥皮法”
4. 相同，相似，长短不一
5. 变式句，倒装句
6. 主动句，被动句
7. 否定句
8. 三个或三个以上

二、选择题

1. C　2. A　3. D　4. C　5. C　6. D

三、简答题

1. 答：长句是字数较多，容量较大，结构比较复杂的分句或句子。短句是字数较少，容量较小，结构比较简单的分句或句子。

长句化短，方法有二。第一，把长句的附加成分抽出来，变为复句里的分句，或单独成句。第二，把句中联合成分拆开，重复同原来联合短语直接相匹配的成分，形成叠用句式。

2. 答：一般说来，同样的内容，既可以用肯定句表达，又可以用否定句表达。不过它们表达的语气是有所不同的，否定句的语气要弱一些。跟肯定句和否定句相关的，是双重否定句。从意义的角度看，双重否定句等于肯定句；但从语气的角度看，双重否定句比肯定句语气要强。所以，如果按照语气的强弱来排序应该是：双重否定句＞肯定句＞否定句。

四、分析与操练题

1. (1) 许多人在讴歌那光芒四射的朝阳，讴歌那四季常青的松柏，讴歌那庄严屹立的山峰，讴歌那澎湃翻腾的海洋。

(2) 今天，在这“红杏枝头春意闹”的日子里，我要向老一辈的科学工作者表示我最深的敬意，我要向中年的科学工作者表示我最深的敬意，我要向青年的科学工作者表示我最深的敬意，我还要向那些未来的科学家们表示我最深的敬意。

(3) 一百多年来，汉堡港早就形成了这样的节奏：有条不紊，按部就班，寓丰富于单纯，多变而又精密，就像成熟的乐队演奏熟悉的乐曲。

2. 第一组中 (1) 为整句，(2) 为散句。整句形式整齐，声音和谐，气势贯通，意义鲜明，在散文、诗歌、唱词中使用较广；散句散而不乱，比较灵活，容易避免单调、呆

板，能够取得生动活泼的表达效果。

第二组中（1）为常式句，（2）为变式句。常式句反映了客观世界常规的情形，即先有原因后有结果；变式句反映了主观世界的认知情形，首先知道的是结果，然后根据结果说明原因，是为了突出原因才倒装了。

3. 影响句子运用的因素很多，如上下文、语体、话题、视点、自我、对象等。上下文对句子配置的影响表现在三个方面。一是上下文可以使句子由不合格变得合格。二是上下文可以使句子由平淡变得生动。三是上下文制约着句式的选择和运用。语体是为了适应不同的交际需要而形成的具有一定风格和特点的语言运用体系。不同的语体对句子的配置有不同的要求。例如公文事务语体，可以适当地运用古代汉语的句式，一般排斥口语中常用的句式。如果句子的配置不能满足语体的要求，或者说严重偏离了语体的特征，就会影响表达效果。如果句子的配置不能满足语体的要求，但是这种配置能够在更高的层次上得到解释，就不能说是表达失误。话题对句子配置的影响表现为：句子的选择必须适合特定的话题，不然就是不得体的表达。视点就是人们观察事物和认识世界的立足点和出发点。视点对句子配置的影响表现为：一是视点应该相对稳定，二是视点应该变化有序。自我指说话人自己。自我对句子配置的影响表现在：什么人说什么话。也就是说，不同的说话人会采用适合自己特色的不同的句子配置方式。对象指听话人。对象对句子配置的影响表现在：见什么人说什么话。也就是说，对不同的听话人应该采用不同的句子配置方式。

第五节
辞格

一、填空题

1. 有标记辞格，无标记辞格
2. 相关性，相似性
3. 谐音双关，语义双关，并重双关，侧重双关
4. 仿词
5. 拈连
6. 形式，内容
7. 结构，字数
8. 实义性
9. 连用

二、选择题

1. C　2. B　3. D　4. A　5. B　6. C　7. B　8. B　9. A　10. B　11. A

三、简答题

1. 答：仿照比喻的两个要素“本体”“喻体”，如果我们把比拟的两个要素分别叫作“本体”和“拟体”的话，那么，比喻的喻体是必须出现的，本体可以不出现；比拟的本

体是必须出现的，拟体一定不能出现。如果比拟的拟体出现了，原来的描述仍然还在，那就是比喻和比拟的并用了，应该看作修辞格的连用现象。

2. 答：借代和借喻不同。借代的本质在于它具有相关性，本体和借体在现实世界中存在着必然的联系；借喻的本质在于它具有相似性，本体和喻体在现实世界中没有必然的联系，只是由于心理或文化的原因临时将二者联系起来。从形式上看，凡是借喻，基本上都可以找回本体，并可以在喻体上加比喻词来修饰；而借代不能做这样的转换。

3. 答：双关是一种艺术的表达。具体说，双关就是说话人有意地利用多义或同音的语言手段，从而取得表面一层意思，内里一层意思，而且这两个意思都能说得通的表达效果的修辞方式。双关容易和歧义、误解、曲解等相混淆。一般地，如果不计较语言环境，单就语言本身的情况看，只存在着多义现象。如果联系语言环境，情况就很复杂了。我们可以把特定语言环境中的交际者分解为说话人和听话人。先看说话人的情况。如果说话人有意地运用多义的语言手段，从而造成表里各一层意思的，这就是双关。如果说话人无意中运用了多义的语言手段，也造成了两个意思，而且在特定语境中没有办法排除掉其中的一个意思，这就是歧义。双关是积极的表达，而歧义是消极的表达。再看听话人的情况。第一种情况，如果听话人正确地理解了说话人的意思，而且又不联系其他的意思，这是确解。第二种情况，虽然听话人正确地理解了说话人的意思，但他故意联系其他意思来回应，这是曲解。第三种情况，听话人没有正确理解说话人的意思，而是理解成了其他的意思，这是误解。

4. 答：（1）仿缀。所谓“仿缀”，就是将一个词缀或类词缀和一个本来不能与这个词缀搭配的词根临时组合起来，以增强表达效果的修辞方式。（2）仿词。所谓“仿词”，就是仿照词典中现有的词语创造出一个类似的相关的词语的修辞方式。如词典中有“无聊、阴谋”，我们仿照它们创造出“有聊、阳谋”这样的词典中不存在的词语，这就是仿词。（3）仿语。所谓“仿语”，就是仿照语言中固有的、比词大比篇章小的语言形式，创造出一个类似的相关的语言形式的修辞方式。仿语可以是仿短语，也可以是仿句子。（4）仿章。所谓仿章，就是仿照固有的文本创造出一个类似的文本的修辞方式。

5. 答：对偶和对比的根本区别在于：对偶侧重于形式，对比侧重于内容。对偶必须是形式整齐的，给人的是形式上的美感；对比必须是内容对立的，给人的是内容上的启发。当然，对偶和对比也有合流的时候：如果一个表达既有形式上的整齐排列，又有内容上的鲜明对立，这就是对偶和对比兼用的情况。（举例略）

6. 答：顶真和回环的根本区别在于：顶真后一句的结尾词语不是前一句的开头词语，而回环后一句（第二句）的结尾词语是前一句（第一句）的开头词语。如果用符号表现它们之间的区别就是：顶真——ABC，CDE，EFG……回环——AB，BA。这在外部形式上有非常明显的标记，所以辨认起来是非常容易的。（举例略）

四、分析与操练题

1. 婉曲是修辞格的一种，因为它符合修辞格的定义。修辞格是语言中一种为了提高表达效果而有意识地偏离语言常规并逐步形成的固定格式。而婉曲就是为了躲避禁忌或弱化不良状况，不直接表达，而是委婉曲折地把意思表达出来；这显然是偏离常规表达的，因此是修辞格。

2. （1）把“文明礼貌”这种抽象的事物当具体事物来写，可以拿走、投放，因此是比拟，拟物。拟甲物为乙物，神形毕现。

（2）把“科学”比喻为“强身剂”，是比喻。具体形象，通俗易懂。

（3）用“肤色”借代“各种肤色人种的人”，用“语言”借代“不同语言说出的话语”，都是以部分代替整体的借代。增加了形象性和幽默感。

(4) 把“石头”比喻为“莲花瓣、大象头、老人、卧虎”等，是比喻、博喻。具体形象，通俗易懂。把石头当人写，“侧身探海、怒目相向”，是比拟。拟甲物为乙物，神形毕现。

(5)“三颗粮食”，极言粮食数量之少，语言超过了事实本身，因此是夸张。突出特征，揭示本质。

(6)“千万条腿”和“千万只眼”极言数量之多，语言超过了事实本身，因此是夸张。突出特征，揭示本质。

(7) 把“四十岁的女人”比喻为“垃圾”，是比喻。具体形象，通俗易懂。

(8) 人能够听到“花开的声音和树尖发芽的声音还有叶片上露珠滚动的声音”，语言超过了事实本身，因此是夸张。突出特征，揭示本质。

(9) 用“问号”代替“疑问”，是借代。增加了形象性和幽默感。

(10) 把“俄罗斯‘和平’号轨道空间站”当人写，可以“回家”，是拟人。化物为人，神形毕现。

(11)“丢人”有两个意思，一是“丢弃病人”，一是“失去体面、好感或荣誉”，和“丢脸、现眼”同义，两个意思都说得通，是双关。一语二意，幽默风趣。

(12)“他”可以说“活着”，“他学的这些技术”和“他那个倔强的性格”一般不可以说“活着”，但由于受到上文的影响，二者也可以连接在一起，因此是拈连。联系上下文，新鲜生动。

(13) 仿照现有的“忘年交”创造一种新的语言形式“忘官交”，是仿拟。新鲜活泼，增强幽默感。

(14)“天底下头等大好人，浑身上下毫无缺点”表面上是褒扬，实际上是贬抑，由后面的“连肚脐眼都没有”可以得知；“老实！老实极了！”表面上也是褒扬，实际上是贬抑，由后面的“是上海‘文攻武卫’的这个（伸大拇指），专管抓人杀人！”可以得知。因此是反语。正话反说或反话正说，揭示事物本质。

(15)“嫖界”是仿照“学界、体育界、妇女界”这样的现有语言形式创造出来的新语言形式，是仿拟。新鲜活泼，增强幽默感。

(16)“那个”指“死亡”，是婉曲。躲避禁忌，弱化不良状况。

(17)“梧桐树”是通过视觉感知的事物，“寂寞”是心理感觉，把两种感觉放在一起陈说，是通感。通感是艺术化的手段，有较强的抒情性和审美性。

(18) 这是仿照现成文本《陋室铭》而创造的新文本，是仿拟。新鲜活泼，增强幽默感。

(19)“我是小人，你是君子”有两个意思：“我是画家，动手，你是演员，动口，君子动口，小人动手；因此我是小人，你是君子。”“我敬酒，你喝酒，我动手，你动口，君子动口，小人动手；因此我是小人，你是君子。”是双关。一语二意，幽默风趣。

(20)“笑”是外部感觉，“甜”是内部感觉，把外部感觉和内部感觉放在一起陈说，是通感。通感是艺术化的手段，有较强的抒情性和审美性。

(21)“人的年纪越大，便越发地清醒。越发地清醒，便越发地难以结婚。”是顶真。首尾蝉联，语势贯通。

(22)“又是一辆”反复出现了四次，是反复。感情集中突出，加深听读者印象。

(23)“今天的海，是曾经化为桑田的海，是曾经被圆锥形动物统治过的海，是曾经被凶猛的海蛇和海龙霸占过的海。”“我读着海，读着眼前驰骋的七彩风帆，读着威武的舰

队，读着层楼似的庞大的轮船，读着海滩上那些红白相间的帐篷，读着沙地上沐浴着阳光的男人与女人。”“二十年后的海，又会是另一种壮观，另一种七彩，另一种海与人的和谐世界。”都是排比。加强语势，和谐节律。（提示：也有比拟）

（24）“书山有路勤为径，学海无涯苦作舟”是对偶。内容凝练，语音和谐。

（25）这是美国后代和中国后代对父辈、祖辈居官态度的对比。相互映照，突出差异和矛盾。

（26）“我们心中有顾客，顾客心中有我们”是回环。回环往复，突出事物联系。

（27）“空谷幽兰、高寒杜鹃、老林中的人参、冰山上的雪莲、绝顶上的灵芝、抽象思维的牡丹”是排比。加强语势，和谐节律。（提示：也有比喻、博喻）

（28）“你看那玉羽雪白，雪白得不沾一点尘土”是顶真。首尾蝉联，语势贯通。

3.（1）整体看是排比修辞格，都是“行为——X群众”这样的相近结构，而且在三个以上。其中又套用了反复辞格，“群众”在每句话中反复出现，因此是反复修辞格。

（2）整体看是修辞格的连用，“桃树，杏树，梨树，你不让我，我不让你，都开满了花赶趟儿”是比拟，“红的像火，粉的像霞，白的像雪”是排比，“散在草丛里像眼睛，像星星”是比喻，“还眨呀眨的”是比拟。其中比拟中又套用了回环“你不让我，我不让你”，排比中又套用了比喻“红的像火，粉的像霞，白的像雪”。

（3）整体看是修辞格的连用，“我心里一直惊呼着”是通感，“‘春水碧于蓝’的西湖‘比似春莼碧不殊’的嘉陵江，还有最近看过的博格达雪山下的天池”是排比，“都不似赛里木湖这样的蓝。蓝得奇怪”是顶真，“蓝得奇怪，蓝得不近情理。蓝得就像绘画颜料里的普鲁士蓝”是排比，“水纹细如鱼鳞”是比喻，“天容云影，倒映其中，发宝石光”意思是“天容云影，倒映其中”像“发光宝石”，其中“天容”又是比拟，把“天”当人写，像人一样有面容。

（4）整体看是拟人修辞格，是把大海当人写。其中又套用了比喻：“我心中伟大的启示录，不朽的经典”。还有排比：“我在你身上体验到自由和伟力，体验到丰富与渊深，也体验着我的愚昧、贫乏和弱小”，“去充实我的生命，去沉淀我的尘埃，去更新我的灵魂！”

（5）整体看是修辞格的连用，“太老土，土得掉出了一亩地”是顶真，其中又套用了夸张“土得掉出了一亩地”，“外带陈焕生进城，带着一股子东张西望的土八路味儿”是借代。

（6）整体看修辞格连用。“‘农民’是指长期参加农业生产的劳动者，这样的劳动者目前在中国还有八亿”是顶真；“农民在农村，但‘农民’一词城里人却用得很多”是对比；“四块钱一份的红烧肚块和一块钱一份的清炒西葫芦”是借代，分别指贵菜和便宜菜；“形容词的‘农民’似乎变成了一个筐”是比喻；“人的一切吝啬、狭隘、封闭、保守、自私、邋遢等弱点都可以一股脑儿扔进去”是比拟。

（7）整体看是修辞格的连用。“信用悲剧”是比喻，指“信用方面的不幸”；“毫不留情地把我们在信用方面一贯的民族自豪感和优越感击得粉碎”是比拟；“‘一诺千金’、‘抱柱之信’、‘诚信’等名词成了一个个毫无意义的哈欠”是比喻；“勒紧裤带还债”是借代，用“勒紧裤腰带”借代艰难的生存状态。

（8）整体看是修辞格的连用。“但它首先应该做到这一点。做到这一点很难”是顶真；“挂一漏万”“只鳞片甲”是夸张；“后人只能在这样的基础上缀合历史，充满主观意识地缀合历史”是反复；“不溢恶，不夸饰，不虚美”是排比。

（9）整体看是仿拟修辞格，是仿照电视连续剧《聊斋》片头曲《说聊斋》这个现有的文本形式创造的新的文本形式。“你也反腐败，我也反腐败”是反复修辞格，“喜怒哀乐一起都到心头来”是借代，“喜怒哀乐”借代情感。“五子登科，总比两袖清风更可爱”是借代兼比喻，“五子登科”比喻功名，又是以部分代全体；“两袖清风”比喻清廉，也是以部分代全体。“台前发宏论，幕后发邪财”是对比。“几分庄严，几分虚伪，几分坚定，几分徘徊”是排比。

(10) 整体看是修辞格连用，是比喻和比拟连用。“你以恩典为年岁的冠冕，你的路径都滴下脂油，滴在旷野的草场上”是比喻，其中又包含了比拟，把“年岁”当人写，“年岁”有“冠冕”。“恩典”像“冠冕”是比喻。“路径”像“滴下的脂油”也是比喻。“小山以欢乐束腰，草场以羊群为衣，谷中也长满了五谷。这一切都欢呼歌唱”是比拟，把“小山、草场、这一切”当人写，“欢乐、为衣、欢呼歌唱”。“以欢乐束腰”是通感，“欢乐”是心理感觉，“束腰”是外在感觉，把二者放在一起陈说，是通感。

第六节 语体

一、填空题

1. 口语，书面，正式，随意
2. 谈话语体
3. 通知，请示，会议纪要
4. 命题的论证性，内容的专门性
5. 鼓动性
6. 诗歌体 ，小说体
7. 交融

二、选择题

1. D　2. D　3. A　4. B　5. D

三、简答题

1. 答：语体是为适应不同的交际需要而形成的具有不同风格特点的语言表达形式。

2. 答：语体有以下几种类型：(1) 谈话语体，即以话轮转换为基本结构形式的、用来交流信息或交流情感的语体。(2) 公文语体，即用于机构相互往来联系事务的语体。(3) 科技语体，也就是用于传播科学技术研究成果的语体。(4) 宣传语体，就是传播一定的观念以影响人们的思想和行动的语体。(5) 文艺语体，也就是为适应文艺创作的需要而形成的语体。(6) 网络语体，也就是为满足网络表达的需要而在互联网上发布、使用的语体。网络语体包括网上聊天、发帖、评论、留言、博客、原创作品等。

四、分析与操练题

1. (1) 这是某语言学论文的一部分，是用来传播语言学研究成果的语段，属于科技语体。

(2) 这是某日报的社论，是传播一定的观念以影响人们的思想和行动的语段，属于宣

传语体。

(3) 这是某网站论坛帖子片段，是为满足网络表达的需要而在互联网上发布、使用的语体，属于网络语体。

(4) 这是某采访片段，表面好像是独白，实际上是在回答采访者的问题，也是以话轮转换为基本形式的，因此属于谈话语体。

(5) 这是某文学作品片段，是为适应文艺创作的需要而形成的语段，属于文艺语体。

(6) 这是某招标书的一部分，是用于机构相互往来联系事务的语段，属于公文语体。

(7) 这是关于"寒武纪生命大爆发"的解说，是用于传播科学技术研究成果的语段，属于科技语体。

(8) 这是一篇小小说，是为适应文艺创作的需要而形成的语段，属于文艺语体。

(9) 这是一份调档函，是用于机构相互往来联系事务的语段，属于公文语体。

2. (1) 这是语体渗透情形。所谓语体渗透，是指一个文本总体看是一种语体，其中又包含了其他语体的现象。这个片段总体看是话剧《茶馆》的一部分，属于文艺语体；但这个片段本身又是以话轮转换为基本结构形式的、用来交流信息或交流情感的语段，属于谈话语体。文艺语体包含着谈话语体，因此是语体的渗透。

(2) 这是语体交融情形。所谓语体交融，是指一个文本既属于甲语体又属于乙语体的现象。这个片段是鲁迅的一篇学术演讲《魏晋风度及文章与药及酒之关系》的一部分，作为学术研究，既有科技语体的性质，即用于传播科学技术研究成果；又有宣传语体的性质，即传播一定的观念以影响人们的思想和行动。既是科技语体，又是宣传语体，因此是语体的交融。

第三部分

参考资料

中华人民共和国国家通用语言文字法

（2000 年 10 月 31 日第九届全国人民代表大会常务委员会第十八次会议通过）

目 录

第一章 总则

第一条 为推动国家通用语言文字的规范化、标准化及其健康发展，使国家通用语言文字在社会生活中更好地发挥作用，促进各民族、各地区经济文化交流，根据宪法，制定本法。

第二条 本法所称的国家通用语言文字是普通话和规范汉字。

第三条 国家推广普通话，推行规范汉字。

第四条 公民有学习和使用国家通用语言文字的权利。

国家为公民学习和使用国家通用语言文字提供条件。

地方各级人民政府及其有关部门应当采取措施，推广普通话和推行规范汉字。

第五条 国家通用语言文字的使用应当有利于维护国家主权和民族尊严，有利于国家统一和民族团结，有利于社会主义物质文明建设和精神文明建设。

第六条 国家颁布国家通用语言文字的规范和标准，管理国家通用语言文字的社会应用，支持国家通用语言文字的教学和科学研究，促进国家通用语言文字的规范、丰富和发展。

第七条 国家奖励为国家通用语言文字事业做出突出贡献的组织和个人。

第八条 各民族都有使用和发展自己的语言文字的自由。

少数民族语言文字的使用依据宪法、民族区域自治法及其他法律的有关规定。

第二章 国家通用语言文字的使用

第九条 国家机关以普通话和规范汉字为公务用语用字。法律另有规定的除外。

第十条 学校及其他教育机构以普通话和规范汉字为基本的教育教学用语用字。法律另有规定的除外。

学校及其他教育机构通过汉语文课程教授普通话和规范汉字。使用的汉语文教材，应当符合国家通用语言文字的规范和标准。

第十一条 汉语文出版物应当符合国家通用语言文字的规范和标准。

汉语文出版物中需要使用外国语言文字的，应当用国家通用语言文字作必要的注释。

第十二条 广播电台、电视台以普通话为基本的播音用语。

需要使用外国语言为播音用语的，须经国务院广播电视部门批准。

第十三条 公共服务行业以规范汉字为基本的服务用字。因公共服务需要，招牌、广告、告示、标志牌等使用外国文字并同时使用中文的，应当使用规范汉字。

提倡公共服务行业以普通话为服务用语。

第十四条　下列情形，应当以国家通用语言文字为基本的用语用字：

（一）广播、电影、电视用语用字；

（二）公共场所的设施用字；

（三）招牌、广告用字；

（四）企业事业组织名称；

（五）在境内销售的商品的包装、说明。

第十五条　信息处理和信息技术产品中使用的国家通用语言文字应当符合国家的规范和标准。

第十六条　本章有关规定中，有下列情形的，可以使用方言：

（一）国家机关的工作人员执行公务时确需使用的；

（二）经国务院广播电视部门或省级广播电视部门批准的播音用语；

（三）戏曲、影视等艺术形式中需要使用的；

（四）出版、教学、研究中确需使用的。

第十七条　本章有关规定中，有下列情形的，可以保留或使用繁体字、异体字：

（一）文物古迹；

（二）姓氏中的异体字；

（三）书法、篆刻等艺术作品；

（四）题词和招牌的手书字；

（五）出版、教学、研究中需要使用的；

（六）经国务院有关部门批准的特殊情况。

第十八条　国家通用语言文字以《汉语拼音方案》作为拼写和注音工具。

《汉语拼音方案》是中国人名、地名和中文文献罗马字母拼写法的统一规范，并用于汉字不便或不能使用的领域。

初等教育应当进行汉语拼音教学。

第十九条　凡以普通话作为工作语言的岗位，其工作人员应当具备说普通话的能力。

以普通话作为工作语言的播音员、节目主持人和影视话剧演员、教师、国家机关工作人员的普通话水平，应当分别达到国家规定的等级标准；对尚未达到国家规定的普通话等级标准的，分别情况进行培训。

第二十条　对外汉语教学应当教授普通话和规范汉字。

第三章　管理和监督

第二十一条　国家通用语言文字工作由国务院语言文字工作部门负责规划指导、管理监督。

国务院有关部门管理本系统的国家通用语言文字的使用。

第二十二条　地方语言文字工作部门和其他有关部门，管理和监督本行政区域内的国家通用语言文字的使用。

第二十三条　县级以上各级人民政府工商行政管理部门依法对企业名称、商品名称以及广告的用语用字进行管理和监督。

第二十四条　国务院语言文字工作部门颁布普通话水平测试等级标准。

第二十五条　外国人名、地名等专有名词和科学技术术语译成国家通用语言文字，由国务院语言文字工作部门或者其他有关部门组织审定。

第二十六条　违反本法第二章有关规定，不按照国家通用语言文字的规范和标准使用语言文字的，公民可以提出批评和建议。

本法第十九条第二款规定的人员用语违反本法第二章有关规定的，有关单位应当对直接责任人员进行批评教育；拒不改正的，由有关单位作出处理。

城市公共场所的设施和招牌、广告用字违反本法第二章有关规定的，由有关行政管理部门责令改正；拒不改正的，予以警告，并督促其限期改正。

第二十七条　违反本法规定，干涉他人学习和使用国家通用语言文字的，由有关行政管理部门责令限期改正，并予以警告。

第四章　附则

第二十八条　本法自 2001 年 1 月 1 日起施行。

普通话辨音字表[①]

zh 和 z 辨音字表

	zh	z
a	①扎（驻～）渣②闸铡扎（挣～）札（信～）③眨④乍炸榨蚱栅	①扎（包～）匝②杂砸
e	①遮②折哲辙③者④蔗浙这	②泽择责则
u	①朱珠蛛株诸猪②竹烛逐③主煮嘱④注蛀住柱驻贮祝铸筑著箸	①租②族足卒③组阻祖
-i	①之芝支枝肢知蜘汁只织脂②直植殖值侄执职③止址趾旨指纸只④至窒致志治质帜挚掷秩置滞制智稚痔	①兹滋孳姿咨资孜龇缁辎③子仔籽梓滓紫④字自恣渍
ai	①摘斋②宅③窄④寨债	①灾栽哉②宰载④再在载（～重）
ei		②贼
ao	①昭招朝②着③找爪沼④召照赵兆罩	①遭糟②凿③早枣澡④造皂灶躁燥
ou	①州洲舟周粥②轴③帚肘④宙昼咒骤皱	①邹③走④奏揍
ua	①抓	
uo	①桌捉拙②卓着酌灼浊镯啄琢	①作（～坊）②昨③左④坐座作柞祚做
ui	①追锥④缀赘坠	③嘴④最罪醉
an	①沾毡粘③盏展斩④占战站栈绽蘸	①簪②咱③攒④赞暂
en	①贞侦祯桢真③疹诊枕缜④振震阵镇	③怎
ang	①张章樟彰③长掌涨④丈仗杖帐涨瘴障	①赃脏（肮～）④葬藏脏
eng	①正（～月）征争睁挣筝③整拯④正政症证郑	①曾僧增缯④赠
ong	①中盅忠钟衷终③肿种（～子）④中（打～）种（～植）仲重众	①宗踪棕综鬃③总④纵粽
uan	①专砖③转④传转（～动）撰篆赚	①钻③纂④钻（～石）
un	③准	①尊遵
uang	①庄桩装妆④壮状撞	

ch 和 c 辨音字表

	ch	c
a	①叉杈插差（～劲）②茶搽查察③衩④岔诧差（～错）	①擦嚓
e	①车③扯④彻撤掣	④册策厕侧测恻

① 辨音字表中圈码代表声调，以下各辨音表同。

续前表

	ch	c
u	①出初②除厨橱锄躇刍雏③楚础杵储处（～分）④畜触矗处	①粗④卒（仓～）猝促醋簇
-i	①吃痴嗤②池弛迟持匙③尺齿耻侈豉④斥炽翅赤叱	①疵差（参～）②雌辞词祠瓷慈磁③此④次伺刺赐
ai	①差拆钗②柴豺	①猜②才财材裁③采彩踩④菜蔡
ao	①抄钞超②朝潮嘲巢③吵炒	①操糙②曹漕嘈槽③草
ou	①抽②仇筹畴踌绸稠酬愁③瞅丑④臭	④凑
uo	①踔戳④绰（～号）辍惙啜	①搓蹉撮④措错挫锉
uai	③揣④踹	
ui	①吹炊②垂锤捶槌	①崔催摧④萃悴淬翠粹瘁脆
an	①搀掺②蝉禅谗馋潺缠蟾③铲产阐④忏颤	①餐参②蚕残惭③惨④灿
en	①琛嗔②辰晨宸沉忱陈臣④趁衬称（相～）	①参（～差）②岑
ang	①昌猖娼伥②常嫦尝偿场肠长③厂场敞氅④倡唱畅怅	①仓苍舱沧②藏
eng	①称撑②成诚城盛（～水）呈承乘澄橙惩③逞骋④秤	②曾层④蹭
ong	①充冲舂②重虫崇③宠④冲（～压）	①匆葱囱聪②从丛淙
uan	①川穿②船传椽③喘④串钏	①蹿④窜篡
un	①春椿②唇纯淳醇③蠢	①村②存③忖④寸
uang	①窗疮创（～伤）②床③闯④创（～造）	

sh和s辨音字表

	sh	s
a	①沙纱砂痧杀杉③傻④煞厦（大～）	①撒③洒撒（～种）④卅萨飒
e	①奢赊②舌蛇③舍（～弃）④社舍射麝设摄涉赦	④色（～彩）塞（～责）瑟啬穑（稼～）涩
u	①书梳疏蔬舒殊叔淑输抒纾枢②孰塾赎③暑署薯曙鼠数属黍④树竖术述束漱恕数	①苏酥②俗④素塑诉肃粟宿速
-i	①尸师狮失施诗湿虱②十什拾石时识实食蚀③史使驶始屎矢④世势誓逝市示事是视室适饰士仕氏恃式试拭轼弑	①司私思斯丝鸶③死④四肆似寺
ai	①筛④晒	①腮鳃塞④塞（要～）赛
ao	①捎稍艄烧②勺芍杓韶③少（多～）④少（～年）哨绍邵	①臊骚搔③扫（～除）嫂④扫（～帚）臊（害～）
ou	①收②熟③手首守④受授寿售兽瘦	①溲嗖飕搜艘馊③叟擞④嗽
ua	①刷③耍	
uo	①说④硕烁朔	①缩娑蓑梭唆③所锁琐索
uai	①衰③甩④帅率蟀	
ui	②谁③水④税睡	①虽尿②绥隋随③髓④岁碎穗隧燧遂
an	①山舢删衫珊姗栅跚③闪陕④扇善膳缮擅赡	①三叁③伞散（～文）④散

续前表

	sh	s
en	①申伸呻身深参（人～）②神③沈审婶④慎肾甚渗	①森
ang	①商墒伤③晌垧赏（上～）④上尚	①桑丧（～事）③嗓④丧
eng	①生牲笙甥升声②绳③省④圣胜盛剩	①僧
ong		①松③耸悚④送宋颂诵
uan	①拴栓④涮	①酸④算蒜
un	④顺	①孙③笋损
uang	①双霜③爽	

f 和 h 辨音字表

	f	h
a	①发②伐阀乏罚③法砝④发（头发）	①花哗②华铧滑划④化画话划桦
o	②佛	①豁②活③火伙④祸或惑货霍获
u	①夫②福扶服俘幅芙辐伏袱拂符③府俯斧釜腐甫辅④父付富妇赋腹附咐复傅缚赴副负	①呼忽乎惚②胡湖葫瑚狐糊弧③虎唬琥浒④户沪护互
uai		②怀淮槐徊④坏
ei	①飞非菲啡霏绯扉蜚②肥淝③匪菲诽悱斐④废费沸吠痱肺	①灰挥晖恢辉徽②回茴蛔③悔毁④会卉贿汇讳秽彗绘惠蕙慧
an	①帆翻番②繁凡烦蕃矾樊③反返④饭贩犯泛范	①欢獾②还环寰③缓④患换焕宦幻唤涣
en	①分吩芬纷②焚坟③粉④愤份粪奋分	②痕③很狠④恨
ang	①方芳坊②防妨房肪③访仿纺④放	①慌荒②皇黄蝗惶潢篁凰璜簧③恍晃恍谎幌④晃滉
eng	①风疯丰锋蜂沨枫峰封②冯逢缝③讽④俸奉凤缝（裂～）	①亨哼②横衡恒④更

en 和 eng 辨音字表

	en	eng
	①恩④摁	
b	①奔贲③本苯④笨	①崩绷②甭③绷④迸蹦泵
p	①喷②盆④喷	①烹②朋棚硼鹏彭澎膨③捧④碰
m	①闷②门们扪④闷焖	①蒙②盟萌蒙檬朦曚艨③猛蜢锰艋蒙④梦孟
f	①分芬纷吩氛酚②坟焚汾③粉④奋份粪忿愤分	①风枫疯蜂峰丰封烽锋②逢缝冯③讽④奉凤缝俸
d	④扽	①登灯③等④邓凳瞪磴镫
t		②疼腾誊滕藤
n	④嫩	②能
l		②棱楞③冷④愣
g	①根跟②哏③艮	①耕庚羹更赓③耿梗埂哽绠鲠④更
k	③肯啃垦恳④裉	①坑
h	②痕③很狠④恨	①亨哼②横衡恒④横
zh	①真贞针侦珍胗斟祯桢③诊疹枕缜④振震镇阵赈圳	①争筝睁征正挣蒸峥狰铮怔征症③整拯④正政证症郑挣诤
ch	①嗔抻②晨辰沉忱陈臣尘宸③碜④衬趁称	①称撑橙丞②成城诚承呈程惩澄乘盛③逞骋④秤

续前表

	en	eng
sh	①申伸呻绅身深砷娠②神③沈审婶④甚慎肾渗葚蜃	①生牲笙甥升声②绳③省④圣胜盛剩
r	②人仁壬③忍④任认刃纫韧饪妊衽轫	①扔②仍
z	③怎	①曾增憎缯④赠锃
c	①参②岑	②曾层嶒④蹭
s	①森	①僧

in 和 ing 辨音字表

	in	ing
	①因姻殷音阴洇茵氤荫②银龈垠吟寅淫鄞③引蚓隐瘾饮尹④印荫	①英应鹰婴樱缨鹦瑛媖锳莺膺撄嘤罂②营莹萤盈迎赢荧蝇③影颖④映硬应
b	①宾滨缤彬傧槟镔④殡鬓摈	①兵冰③丙柄秉饼禀炳④病并
p	①拼②贫频嫔③品④聘	①乒②平苹萍屏瓶凭评坪枰
m	②民③敏皿闽悯泯	②名茗铭明鸣冥溟瞑暝螟④命
d		①丁叮钉仃町疔盯③顶鼎④定锭订碇腚
t		①听厅汀②亭停廷庭霆蜓③挺艇铤梃
n	②您	②宁狞拧凝咛③拧柠④宁佞泞
l	②林琳淋磷邻鳞麟霖粼潾遴嶙辚磷③凛廪檩④吝赁蔺	②灵伶岭玲零铃龄菱陵凌绫泠苓瓴聆翎棱③岭领④另令
j	①今斤巾金津襟筋衿矜③紧锦仅谨馑瑾槿④尽劲缙觐烬近晋禁浸妗溍噤	①京惊鲸茎经菁精睛晶荆兢粳泾③景颈井儆警④敬镜竞净静境竞径劲靖胫痉
q	①亲侵钦衾嗪②勤琴芹秦禽擒③寝④沁	①氢轻倾青清蜻卿②情晴擎③顷请④庆亲
x	①新薪辛锌欣心馨忻昕炘莘④信衅	①星腥猩兴②形刑型邢行③省醒④幸姓性杏兴

普通话水平测试用必读轻声词语表

说　明

1. 本表根据《普通话水平测试用普通话词语表》编制。

2. 本表供普通话水平测试第二项——读多音节词语（100 个音节）测试使用。

3. 本表共收词 339 条（原来共 545 条，删去其中“子”尾词 206 条），按汉语拼音字母顺序排列。

4. 条目中的非轻声音节只标本调，不标变调；条目中的轻声音节，注音不标调号，如：“明白 míngbai”。

爱人 àiren	巴掌 bāzhang	爸爸 bàba	白净 báijing
帮手 bāngshou	棒槌 bàngchui	包袱 bāofu	包涵 bāohan
本事 běnshi	比方 bǐfang	扁担 biǎndan	别扭 bièniu
拨弄 bōnong	簸箕 bòji	补丁 bǔding	不由得 bùyóude
不在乎 bùzàihu	部分 bùfen	裁缝 cáifeng	财主 cáizhu
苍蝇 cāngying	差事 chāishi	柴火 cháihuo	称呼 chēnghu
除了 chúle	锄头 chútou	畜生 chùsheng	窗户 chuānghu
刺猬 cìwei	凑合 còuhe	耷拉 dāla	答应 dāying
打扮 dǎban	打点 dǎdian	打发 dǎfa	打量 dǎliang
打算 dǎsuan	打听 dǎting	大方 dàfang	大爷 dàye
大夫 dàifu	耽搁 dānge	耽误 dānwu	道士 dàoshi
灯笼 dēnglong	提防 dīfang	地道 dìdao	地方 dìfang
弟弟 dìdi	弟兄 dìxiong	点心 diǎnxin	东家 dōngjia
东西 dōngxi	动静 dòngjing	动弹 dòngtan	豆腐 dòufu
嘟囔 dūnang	对付 duìfu	对头 duìtou	队伍 duìwu
多么 duōme	耳朵 ěrduo	风筝 fēngzheng	福气 fúqi
甘蔗 gānzhe	干事 gànshi	高粱 gāoliang	膏药 gāoyao
告诉 gàosu	疙瘩 gēda	哥哥 gēge	胳膊 gēbo
跟头 gēntou	工夫 gōngfu	公公 gōnggong	功夫 gōngfu
姑姑 gūgu	姑娘 gūniang	骨头 gǔtou	故事 gùshi
寡妇 guǎfu	怪物 guàiwu	关系 guānxi	官司 guānsi
罐头 guàntou	规矩 guīju	闺女 guīnü	蛤蟆 háma
含糊 hánhu	行当 hángdang	合同 hétong	和尚 héshang
核桃 hétao	红火 hónghuo	后头 hòutou	厚道 hòudao
狐狸 húli	胡琴 húqin	糊涂 hútu	皇上 huángshang
胡萝卜 húluóbo	活泼 huópo	火候 huǒhou	伙计 huǒji
护士 hùshi	机灵 jīling	脊梁 jǐliang	记号 jìhao
记性 jìxing	家伙 jiāhuo	架势 jiàshi	嫁妆 jiàzhuang
见识 jiànshi	将就 jiāngjiu	交情 jiāoqing	叫唤 jiàohuan
结实 jiēshi	街坊 jiēfang	姐夫 jiěfu	姐姐 jiějie

戒指 jièzhi　精神 jīngshen　舅舅 jiùjiu　咳嗽 késou
客气 kèqi　口袋 kǒudai　窟窿 kūlong　快活 kuàihuo
困难 kùnnan　阔气 kuòqi　喇叭 lǎba　喇嘛 lǎma
懒得 lǎnde　浪头 làngtou　老婆 lǎopo　老实 lǎoshi
老太太 lǎotàitai　老爷 lǎoye　姥姥 lǎolao　累赘 léizhui
篱笆 líba　里头 lǐtou　力气 lìqi　厉害 lìhai
利落 lìluo　利索 lìsuo　痢疾 lìji　连累 liánlei
凉快 liángkuai　粮食 liángshi　溜达 liūda　萝卜 luóbo
骆驼 luòtuo　妈妈 māma　麻烦 máfan　麻利 máli
马虎 mǎhu　码头 mǎtou　买卖 mǎimai　馒头 mántou
忙活 mánghuo　冒失 màoshi　眉毛 méimao　媒人 méiren
妹妹 mèimei　门道 méndao　眯缝 mīfeng　迷糊 míhu
苗条 miáotiao　苗头 miáotou　名堂 míngtang　名字 míngzi
明白 míngbai　蘑菇 mógu　模糊 móhu　木匠 mùjiang
木头 mùtou　那么 nàme　奶奶 nǎinai　难为 nánwei
脑袋 nǎodai　能耐 néngnai　你们 nǐmen　念叨 niàndao
念头 niàntou　娘家 niángjia　奴才 núcai　女婿 nǚxu
暖和 nuǎnhuo　疟疾 nüèji　牌楼 páilou　盘算 pánsuan
朋友 péngyou　脾气 píqi　屁股 pìgu　便宜 piányi
漂亮 piàoliang　婆家 pójia　婆婆 pópo　铺盖 pūgai
欺负 qīfu　前头 qiántou　亲戚 qīnqi　勤快 qínkuai
清楚 qīngchu　亲家 qìngjia　拳头 quántou　热闹 rènào
人家 rénjia　人们 rénmen　认识 rènshi　扫帚 sàozhou
商量 shāngliang　上司 shàngsi　上头 shàngtou　烧饼 shāobing
少爷 shàoye　舌头 shétou　什么 shénme　生意 shēngyi
牲口 shēngkou　师父 shīfu　师傅 shīfu　石匠 shíjiang
石榴 shíliu　石头 shítou　时候 shíhou　实在 shízai
拾掇 shíduo　使唤 shǐhuan　世故 shìgu　似的 shìde
事情 shìqing　收成 shōucheng　收拾 shōushi　首饰 shǒushi
叔叔 shūshu　舒服 shūfu　舒坦 shūtan　疏忽 shūhu
爽快 shuǎngkuai　思量 sīliang　算计 suànji　岁数 suìshu
他们 tāmen　它们 tāmen　她们 tāmen　太太 tàitai
特务 tèwu　挑剔 tiāoti　跳蚤 tiàozao　铁匠 tiějiang
头发 tóufa　妥当 tuǒdang　唾沫 tuòmo　挖苦 wāku
娃娃 wáwa　晚上 wǎnshang　尾巴 wěiba　委屈 wěiqu
为了 wèile　位置 wèizhi　稳当 wěndang　我们 wǒmen
稀罕 xīhan　媳妇 xífu　喜欢 xǐhuan　下巴 xiàba
吓唬 xiàhu　先生 xiānsheng　乡下 xiāngxia　相声 xiàngsheng
消息 xiāoxi　小气 xiǎoqi　笑话 xiàohua　谢谢 xièxie
心思 xīnsi　星星 xīngxing　猩猩 xīngxing　行李 xínglin
兄弟 xiōngdi　休息 xiūxi　秀才 xiùcai　秀气 xiùqi
学生 xuésheng　学问 xuéwen　丫头 yātou　衙门 yámen

哑巴 yǎba	胭脂 yānzhi	烟筒 yāntong	眼睛 yǎnjing
秧歌 yāngge	养活 yǎnghuo	吆喝 yāohe	妖精 yāojing
钥匙 yàoshi	爷爷 yéye	衣服 yīfu	衣裳 yīshang
意思 yìsi	应酬 yìngchou	冤枉 yuānwang	月饼 yuèbing
月亮 yuèliang	云彩 yúncai	运气 yùnqi	在乎 zàihu
咱们 zánmen	早上 zǎoshang	怎么 zěnme	扎实 zhāshi
眨巴 zhǎba	栅栏 zhàlan	张罗 zhāngluo	丈夫 zhàngfu
帐篷 zhàngpeng	丈人 zhàngren	招呼 zhāohu	招牌 zhāopai
折腾 zhēteng	这个 zhège	这么 zhème	枕头 zhěntou
芝麻 zhīma	知识 zhīshi	指甲 zhǐjia（zhījia）	指头 zhǐtou（zhítou）
主意 zhǔyi（zhúyi）	转悠 zhuànyou	庄稼 zhuāngjia	壮实 zhuàngshi
状元 zhuàngyuan	字号 zìhao	自在 zìzai	祖宗 zǔzong
嘴巴 zuǐba	作坊 zuōfang	琢磨 zuómo	

普通话水平测试用儿化词语表

说　明

1. 本表参照《普通话水平测试用普通话词语表》及《现代汉语词典》编制，加 * 的是以上二者未收，根据测试需要而酌增的条目。

2. 本表仅供普通话水平测试第二项——读多音节词语（100 个音节）测试使用。本表儿化音节，在书面上一律加“儿”，但并不表明所列词语在任何语用场合都必须儿化。

3. 本表共收词 189 条，按儿化韵母的汉语拼音顺序排列。

4. 本表儿化音节的注音只在基本形式后面加 r，如“一会儿 yīhuìr”，不标语音上的实际变化。

刀把儿 dāobàr	号码儿 hǎomǎr	戏法儿 xìfǎr	在哪儿 zàinǎr
找茬儿 zhǎochár	打杂儿 dǎzár	板擦儿 bǎncār	名牌儿 míngpáir
鞋带儿 xiédàir	壶盖儿 húgàir	小孩儿 xiǎoháir	加塞儿 jiāsāir
快板儿 kuàibǎnr	老伴儿 lǎobànr	蒜瓣儿 suànbànr	脸盘儿 liǎnpánr
脸蛋儿 liǎndànr	收摊儿 shōutanr	栅栏儿 zhàlanr	包干儿 bāogānr
笔杆儿 bǐgǎnr	门槛儿 ménkǎnr	药方儿 yàofāngr	赶趟儿 gǎntàngr
香肠儿 xiāngchángr	瓜瓤儿 guārángr	掉价儿 diàojiàr	一下儿 yīxiàr
豆芽儿 dòuyár	小辫儿 xiǎobiànr	照片儿 zhàopiānr	扇面儿 shànmiànr
差点儿 chàdiǎnr	一点儿 yīdiǎnr	雨点儿 yǔdiǎnr	聊天儿 liáotiānr
拉链儿 lāliànr	冒尖儿 màojiānr	坎肩儿 kǎnjiānr	牙签儿 yáqiānr
露馅儿 lòuxiànr	心眼儿 xīnyǎnr	鼻梁儿 bíliángr	透亮儿 tòuliàngr
花样儿 huāyàngr	脑瓜儿 nǎoguār	大褂儿 dàguàr	麻花儿 máhuār
笑话儿 xiàohuar	牙刷儿 yáshuār	一块儿 yīkuàir	茶馆儿 cháguǎnr
饭馆儿 fànguǎnr	火罐儿 huǒguànr	落款儿 luòkuǎnr	打转儿 dǎzhuànr
拐弯儿 guǎiwānr	好玩儿 hǎowánr	大腕儿 dàwànr	蛋黄儿 dànhuángr
打晃儿 dǎhuàngr	天窗儿 tiānchuāngr	烟卷儿 yānjuǎnr	手绢儿 shǒujuànr
出圈儿 chūquānr	包圆儿 bāoyuánr	人缘儿 rényuánr	绕远儿 ràoyuǎnr
杂院儿 záyuànr	刀背儿 dāobèir	摸黑儿 mōhēir	老本儿 lǎoběnr
花盆儿 huāpénr	嗓门儿 sǎngménr	把门儿 bǎménr	哥们儿 gēmenr
纳闷儿 nàmènr	后跟儿 hòugēnr	高跟儿鞋 gāogēnrxié	别针儿 biézhēnr
一阵儿 yīzhènr	走神儿 zǒushénr	大婶儿 dàshěnr	小人儿书 xiǎorénrshū
杏仁儿 xìngrénr	刀刃儿 dāorènr	钢镚儿 gāngbèngr	夹缝儿 jiāfèngr
脖颈儿 bógěngr	提成儿 tíchéngr	半截儿 bànjiér	小鞋儿 xiǎoxiér
旦角儿 dànjuér	主角儿 zhǔjuér	跑腿儿 pǎotuǐr	一会儿 yīhuìr
耳垂儿 ěrchuír	墨水儿 mòshuǐr	围嘴儿 wéizuǐr	走味儿 zǒuwèir
打盹儿 dǎdǔnr	胖墩儿 pàngdūnr	砂轮儿 shālúnr	冰棍儿 bīnggùnr
没准儿 méizhǔnr	开春儿 kāichūnr	*小瓮儿 xiǎowèngr	瓜子儿 guāzǐr
石子儿 shízǐr	没词儿 méicír	挑刺儿 tiāocìr	墨汁儿 mòzhīr
锯齿儿 jùchǐr	记事儿 jìshìr	针鼻儿 zhēnbír	垫底儿 diàndǐr

肚脐儿 dùqír　玩意儿 wányìr　有劲儿 yǒujìnr　送信儿 sòngxìnr
脚印儿 jiǎoyìnr　花瓶儿 huāpíngr　打鸣儿 dǎmíngr　图钉儿 túdīngr
门铃儿 ménlíngr　眼镜儿 yǎnjìngr　蛋清儿 dànqīngr　火星儿 huǒxīngr
人影儿 rényǐngr　毛驴儿 máolǘr　小曲儿 xiǎoqǔr　痰盂儿 tányúr
合群儿 héqúnr　模特儿 mótèr　逗乐儿 dòulèr　唱歌儿 chànggēr
挨个儿 āigèr　打嗝儿 dǎgér　饭盒儿 fànhér　在这儿 zàizhèr
碎步儿 suìbùr　没谱儿 méipǔr　儿媳妇儿 érxífur　梨核儿 líhúr
泪珠儿 lèizhūr　有数儿 yǒushùr　果冻儿 guǒdòngr　门洞儿 méndòngr
胡同儿 hútòngr　抽空儿 chōukòngr　酒盅儿 jiǔzhōngr　小葱儿 xiǎocōngr
*小熊儿 xiǎoxióngr　红包儿 hóngbāor　灯泡儿 dēngpàor　半道儿 bàndàor
手套儿 shǒutàor　跳高儿 tiàogāor　叫好儿 jiàohǎor　口罩儿 kǒuzhàor
绝着儿 juézhāor　口哨儿 kǒushàor　蜜枣儿 mìzǎor　鱼漂儿 yúpiāor
火苗儿 huǒmiáor　跑调儿 pǎodiàor　面条儿 miàntiáor　豆角儿 dòujiǎor
开窍儿 kāiqiàor　衣兜儿 yīdōur　老头儿 lǎotóur　年头儿 niántóur
小偷儿 xiǎotōur　门口儿 ménkǒur　纽扣儿 niǔkòur　线轴儿 xiànzhóur
小丑儿 xiǎochǒur　顶牛儿 dǐngniúr　抓阄儿 zhuājiūr　棉球儿 miánqiúr
加油儿 jiāyóur　火锅儿 huǒguōr　做活儿 zuòhuór　大伙儿 dàhuǒr
邮戳儿 yóuchuōr　小说儿 xiǎoshuōr　被窝儿 bèiwōr　耳膜儿 ěrmór
粉末儿 fěnmòr

中华人民共和国国家标准
GB/T 16159—2012
汉语拼音正词法基本规则

Basic rules of Chinese phonetic alphabet orthography

2012-06-29 发布

2012-10-01 实施

1 范围

本标准规定了用《汉语拼音方案》拼写现代汉语的规则。内容包括分词连写规则、人名地名拼写规则、大写规则、标调规则、移行规则、标点符号使用规则等。为了适应特殊的需要，同时规定了一些变通规则。

本标准适用于文化教育、编辑出版、中文信息处理及其他方面的汉语拼音拼写。

2 规范性引用文件

下列文件对于本文件的应用是必不可少的。凡是注日期的引用文件，仅注日期的版本适用于本文件。凡是不注日期的引用文件，其最新版本（包括所有的修改单）适用于本文件。

GB/T 15834 标点符号用法

GB/T 28039 中国人名汉语拼音字母拼写规则

《汉语拼音方案》（1958 年 2 月 11 日第一届全国人民代表大会第五次会议批准）

《中国地名汉语拼音字母拼写规则（汉语地名部分）》（1984 年 12 月 25 日中国地名委员会、中国文字改革委员会、国家测绘局发布）

3 术语和定义

下列术语和定义适用于本文件。

3.1

词 word

语言里最小的、可以独立运用的单位。

3.2

汉语拼音方案 scheme for the Chinese phonetic alphabet

给汉字注音和拼写普通话语音的方案，1958 年 2 月 11 日第一届全国人民代表大会第五次会议批准。方案采用拉丁字母，并用附加符号表示声调，是帮助学习汉字和推广普通话的工具。

3.3

汉语拼音正词法 the Chinese phonetic alphabet orthography

汉语拼音的拼写规范及其书写格式的准则。

4 制定原则

4.1 本标准是在《汉语拼音方案》确定的音节拼写规则的基础上进一步规定的词的拼写规则。

4.2 以词为拼写单位，适当考虑语音、语义等因素，并兼顾词的拼写长度。

4.3 按语法词类分节规定分词连写规则。

5　总则

5.1　拼写普通话基本上以词为书写单位。例如：

rén（人）　　pǎo（跑）
hǎo（好）　　nǐ（你）
sān（三）　　gè（个）
hěn（很）　　bǎ（把）
hé（和）　　de（的）
ā（啊）　　pēng（砰）
fúróng（芙蓉）　　qiǎokèlì（巧克力）
māma（妈妈）　　péngyou（朋友）
yuèdú（阅读）　　wǎnhuì（晚会）
zhòngshì（重视）　　dìzhèn（地震）
niánqīng（年轻）　　qiānmíng（签名）
shìwēi（示威）　　niǔzhuǎn（扭转）
chuánzhī（船只）　　dànshì（但是）
fēicháng（非常）　　dīngdōng（叮咚）
āiyā（哎呀）　　diànshìjī（电视机）
tushuguan（图书馆）

5.2　表示一个整体概念的双音节和三音节结构，连写。例如：

quánguó（全国）　　zǒulái（走来）
dǎnxiǎo（胆小）　　huánbǎo（环保）
gōngguān（公关）　　chángyòngcí（常用词）
àiniǎozhōu（爱鸟周）　　yǎnzhōngdīng（眼中钉）
ězuòjù（恶作剧）　　pòtiānhuāng（破天荒）
yīdāoqiē（一刀切）　　duìbuqǐ（对不起）
chīdexiāo（吃得消）

5.3　四音节及四音节以上表示一个整体概念的名称，按词或语节（词语内部由语音停顿而划分成的片段）分写，不能按词或语节划分的，全都连写。例如：

wúfèng gāngguǎn（无缝钢管）　　huánjìng bǎohù guīhuà（环境保护规划）
jīngtǐguǎn gōnglǜ fàngdàqì（晶体管功率放大器）
Zhōnghuá Rénmín Gònghéguó（中华人民共和国）
Zhōngguó Shèhuì Kēxuéyuàn（中国社会科学院）
yánjiūshēngyuàn（研究生院）
hóngshízìhuì（红十字会）　　yúxīngcǎosù（鱼腥草素）
gāoměngsuānjiǎ（高锰酸钾）　　gǔshēngwùxuéjiā（古生物学家）

5.4　单间节词重叠，连写；双音节词重叠，分写。例如：

rénrén（人人）　　niánnián（年年）
kànkan（看看）　　shuōshuo（说说）
dàdà（大大）　　hónghóng de（红红的）
gègè（个个）　　tiáotiáo（条条）
yánjiū yánjiū（研究研究）　　shāngliang shāngliang（商量商量）
xuěbái xuěbái（雪白雪白）　　tōnghóng tōnghóng（通红通红）

重叠并列即 AABB 式结构，连写。例如：

láiláiwǎngwǎng（来来往往） shuōshuōxiàoxiào（说说笑笑）
qīngqīngchǔchǔ（清清楚楚） wānwānqūqū（弯弯曲曲）
fāngfāngmiànmiàn（方方面面） qiānqiānwànwàn（千千万万）

5.5 单音节前附成分（副、总、非、反、超、老、阿、可、无、半等）或单音节后附成分（子、儿、头、性、者、员、家、手、化、们等）与其他词语，连写。例如：

fùbùzhǎng（副部长） zǒnggōngchéngshī（总工程师）
fùzǒnggōngchéngshī（副总工程师） fēijīnshǔ（非金属）
fēiyèwù rényuán（非业务人员） fǎndàndào dǎodàn（反弹道导弹）
chāoshēngbō（超声波） lǎohǔ（老虎）
āyí（阿姨） kěnì fǎnyìng（可逆反应）
wútiáojiàn（无条件） bàndǎotǐ（半导体）
zhuōzi（桌子） jīnr（今儿）
quántou（拳头） kēxuéxìng（科学性）
shǒugōngyèzhě（手工业者） chéngwùyuán（乘务员）
yìshùjiā（艺术家） tuōlājīshǒu（拖拉机手）
xiàndàihuà（现代化） háizimen（孩子们）

5.6 为了便于阅读和理解，某些并列的词、语素之间或某些缩略语当中可用连接号。例如：

bā-jiǔ tiān（八九天） shíqī-bā suì（十七八岁）
rén-jī duìhuà（人机对话） zhōng-xiǎoxué（中小学）
lù-hǎi-kōngjūn（陆海空军） biànzhèng-wéiwù zhǔyì（辩证唯物主义）
Cháng-Sānjiǎo（长三角［长江三角洲］） Hù-Níng-HángDìqū（沪宁杭地区）
Zhè-Gàn Xiàn（浙赣线） Jīng-Zàng Gāosù Gōnglù（京藏高速公路）

6 基本规则

6.1 分词连写规则

6.1.1 名词

6.1.1.1 名词与后面的方位词，分写。例如：

shān shàng（山上） shù xià（树下）
mén wài（门外） mén wàimian（门外面）
hé li（河里） hé lǐmian（河里面）
huǒchē shàngmian（火车上面） xuéxiào pángbiān（学校旁边）
Yǒngdìng Hé shàng（永定河上） Huáng Hé yǐnán（黄河以南）

6.1.1.2 名词与后面的方位词已经成词的，连写。例如：

tiānshang（天上） dìxia（地下）
kōngzhōng（空中） hǎiwài（海外）

6.1.2 动词

6.1.2.1 动词与后面的动态助词“着”、“了”、“过”，连写。例如：

kànzhe（看着） tǎolùn bìng tōngguòle（讨论并通过了）
jìnxíngguo（进行过）

6.1.2.2 句末的“了”兼做语气助词，分写。例如：

Zhè běn shū wǒ kàn le.（这本书我看了。）

6.1.2.3 动词与所带的宾语，分写。例如：

kàn xìn（看信） chī yú（吃鱼）

kāi wánxiào（开玩笑）

jiāoliú jīngyàn（交流经验）

动宾式合成词中间插入其他成分的，分写。

jūle yī gè gōng（鞠了一个躬）

lǐguo sān cì fà（理过三次发）

6.1.2.4 动词（或形容词）与后面的补语，两者都是单音节的，连写；其余情况，分写。例如：

gǎohuài（搞坏）

dǎsǐ（打死）

shútòu（熟透）

jiànchéng（建成［楼房］）

huàwéi（化为［蒸汽］）

dàngzuò（当作［笑话］）

zǒu jìnlái（走进来）

zhěnglǐ hǎo（整理好）

jiànshè chéng（建设成［公园］）

gǎixiěwéi（改写为［剧本］）

6.1.3 形容词

6.1.3.1 单音节形容词与用来表示形容词生动形式的前附成分或后附成分，连写。例如：

mēngmēngliàng（蒙蒙亮）

liàngtángtáng（亮堂堂）

hēigulōngdōng（黑咕隆咚）

6.1.3.2 形容词与后面的"些""一些""点儿""一点儿"，分写。例如：

dà xiē（大些）

dà yīxiē（大一些）

kuài diǎnr（快点儿）

kuài yīdiǎnr（快一点儿）

6.1.4 代词

6.1.4.1 人称代词、疑问代词与其他词语，分写。例如：

Wǒ ài Zhōngguó.（我爱中国。）

Tāmen huílái le.（他们回来了。）

Shuí shuō de?（谁说的?）

Qù nǎlǐ?（去哪里?）

6.1.4.2 指示代词"这"、"那"，疑问代词"哪"与后面的名词或量词，分写。例如：

zhè rén（这人）

nà cì huìyì（那次会议）

zhè zhī chuán（这只船）

nǎ zhāng bàozhǐ（哪张报纸）

指示代词"这"、"那"，疑问代词"哪"与后面的"点儿"、"般"、"边"、"时"、"会儿"，连写。例如：

zhèdiǎnr（这点儿）

zhèbān（这般）

zhèbiān（这边）

nàshí（那时）

nàhuìr（那会儿）

6.1.4.3 "各"、"每"、"某"、"本"、"该"、"我"、"你"等与后面的名词或量词，分写。例如：

gè guó（各国）

gè rén（各人）

gè xuékē（各学科）

měi nián（每年）

měi cì（每次）

mǒu rén（某人）

mǒu gōngchǎng（某工厂）

běn shì（本市）

běn bùmén（本部门）

gāi kān（该刊）

gāi gōngsī（该公司）

wǒ xiào（我校）

nǐ dānwèi（你单位）

6.1.5 数词和量词

6.1.5.1 汉字数字用汉语拼音拼写，阿拉伯数字则仍保留阿拉伯数字写法。例如：

èr líng líng bā nián（二〇〇八年）
èr fēn zhī yī（二分之一）
wǔ yòu sì fēn zhī sān（五又四分之三）
sān diǎn yī sì yī liù（三点一四一六）
líng diǎn liù yī bā（零点六一八）
635 fēnjī（635 分机）

6.1.5.2 十一到九十九之间的整数，连写。例如：

shíyī（十一）
shíwǔ（十五）
sānshísān（三十三）
jiǔshíjiǔ（九十九）

6.1.5.3 “百”“千”“万”“亿”与前面的个位数，连写；“万”“亿”与前面的十位以上的数，分写，当前面的数词为“十”时，也可连写。例如：

shí yì líng qīwàn èrqiān sānbǎi wǔshíliù/shíyì líng qīwàn èrqiān sānbǎi wǔshíliù（十亿零七万二千三百五十六）

liùshísān yì qīqiān èrbǎi liùshíbā wàn sìqiān líng jiǔshíwǔ（六十三亿七千二百六十八万四千零九十五）

6.1.5.4 数词与前面表示序数的“第”中间，加连接号。例如：

dì-yī（第一）
dì-shísān（第十三）
dì-èrshíbā（第二十八）
dì-sānbǎi wǔshíliù（第三百五十六）

数词（限于“一”至“十”）与前面表示序数的“初”，连写。例如：

chūyī（初一）
chūshí（初十）

6.1.5.5 代表月日的数词，中间加连接号。例如：

wǔ-sì（五四）
yī'èr-jiǔ（一二·九）

6.1.5.6 数词与量词，分写。例如：

liǎng gè rén（两个人）
yī dà wǎn fàn（一大碗饭）
liǎng jiān bàn wūzi（两间半屋子）
kàn liǎng biàn（看两遍）

数词、量词与表示约数的“多”、“来”、“几”，分写。例如：

yībǎi duō gè（一百多个）
shí lái wàn rén（十来万人）
jǐ jiā rén（几家人）
jǐ tiān gōngfu（几天工夫）

“十几”、“几十”连写。例如：

shíjǐ gè rén（十几个人）
jǐshí gēn gāngguǎn（几十根钢管）

两个邻近的数字或表位数的单位并列表示约数，中间加连接号。例如：

sān-wǔ tiān（三五天）
qī-bā gè（七八个）
yì-wàn nián（亿万年）
qiān-bǎi cì（千百次）

复合量词内各并列成分连写。例如：

réncì（人次）
qiānwǎxiǎoshí（千瓦小时）
dūngōnglǐ（吨公里）
qiānkèmǐměimiǎo（千克·米/秒）

6.1.6 副词

副词与后面的词语，分写。例如：

hěn hǎo（很好）
dōu lái（都来）
gèng měi（更美）
zuì dà（最大）
bù lái（不来）
bù hěn hǎo（不很好）
gānggāng zǒu（刚刚走）
fēicháng kuài（非常快）
shífēn gǎndòng（十分感动）

6.1.7 介词

介词与后面的其他词语，分写。例如：

zài qiánmiàn zǒu（在前面走） xiàng dōngbian qù（向东边去）
wèi rénmín fúwù（为人民服务） cóng zuótiān qǐ（从昨天起）
bèi xuǎnwéi dàibiǎo（被选为代表） shēng yú 1940 nián（生于 1940 年）
guānyú zhège wèntí（关于这个问题） cháozhe xiàbian kàn（朝着下边看）

6.1.8 连词

连词与其他词语，分写。例如：

gōngrén hé nóngmín（工人和农民） tóngyì bìng yōnghù（同意并拥护）
guāngróng ér jiānjù（光荣而艰巨） bùdàn kuài érqiě hǎo（不但快而且好）
Nǐ lái háishi bù lái?（你来还是不来?）
Rúguǒ xià dàyǔ，bǐsài jiù tuīchí.（如果下大雨，比赛就推迟。）

6.1.9 助词

6.1.9.1 结构助词“的”、“地”、“得”、“之”、“所”等与其他词语，分写。其中，“的”、“地”、“得”前面的词是单音节的，也可连写。例如：

dàdì de nǚ'ér（大地的女儿）
Zhè shì wǒ de shū. /Zhè shì wǒde shū.（这是我的书。）
Wǒmen guòzhe xìngfú de shēnghuó.（我们过着幸福的生活。）
Shāngdiàn li bǎimǎnle chī de，chuān de，yòng de. /Shāngdiàn li bǎimǎnle chīde chuānde，yòng de.（商店里摆满了吃的、穿的、用的。）
mài qīngcài luóbo de（卖青菜萝卜的）
Tā zài dàjiē shang mànman de zǒu.（他在大街上慢慢地走。）
Tǎnbái de gàosu nǐ ba.（坦白地告诉你吧。）
Tā yī bù yī gè jiǎoyìnr de gōngzuòzhe.（他一步一个脚印儿地工作着。）
dǎsǎo de gānjìng（打扫得干净 ） xiě de bù hǎo /xiěde bù hǎo（写得不好）
hóng de hěn/hóngde hěn（红得很） lěng de fādǒu/lěngde fādǒu（冷得发抖）
shàonián zhī jiā（少年之家） zuì fādá de guójiā zhī yī（最发达的国家之一）
jù wǒ suǒ zhī（据我所知）
bèi yīngxióng de shìjì suǒ gǎndòng（被英雄的事迹所感动）

6.1.9.2 语气助词与其他词语，分写。例如：

Nǐ zhīdào ma?（你知道吗?） Zěnme hái bù lái a?（怎么还不来啊?）
Kuài qù ba！（快去吧！） Tā shì yīdìng huì lái de.（他是一定会来的。）
Huǒchē dào le.（火车到了。）
Tā xīnli míngbai，zhǐshì bù shuō bàle.（他心里明白，只是不说罢了。）

6.1.9.3 动态助词

动态助词主要有“着”、“了”、“过”。见 6.1.2.1 的规定。

6.1.10 叹词

叹词通常独立于句法结构之外，与其他词语分写。例如：

À! zhēn měi!（啊！真美!） Ńg，nǐ shuō shénme?（嗯，你说什么?）
Hng，zǒuzhe qiáo ba!（哼，走着瞧吧!）
Tīng míngbai le ma? Wèi！（听明白了吗？喂!）
Āiyā，wǒ zěnme bù zhīdào ne!（哎呀，我怎么不知道呢!）

6.1.11 拟声词

拟声词与其他词语，分写。例如：

"hōnglōng" yī shēng（"轰隆"一声）

chánchán liúshuǐ（潺潺流水）

mó dāo huòhuò（磨刀霍霍）

jījīzhāzhā jiào gè bù tíng(叽叽喳喳叫个不停)

Dà gōngjī wōwō tí.（大公鸡喔喔啼。）

"Dū——", qìdí xiǎng le（"嘟——"，汽笛响了。）

Xiǎoxī huāhuā de liútǎng。（小溪哗哗地流淌。）

6.1.12 成语和其他熟语

6.1.12.1 成语通常作为一个语言单位使用，以四字文言语句为主。结构上可以分为两个双音节的，中间加连接号。例如：

fēngpíng-làngjìng（风平浪静）

àizēng-fēnmíng（爱憎分明）

shuǐdào-qúchéng（水到渠成）

yángyáng-dàguān（洋洋大观）

píngfēn-qiūsè（平分秋色）

guāngmíng-lěiluò（光明磊落）

diānsān-dǎosì（颠三倒四）

结构上不能分为两个双音节的，全部连写。例如：

céngchūbùqióng（层出不穷）

bùyìlèhū（不亦乐乎）

zǒng'éryánzhī（总而言之）

àimònéngzhù（爱莫能助）

yīyīdàishuǐ（一衣带水）

6.1.12.2 非四字成语和其他熟语内部按词分写。例如：

bēi hēiguō（背黑锅）

yī bíkǒng chū qìr（一鼻孔出气儿）

bā gānzi dǎ bù zháo（八竿子打不着）

zhǐ xǔ zhōuguān fàng huǒ, bù xǔ bǎixìng diǎn dēng（只许州官放火，不许百姓点灯）

xiǎocōng bàn dòufu ——yīqīng-èrbái（小葱拌豆腐——一清二白）

6.2 人名地名拼写规则

6.2.1 人名拼写

6.2.1.1 汉语人名中的姓和名分写，姓在前，名在后。复姓连写。双姓中间加连接号。姓和名的首字母分别大写，双姓两个字首字母都大写。笔名、别名等，按姓名写法处理。例如：

Lǐ Huá（李华）

Wáng Jiànguó（王建国）

Dōngfāng Shuò（东方朔）

Zhūgě Kǒngmíng（诸葛孔明）

Zhāng-Wáng Shūfāng（张王淑芳）

Lǔ Xùn（鲁迅）

Méi Lánfāng（梅兰芳）

Zhāng Sān（张三）

Wáng Mázi（王麻子）

6.2.1.2 人名与职务、称呼等，分写；职务、称呼等首字母小写。例如：

Wáng bùzhǎng（王部长）

Tián zhǔrèn（田主任）

Wú kuàijì（吴会计）

Lǐ xiānsheng（李先生）

Zhào tóngzhì（赵同志）

Liú lǎoshī（刘老师）

Dīng xiōng（丁兄）

Zhāng mā（张妈）

Zhāng jūn（张君）

Wú lǎo（吴老）

Wáng shì（王氏）

Sūn mǒu（孙某）

Guóqiáng tóngzhì（国强同志）

Huìfāng āyí（慧芳阿姨）

6.2.1.3 "老"、"小"、"大"、"阿"等与后面的姓、名、排行，分写，分写部分的首字母分别大写。例如：

Xiǎo Liú（小刘）

Lǎo Qián（老钱）

Lǎo Zhāngtóur（老张头儿）

Dà Lǐ（大李）

Ā Sān（阿三）

6.2.1.4 已经专名化的称呼，连写，开头大写。例如：

Kǒngzǐ（孔子）

Bāogōng（包公）

Xīshī（西施）

Mèngchángjūn（孟尝君）

6.2.2 地名拼写

6.2.2.1 汉语地名中的专名和通名，分写，每一分写部分的首字母大写。例如：

Běijīng Shì（北京市）

Héběi Shěng（河北省）

Yālù Jiāng（鸭绿江）

Tài Shān（泰山）

Dòngtíng Hú（洞庭湖）

Táiwān Hǎixiá（台湾海峡）

6.2.2.2 专名与通名的附加成分，如是单音节的，与其相关部分连写。例如：

Xīliáo Hé（西辽河）

Jǐngshān Hòujiē（景山后街）

Cháoyángménnèi Nánxiǎojiē（朝阳门内南小街）

Dōngsì Shítiáo（东四十条）

6.2.2.3 已专名化的地名不再区分专名和通名，各音节连写。例如：

Hēilóngjiāng（黑龙江［省］）

Wángcūn（王村［镇］）

Jiǔxiānqiáo（酒仙桥［医院］）

不需区分专名和通名的地名，各音节连写。例如：

Zhōukǒudiàn（周口店）

Sāntányìnyuè（三潭印月）

6.2.3 非汉语人名、地名的汉字名称，用汉语拼音拼写。例如：

Wūlánfū（乌兰夫，Ulanhu）

Jièchuān Lóngzhījiè（芥川龙之介，Akutagawa Ryunosuke）

Āpèi Āwàngjìnměi（阿沛·阿旺晋美，Ngapoi Ngawang Jigme）

Mǎkèsī（马克思，Marx）

Wūlǔmùqí（乌鲁木齐，Ürümqi）

Lúndūn（伦敦，London）

Dōngjīng（东京，Tokyo）

6.2.4 人名、地名拼写的详细规则，遵循 GB/T 28039《中国人名汉语拼音字母拼写规则》《中国地名汉语拼音字母拼写规则（汉语地名部分）》。

6.3 大写规则

6.3.1 句子开头的字母大写。例如：

Chūntiān lái le.（春天来了。）

Wǒ ài wǒ de jiāxiāng.（我爱我的家乡。）

诗歌每行开头的字母大写。例如：

《Yǒude Rén》(《有的人》)

Zāng kèjiā（臧克家）

Yǒude rén huózhe,（有的人活着，）
Tā yǐjīng sǐ le;（他已经死了；）
Yǒude rén sǐ le,（有的人死了，）
Tā hái huózhe.（他还活着。）

6.3.2 专有名词的首字母大写。例如：

Běijīng（北京）

Chángchéng（长城）

Qīngmíng（清明）

Jǐngpōzú（景颇族）

Fēilǜbīn（菲律宾）

由几个词组成的专有名词，每个词的首字母大写。例如：

Guójì Shūdiàn（国际书店）

Hépíng Bīnguǎn（和平宾馆）

Guāngmíng Rìbào（光明日报）

Guójiā Yǔyán Wénzì Gōngzuò Wěiyuánhuì（国家语言文字工作委员会）

在某些场合，专有名词的所有字母可全部大写。例如：

XIANDAI HANYU CIDIAN（现代汉语词典）　BEIJING（北京）

LI HUA（李华）　DONGFANG SHUO（东方朔）

6.3.3 专有名词成分与普通名词成分连写在一起，是专有名词或视为专有名词的，首字母大写。例如：

Míngshǐ（明史）　Hànyǔ（汉语）

Yuèyǔ（粤语）　Guǎngdōnghuà（广东话）

Fójiào（佛教）　Tángcháo（唐朝）

专有名词成分与普通名词成分连写在一起，是一般语词或视为一般语词的，首字母小写。例如：

guǎnggān（广柑）　jīngjù（京剧）

ējiāo（阿胶）　zhōngshānfú（中山服）

chuānxiōng（川芎）　zàngqīngguǒ（藏青果）

zhāoqín-mùchǔ（朝秦暮楚）　qiánlǘzhījì（黔驴之技）

6.4 缩写规则

6.4.1 连写的拼写单位（多音节词或连写的表示一个整体概念的结构），缩写时取每个汉字拼音的首字母，大写并连写。例如：

Běijīng（缩写：BJ）（北京）　ruǎnwò（缩写：RW）（软卧）

6.4.2 分写的拼写单位（按词或语节分写的表示一个整体概念的结构），缩写时以词或语节为单位取首字母，大写并连写。例如：

guójiā biāozhǔn（缩写：GB）（国家标准）

hànyǔ shuǐpíng kǎoshì（缩写：HSK）（汉语水平考试）

pǔtōnghuà shuǐpíng cèshì（缩写 ：PSC）（普通话水平测试）

6.4.3 为了给汉语拼音的缩写形式做出标记，可在每个大写字母后面加小圆点。例如：

Běijīng（北京）也可缩写：B. J.　guójiābiāozhǔn（国家标准）也可缩写：G. B.

6.4.4 汉语人名的缩写，姓全写，首字母大写或每个字母大写；名取每个汉字拼音的首字母，大写，后面加小圆点。例如：

Lǐ Huá（缩写：Lǐ H. 或 LI H.）（李华）

Wáng Jiànguó（缩写：Wáng J. G. 或 WANG J. G. ）（王建国）

Dōngfāng Shuò（缩写：Dōngfāng S. 或 DONGFANG S. ）（东方朔）

Zhūgě kǒngmíng（缩写：Zhūgě K. M. 或 ZHUGE K. M. ）（诸葛孔明）

6.5 标调规则

6.5.1 声调符号标在一个音节的主要元音（韵腹）上。韵母 iu，ui，声调符号标在后面的字母上面。在 i 上标声调符号，应省去 i 上的小点。例如：

āyí（阿姨）　cèlüè（策略）

dàibiǎo（代表）　guāguǒ（瓜果）

huáishù（槐树）　kǎolǜ（考虑）

liúshuǐ（流水）　xīnxiān（新鲜）

轻声音节不标声调。例如：

zhuāngjia（庄稼）　qīngchu（清楚）

kàndeqǐ（看得起）

6.5.2　“一”、“不”一般标原调，不标变调。例如：

yī jià（一架）　yī tiān（一天）

yī tóu（一头）　yī wǎn（一碗）

bù qù（不去）　bù duì（不对）

bùzhìyú（不至于）

在语言教学等方面，可根据需要按变调标写。例如：

yī tiān（一天）可标为 yì tiān，bù duì（不对 ）可标为 bú duì。

6.5.3　ABB、AABB 形式的词语，BB 一般标原调，不标变调。例如：

lǜyóuyóu（绿油油）　chéndiàndiàn（沉甸甸）

hēidòngdòng（黑洞洞）　piàopiàoliàngliàng（漂漂亮亮）

有些词语的 BB 在语言实际中只读变调，则标变调。例如：

hóngtōngtōng（红彤彤）　xiāngpēnpēn（香喷喷）

huángdēngdēng（黄澄澄）

6.5.4　在某些场合，专有名词的拼写，也可不标声调。例如：

Li Hua（缩写：Li H. 或 LI H.）（李华）　Běijīng（北京）

RENMIN RIBAO（人民日报）　WANGFUJING DAJIE（王府井大街）

6.5.5　除了《汉语拼音方案》规定的符号标调法以外，在技术处理上，也可采用数字、字母等标明声调，如采用阿拉伯数字 1、2、3、4、0 分别表示汉语四声和轻声。

6.6　移行规则

6.6.1　移行要按音节分开，在没有写完的地方加连接号。音节内部不可拆分。例如：

guāngmíng（光明）移作“……guāng-

míng”（光明）

不能移作“……gu-

āngmíng”（光明）。

缩写词（如 GB，HSK，汉语人名的缩写部分）不可移行。

Wáng J. G.（王建国）移作“……Wáng

J. G.”（王建国）

不能移作“……Wáng J. -

G.”（王建国）。

6.6.2　音节前有隔音符号，移行时，去掉隔音符号，加连接号。例如：

Xī'ān（西安）移作“……Xī-

ān”（西安）

不能移作“……Xī'-

ān”（西安）。

6.6.3　在有连接号处移行时，末尾保留连接号，下行开头补加连接号。例如：

chēshuǐ-mǎlóng（车水马龙）移作“……chēshuǐ-

-mǎlóng”（车水马龙）

6.7　标点符号使用规则

汉语拼音拼写时，句号使用小圆点“.”，连接号用半字线“-”，省略号也可使用3个小圆点“···”，顿号也可用逗号“,”代替，其他标点符号遵循GB/T 15834的规定。

7 变通规则

7.1 根据识字需要（如小学低年级和幼儿汉语识字读物），可按字注音。

7.2 辞书注音需要显示成语及其他词语内部结构时，可按词或语素分写。例如：

chīrén shuō mèng（痴人说梦） wèi yǔ chóumóu（未雨绸缪）
shǒu kǒu rú píng（守口如瓶） Hēng-Hā èr jiàng（哼哈二将）
Xī Liáo Hé（西辽河） Nán-Běi Cháo（南北朝）

7.3 辞书注音为了提示轻声音节，音节前可标中圆点。例如：

zhuāng · jia（庄稼） qīng · chu（清楚）
kàn · deqǐ（看得起）

如是轻重两读，音节上仍标声调。例如：

hóu · lóng（喉咙） zhī · dào（知道）
tǔ · xīngqì（土腥气）

7.4 在中文信息处理方面，表示一个整体概念的多音节结构，可全部连写。例如：

guómínshēngchǎnzǒngzhí（国民生产总值）
jìsuànjītǐcéngchéngxiàngyí（计算机体层成像仪）
shìjièfēiwùzhìwénhuàyíchǎn（世界非物质文化遗产）

普通话异读词审音表

本表是由国家语言文字工作委员会和国家教育委员会（今国家教育部）和广播电视部（今国家新闻出版广电总局）于1985年12月发布的。到目前为止，它是关于异读词读音规范的最新的法定标准，是我们规范异读字读音的主要依据。普通话异读词审音表着眼于普通话词语的一些异读现象来审定读音，继承了1963年发布的《普通话异读词三次审音总表初稿》的成果，重新审订了某些读音。

A

阿（一）ā
　～訇　～罗汉
　～木林　～姨
　（二）ē
　～谀　～附　～胶
　～弥陀佛

挨（一）āi
　～个　～近
　（二）ái
　～打　～说

癌 ái（统读）

霭 ǎi（统读）

蔼 ǎi（统读）

隘 ài（统读）

谙 ān（统读）

埯 ǎn（统读）

昂 áng（统读）

凹 āo（统读）

拗（一）ào
　～口
　（二）niù
　执～　脾气很～

坳 ào（统读）

B

拔 bá（统读）

把 bà
　印～子

白 bái（统读）

膀 bǎng
　翅～

蚌（一）bàng
　蛤～
　（二）bèng
　～埠

傍 bàng（统读）

磅 bàng
　过～

龅 bāo（统读）

胞 bāo（统读）

薄（一）báo（语）
　常单用，如“纸很～”。
　（二）bó（文）
　多用于复音词。
　～弱　稀～　淡～
　尖嘴～舌　单～
　厚～

堡（一）bǎo
　碉～　～垒
　（二）bǔ
　～子　吴～　瓦窑～
　柴沟～
　（三）pù
　十里～

暴（一）bào
　～露
　（二）pù
　一～（曝）十寒

爆 bào（统读）

焙 bèi（统读）

惫 bèi（统读）

背 bèi
　～脊　～静

鄙 bǐ（统读）

俾 bǐ（统读）

笔 bǐ（统读）

比 bǐ（统读）

臂（一）bì
　手～　～膀
　（二）bei
　胳～

庇 bì（统读）

髀 bì（统读）

避 bì（统读）

辟 bì
　复～

裨 bì
　～补　～益

婢 bì（统读）

痹 bì（统读）

壁 bì（统读）

蝙 biān（统读）

遍 biàn（统读）

骠（一）biāo
　黄～马
　（二）piào
　～骑　～勇

傧 bīn（统读）

缤 bīn（统读）

濒 bīn（统读）

髌 bìn（统读）

屏（一）bǐng
　～除　～弃　～气
　～息
　（二）píng

～藩　～风
柄 bǐng（统读）
波 bō（统读）
播 bō（统读）
菠 bō（统读）
剥（一）bō（文）
～削
（二）bāo（语）
泊（一）bó
淡～　飘～　停～
（二）pō
湖～　血～
帛 bó（统读）
勃 bó（统读）
钹 bó（统读）
伯（一）bó
～～（bo）　老～
（二）bǎi
大～子（丈夫的哥哥）
箔 bó（统读）
簸（一）bǒ
颠～
（二）bò
～箕
膊 bo
胳～
卜 bo
萝～
醭 bú（统读）
哺 bǔ（统读）
捕 bǔ（统读）
鵏 bǔ（统读）
埠 bù（统读）

C

残 cán（统读）
惭 cán（统读）
灿 càn（统读）
藏（一）cáng
矿～
（二）zàng
宝～

糙 cāo（统读）
嘈 cáo（统读）
螬 cáo（统读）
厕 cè（统读）
岑 cén（统读）
差（一）chā（文）
不～累黍　不～什么
偏～　色～　～别
视～　误～　电势～
一念之～　～池
～错
言～语错　一～二错
阴错阳～　～等
～额　～价
～强人意　～数
～异
（二）chà（语）
～不多　～不离　～点儿
（三）cī
参～
猹 chá（统读）
搽 chá（统读）
阐 chǎn（统读）
羼 chàn（统读）
颤（一）chàn
～动　发～
（二）zhàn
～栗（战栗）　打～（打战）
韂 chàn（统读）
伥 chāng（统读）
场（一）chǎng
～合　～所　冷～
捧～
（二）cháng
外～　圩～　～院
一～雨
（三）chang
排～
钞 chāo（统读）
巢 cháo（统读）

嘲 cháo
～讽　～骂　～笑
耖 chào（统读）
车（一）chē
安步当～　杯水～薪
闭门造～　螳臂当～
（二）jū
（象棋棋子名称）
晨 chén（统读）
称 chèn
～心　～意　～职
对～　相～
撑 chēng（统读）
乘（动作义，念 chéng）
包～制　～便
～风破浪　～客
～势　～兴
橙 chéng（统读）
惩 chéng（统读）
澄（一）chéng（文）
～清（如“～清混乱”、“～清问题”）
（二）dèng（语）
单用，如“把水～清了”。
痴 chī（统读）
吃 chī（统读）
弛 chí（统读）
褫 chǐ（统读）
尺 chǐ
～寸　～头
豉 chǐ（统读）
侈 chǐ（统读）
炽 chì（统读）
舂 chōng（统读）
冲 chòng
～床　～模
臭（一）chòu
遗～万年
（二）xiù
乳～　铜～
储 chǔ（统读）

处 chǔ（动作义）

～罚　～分　～决

～理　～女　～置

畜（一）chù（名物义）

～力　家～　牲～

幼～

（二）xù（动作义）

～产　～牧　～养

触 chù（统读）

搐 chù（统读）

绌 chù（统读）

黜 chù（统读）

闯 chuǎng（统读）

创（一）chuàng

草～　～举　首～

～造　～作

（二）chuāng

～伤　重～

绰（一）chuò

～～有余

（二）chuo

宽～

疵 cī（统读）

雌 cí（统读）

赐 cì（统读）

伺 cì

～候

枞（一）cōng

～树

（二）zōng

～阳〔地名〕

从 cóng（统读）

丛 cóng（统读）

攒 cuán

万头～动　万箭～心

脆 cuì（统读）

撮（一）cuō

～儿　一～儿盐

一～儿匪帮

（二）zuǒ

一～儿毛

措 cuò（统读）

D

搭 dā（统读）

答（一）dá

报～　～复

（二）dā

～理　～应

打 dá

苏～　一～（十二个）

大（一）dà

～夫（古官名）　～王（如爆破～王、钢铁～王）

（二）dài

～夫（医生）　～黄

～王（如山～王）

～城［地名］

呆 dāi（统读）

傣 dǎi（统读）

逮（一）dài（文）如"～捕"。

（二）dǎi（语）单用，如"～蚊子"、"～特务"。

当（一）dāng

～地　～间儿

～年（指过去）

～日（指过去）

～天（指过去）

～时（指过去）

螳臂～车

（二）dàng

一个～俩　安步～车

适～

～年（同一年）

～日（同一时候）

～天（同一天）

档 dàng（统读）

蹈 dǎo（统读）

导 dǎo（统读）

倒（一）dǎo

颠～　颠～是非

颠～黑白　颠三～四

倾箱～箧　排山～海

～板　～嚼　～仓

～嗓　～戈　潦～

（二）dào

～粪（把粪弄碎）

悼 dào（统读）

纛 dào（统读）

凳 dèng（统读）

羝 dī（统读）

氐 dī〔古民族名〕

堤 dī（统读）

提 dī

～防

的 dí

～当　～确

抵 dǐ（统读）

蒂 dì（统读）

缔 dì（统读）

谛 dì（统读）

点 dian

打～（收拾、贿赂）

跌 diē（统读）

蝶 dié（统读）

订 dìng（统读）

都（一）dōu

～来了

（二）dū

～市　首～

大～（大多）

堆 duī（统读）

吨 dūn（统读）

盾 dùn（统读）

多 duō（统读）

咄 duō（统读）

掇（一）duō（"拾取、采取"义）

（二）duo

撺～　掂～

裰 duō（统读）

踱 duó（统读）

度 duó

忖～　～德量力

E

婀 ē（统读）

F

伐 fá（统读）

阀 fá（统读）

砝 fǎ（统读）

法 fǎ（统读）

发 fà

理～　脱～　结～

帆 fān（统读）

藩 fān（统读）

梵 fàn（统读）

坊（一）fāng

牌～　～巷

（二）fáng

粉～　磨～　碾～

染～　油～　谷～

妨 fáng（统读）

防 fáng（统读）

肪 fáng（统读）

沸 fèi（统读）

汾 fén（统读）

讽 fěng（统读）

肤 fū（统读）

敷 fū（统读）

俘 fú（统读）

浮 fú（统读）

服 fú

～毒　～药

拂 fú（统读）

辐 fú（统读）

幅 fú（统读）

甫 fǔ（统读）

复 fù（统读）

缚 fù（统读）

G

噶 gá（统读）

冈 gāng（统读）

刚 gāng（统读）

岗 gǎng

～楼　～哨　～子

门～　站～　山～子

港 gǎng（统读）

葛（一）gé

～藤　～布　瓜～

（二）gě［姓］（包括单、复姓）

隔 gé（统读）

革 gé

～命　～新　改～

合 gě

（一升的十分之一）

给（一）gěi（语）单用。

（二）jǐ（文）

补～　供～　供～制

～予　配～

自～自足

亘 gèn（统读）

更 geng

五～　～生

颈 gěng

脖～子

供（一）gōng

～给　提～　～销

（二）gòng

口～　翻～　上～

佝 gōu（统读）

枸 gǒu

～杞

勾 gòu

～当

估（除"～衣"读 gù 外，都读 gū）

骨（除"～碌"、"～朵"读 gū 外，都读 gǔ）

谷 gǔ

～雨

锢 gù（统读）

冠（一）guān（名物义）

～心病

（二）guàn（动作义）

沐猴而～　～军

犷 guǎng（统读）

庋 guǐ（统读）

桧（一）guì［树名］

（二）huì［人名］

秦～

刽 guì（统读）

聒 guō（统读）

蝈 guō（统读）

过（除姓氏读 guō 外，都读 guò）

H

虾 há

～蟆

哈（一）hǎ

～达

（二）hà

～什蚂

汗 hán

可～

巷 hàng

～道

号 háo

寒～虫

和（一）hè

唱～　附～　曲高～寡

（二）huo

搀～　搅～　暖～

热～　软～

貉（一）hé（文）

一丘之～

（二）háo（语）

～绒　～子

壑 hè（统读）

褐 hè（统读）

喝 hè

～采　～道　～令

～止　呼幺～六

鹤 hè（统读）

黑 hēi（统读）

亨 hēng（统读）

横（一）héng

～肉　～行霸道

（二）hèng

蛮～　～财
訇 hōng（统读）
虹（一）hóng（文）
～彩　～吸
（二）jiàng（语）
单说。
讧 hòng（统读）
囫 hú（统读）
瑚 hú（统读）
蝴 hú（统读）
桦 huà（统读）
徊 huái（统读）
踝 huái（统读）
浣 huàn（统读）
黄 huáng（统读）
荒 huang
饥～（指经济困难）
诲 huì（统读）
贿 huì（统读）
会 huì
一～儿　多～儿
～厌（生理名词）
混 hùn
～合　～乱　～凝土
～淆　～血儿
～杂
蠖 huò（统读）
霍 huò（统读）
豁 huò
～亮
获 huò（统读）
J
羁 jī（统读）
击 jī（统读）
奇 jī
～数
芨 jī（统读）
缉（一）jī
通～　侦～
（二）qī
～鞋口
几 jī
茶～　条～
圾 jī（统读）
戢 jí（统读）
疾 jí（统读）
汲 jí（统续）
棘 jí（统读）
藉 jí
狼～（籍）
嫉 jí（统读）
脊 jǐ（统读）
纪（一）jǐ〔姓〕
（二）jì
～念　～律　纲～
～元
偈 jì
～语
绩 jì（统读）
迹 jì（统读）
寂 jì（统读）
箕 ji
簸～
辑 ji
逻～
茄 jiā
雪～
夹 jiā
～带藏掖　～道儿
～攻　～棍　～生
～杂　～竹桃　～注
浃 jiā（统读）
甲 jiǎ（统读）
歼 jiān（统读）
鞯 jiān（统读）
间（一）jiān
～不容发　中～
（二）jiàn
中～儿　～道　～课
～断　～或　～接
～距　～隙　～续
～阻　～作
挑拨离～
趼 jiǎn（统读）
俭 jiǎn（统读）
缰 jiāng（统读）
膙 jiǎng（统读）
嚼（一）jiáo（语）
味同～蜡
咬文～字
（二）jué（文）
咀～　过屠门而大～
（三）jiào
倒～（倒嚼）
侥 jiǎo
～幸
角（一）jiǎo
八～（大茴香）　～落
独～戏　～膜　～度
～儿（犄～）　～楼
勾心斗[illegible]　[illegible]
口～（嘴～）
鹿～菜　头～
（二）jué
～斗　～儿（脚色）
口～（吵嘴）
主～儿　配～儿
～力　捧～儿
脚（一）jiǎo
根～
（二）jué
～儿（也作“角儿”，脚色）
剿（一）jiǎo
围～
（二）chāo
～说　～袭
校 jiào
～勘　～样　～正
较 jiào（统读）
酵 jiào（统读）
嗟 jiē（统读）
疖 jiē（统读）
结（除“～了个果子”、“开花～果”、“～巴”、“～实”念

jiē 之外，其他都念 jié）

睫 jié（统读）

芥（一）jiè

～菜（一般的芥菜）

～末

（二）gài

～菜（也作“盖菜”）

～蓝菜

矜 jīn

～持　自～　～怜

仅 jǐn

～～　绝无～有

馑 jǐn（统读）

觐 jìn（统读）

浸 jìn（统读）

斤 jin

千～（起重的工具）

茎 jīng（统读）

粳 jīng（统读）

鲸 jīng（统读）

境 jìng（统读）

痉 jìng（统读）

劲 jìng

刚～

窘 jiǒng（统读）

究 jiū（统读）

纠 jiū（统读）

鞠 jū（统读）

鞫 jū（统读）

掬 jū（统读）

苴 jū（统读）

咀 jǔ

～嚼

矩（一）jǔ

～形

（二）ju

规～

俱 jù（统读）

龟 jūn

～裂（也作“皲裂”）

菌（一）jūn

细～　病～　杆～

霉～

（二）jùn

香～　～子

俊 jùn（统读）

K

卡（一）kǎ

～宾枪　～车

～介苗　～片　～通

（二）qiǎ

～子　关～

揩 kāi（统读）

慨 kǎi（统读）

忾 kài（统读）

勘 kān（统读）

看 kān

～管　～护　～守

慷 kāng（统读）

拷 kǎo（统读）

坷 kē

～拉（垃）

疴 kē（统读）

壳（一）ké（语）

～儿　贝～儿　脑～

驳～枪

（二）qiào（文）

地～　甲～　躯～

可（一）kě

～～儿的

（二）kè

～汗

恪 kè（统读）

刻 kè（统读）

克 kè

～扣

空（一）kōng

～心砖　～城计

（二）kòng

～心吃药

眍 kōu（统读）

矻 kū（统读）

酷 kù（统读）

框 kuàng（统读）

矿 kuàng（统读）

傀 kuǐ（统读）

溃（一）kuì

～烂

（二）huì

～脓

篑 kuì（统读）

括 kuò（统读）

L

垃 lā（统读）

邋 lā（统读）

罱 lǎn（统读）

缆 lǎn（统读）

蓝 lan

苤～

琅 láng（统读）

捞 lāo（统读）

劳 láo（统读）

醪 láo（统读）

烙（一）lào

～印　～铁　～饼

（二）luò

炮～（古酷刑）

勒（一）lè（文）

～逼　～令　～派

～索　悬崖～马

（二）lēi（语）多单用。

擂（除“～台”、“打～”读 lèi 外，都读 léi）

礌 léi（统读）

羸 léi（统读）

蕾 lěi（统读）

累（一）lèi

（辛劳义，如“受～”［受劳～］）

（二）léi

（如“～赘”）

（三）lěi

（牵连义，如“带～”、“～及”、“连～”、

“赔～”、“牵～”、“受～”［受牵～］）
蠡（一）lí
管窥～测
（二）lǐ
～县 范～
喱 lí（统读）
连 lián（统读）
敛 liǎn（统读）
恋 liàn（统读）
量（一）liàng
～入为出 忖～
（二）liang
打～ 掂～
踉 liàng
～跄
潦 liáo
～草 ～倒
劣 liè（统读）
捩 liè（统读）
趔 liè（统读）
拎 līn（统读）
遴 lín（统读）
淋（一）lín
～浴 ～漓 ～巴
（二）lìn
～硝 ～盐 ～病
蛉 líng（统读）
榴 liú（统读）
馏（一）liú（文）如“干～”、“蒸～”。
（二）liù（语）如“～馒头”。
镏 liú
～金
碌 liù
～碡
笼（一）lóng（名物义）
～子 牢～
（二）lǒng（动作义）
～络 ～括 ～统
～罩
偻（一）lóu
佝～
（二）lǚ
伛～
䁖 lou
眍～
虏 lǔ（统读）
掳 lǔ（统读）
露（一）lù（文）
赤身～体 ～天
～骨 ～头角
藏头～尾 抛头～面
～头（矿）
（二）lòu（语）
～富 ～苗 ～光
～相 ～马脚 ～头
榈 lǘ（统读）
捋（一）lǚ
～胡子
（二）luō
～袖子
绿（一）lǜ（语）
（二）lù（文）
～林 鸭～江
孪 luán（统读）
挛 luán（统读）
掠 lüè（统读）
囵 lún（统读）
络 luò
～腮胡子
落（一）luò（文）
～膘 ～花生 ～魄
涨～ ～槽 着～
（二）lào（语）
～架 ～色 ～炕
～枕 ～儿 ～子（一种曲艺）
（三）là（语）
遗落义。
丢三～四 ～在后面

M

脉（除“～～”念 mòmò 外，一律念 mài）
漫 màn（统读）
蔓（一）màn（文）
～延 不～不支
（二）wàn（语）
瓜～ 压～
牤 māng（统读）
氓 máng
流～
芒 máng（统读）
铆 mǎo（统读）
瑁 mào（统读）
虻 méng（统读）
盟 méng（统读）
祢 mí（统读）
眯（一）mí
～了眼（灰尘等入目，也作“迷”）
（二）mī
～了一会儿（小睡）
～缝着眼（微微合目）
靡（一）mí
～费
（二）mǐ
风～ 委～ 披～
秘（除“～鲁”读 bì 外，都读 mì）
泌（一）mì（语）
分～
（二）bì（文）
～阳［地名］
娩 miǎn（统读）
缈 miǎo（统读）
皿 mǐn（统读）
闽 mǐn（统读）
茗 míng（统读）
酩 mǐng（统读）
谬 miù（统读）
摸 mō（统读）
模（一）mó
～范 ～式 ～型

～糊　～特儿
～棱两可
（二）mú
～子　～具　～样
膜 mó（统读）
摩 mó
按～　抚～
嬷 mó（统读）
墨 mò（统读）
耱 mò（统读）
沫 mò（统读）
缪 móu
绸～

N

难（一）nán
困～（或变轻声）
～兄～弟（难得的兄弟，现多用作贬义）
（二）nàn
排～解纷　发～
刁～　责～　～兄～弟（共患难或同受苦难的人）
蝻 nǎn（统读）
蛲 náo（统读）
讷 nè（统读）
馁 něi（统读）
嫩 nèn（统读）
恁 nèn（统读）
妮 nī（统读）
拈 niān（统读）
鲇 nián（统读）
酿 niàng（统读）
尿（一）niào
糖～症
（二）suī（只用于口语名词）
尿（niào）～
～脬
嗫 niè（统读）
宁（一）níng
安～
（二）nìng
～可　无～［姓］
忸 niǔ（统读）
脓 nóng（统读）
弄（一）nòng
玩～
（二）lòng
～堂
暖 nuǎn（统读）
衄 nǜ（统读）
疟（一）nüè（文）
～疾
（二）yào（语）
发～子
娜（一）nuó
婀～　袅～
（二）nà
（人名）

O

殴 ōu（统读）
呕 ǒu（统读）

P

杷 pá（统读）
琶 pá（统读）
牌 pái（统读）
排 pǎi
～子车
迫 pǎi
～击炮
湃 pài（统读）
爿 pán（统读）
胖 pán
心广体～（～为安舒貌）
蹒 pán（统读）
畔 pàn（统读）
乓 pāng（统读）
滂 pāng（统读）
脬 pāo（统读）
胚 pēi（统读）
喷（一）pēn
～嚏
（二）pèn
～香
（三）pen
嚏～
澎 péng（统读）
坯 pī（统读）
披 pī（统读）
匹 pǐ（统读）
僻 pì（统读）
譬 pì（统读）
片（一）piàn
～子　唱～　画～
相～　影～　～儿会
（二）piān（口语一部分词）
～子　～儿　唱～儿
画～儿　相～儿
影～儿
剽 piāo（统读）
缥 piāo
～缈（飘渺）
撇 piē
～弃
聘 pìn（统读）
乒 pīng（统读）
颇 pō（统读）
剖 pōu（统读）
仆（一）pū
前～后继
（二）pú
～从
扑 pū（统读）
朴（一）pǔ
俭～　～素　～质
（二）pō
～刀
（三）pò
～硝　厚～
蹼 pǔ（统读）
瀑 pù
～布
曝（一）pù

一～十寒
(二) bào
～光(摄影术语)
Q
栖 qī
两～
戚 qī(统读)
漆 qī(统读)
期 qī(统读)
蹊 qī
～跷
蛴 qí(统读)
畦 qí(统读)
萁 qí(统读)
骑 qí(统读)
企 qǐ(统读)
绮 qǐ(统读)
杞 qǐ(统读)
槭 qì(统读)
洽 qià(统读)
签 qiān(统读)
潜 qián(统读)
荨(一) qián(文)
～麻
(二) xún(语)
～麻疹
嵌 qiàn(统读)
欠 qian
打哈～
戕 qiāng(统读)
镪 qiāng
～水
强(一) qiáng
～渡 ～取豪夺
～制 博闻～识
(二) qiǎng
勉～ 牵～
～词夺理 ～迫
～颜为笑
(三) jiàng
倔～
襁 qiǎng(统读)
跄 qiàng(统读)
悄(一) qiāo
～～儿的
(二) qiǎo
～默声儿的
橇 qiāo(统读)
翘(一) qiào(语)
～尾巴
(二) qiáo(文)
～首 ～楚 连～
怯 qiè(统读)
挈 qiè(统读)
趄 qie
趔～
侵 qīn(统读)
衾 qīn(统读)
噙 qín(统读)
倾 qīng(统读)
亲 qìng
～家
穹 qióng(统读)
黢 qū(统读)
曲(麯) qū
大～ 红～ 神～
渠 qú(统读)
瞿 qú(统读)
蠼 qú(统读)
苣 qǔ
～荬菜
龋 qǔ(统读)
趣 qù(统读)
雀 què
～斑 ～盲症
R
髯 rán(统读)
攘 rǎng(统读)
桡 ráo(统读)
绕 rào(统读)
任 rén[姓,地名]
妊 rèn(统读)
扔 rēng(统读)
容 róng(统读)
糅 róu(统读)
茹 rú(统读)
孺 rú(统读)
蠕 rú(统读)
辱 rǔ(统读)
挼 ruó(统读)
S
靸 sǎ(统读)
噻 sāi(统读)
散(一) sǎn
懒～ 零零～～
～漫
(二) san
零～
丧 sang
哭～着脸
扫(一) sǎo
～兴
(二) sào
～帚
埽 sào(统读)
色(一) sè(文)
(二) shǎi(语)
塞(一) sè(文)动作义。
(二) sāi(语)名物义,如“活～”、“瓶～”;动作义,如“把洞～住”。
森 sēn(统读)
煞(一) shā
～尾 收～
(二) shà
～白
啥 shá(统读)
厦(一) shà(语)
(二) xià(文)
～门 噶～
杉(一) shān(文)
紫～ 红～ 水～
(二) shā(语)
～篙 ～木

衫 shān（统读）
姗 shān（统读）
苫（一）shàn（动作义，如“～布”）
（二）shān（名物义，如“草～子”）
墒 shāng（统读）
猞 shē（统读）
舍 shè
宿～
慑 shè（统读）
摄 shè（统读）
射 shè（统读）
谁 shéi，又音 shuí
娠 shēn（统读）
什（甚）shén
～么
蜃 shèn（统读）
葚（一）shèn（文）
桑～
（二）rèn（语）
桑～儿
胜 shèng（统读）
识 shí
常～　～货　～字
似 shì
～的
室 shì（统读）
螫（一）shì（文）
（二）zhē（语）
匙 shi
钥～
殊 shū（统读）
蔬 shū（统读）
疏 shū（统读）
叔 shū（统读）
淑 shū（统读）
菽 shū（统读）
熟（一）shú（文）
（二）shóu（语）
署 shǔ（统读）
曙 shǔ（统读）
漱 shù（统读）
戍 shù（统读）
蟀 shuài（统读）
孀 shuāng（统读）
说 shuì
游～
数 shuò
～见不鲜
硕 shuò（统读）
蒴 shuò（统读）
艘 sōu（统读）
嗾 sǒu（统读）
速 sù（统读）
塑 sù（统读）
虽 suī（统读）
绥 suí（统读）
髓 suǐ（统读）
遂（一）suì
不～　毛～自荐
（二）suí
半身不～
隧 suì（统读）
隼 sǔn（统读）
莎 suō
～草
缩（一）suō
收～
（二）sù
～砂密（一种植物）
嗍 suō（统读）
索 suǒ（统读）

T

趿 tā（统读）
鳎 tǎ（统读）
獭 tǎ（统读）
沓（一）tà
重～
（二）ta
疲～
（三）dá
一～纸
苔（一）tái（文）
（二）tāi（语）
探 tàn（统读）
涛 tāo（统读）
悌 tì（统读）
佻 tiāo（统读）
调 tiáo
～皮
帖（一）tiē
妥～　伏伏～～
俯首～耳
（二）tiě
请～　字～儿
（三）tiè
字～　碑～
听 tīng（统读）
庭 tíng（统读）
骰 tóu（统读）
凸 tū（统读）
突 tū（统读）
颓 tuí（统读）
蜕 tuì（统读）
臀 tún（统读）
唾 tuò（统读）

W

娲 wā（统读）
挖 wā（统读）
瓦 wà
～刀
喎 wāi（统读）
蜿 wān（统读）
玩 wán（统读）
惋 wǎn（统读）
脘 wǎn（统读）
往 wǎng（统读）
忘 wàng（统读）
微 wēi（统读）
巍 wēi（统读）
薇 wēi（统读）
危 wēi（统读）
韦 wéi（统读）
违 wéi（统读）
唯 wéi（统读）

圩（一）wéi
～子
（二）xū
～（墟）场
纬 wěi（统读）
委 wěi
～靡
伪 wěi（统读）
萎 wěi（统读）
尾（一）wěi
～巴
（二）yǐ
马～儿
尉 wèi
～官
文 wén（统读）
闻 wén（统读）
紊 wěn（统读）
喔 wō（统读）
蜗 wō（统读）
硪 wò（统读）
诬 wū（统读）
梧 wú（统读）
牾 wǔ（统读）
乌 wù
～拉（也作“靰鞡”）
～拉草
杌 wù（统读）
鹜 wù（统读）

X

夕 xī（统读）
汐 xī（统读）
晰 xī（统读）
析 xī（统读）
皙 xī（统读）
昔 xī（统读）
溪 xī（统读）
悉 xī（统读）
熄 xī（统读）
蜥 xī（统读）
螅 xī（统读）
惜 xī（统读）
锡 xī（统读）
樨 xī（统读）
袭 xí（统读）
檄 xí（统读）
峡 xiá（统读）
暇 xiá（统读）
吓 xià
杀鸡～猴
鲜 xiān
屡见不～　数见不～
锨 xiān（统读）
纤 xiān
～维
涎 xián（统读）
弦 xián（统读）
陷 xiàn（统读）
霰 xiàn（统读）
向 xiàng（统读）
相 xiàng
～机行事
淆 xiáo（统读）
哮 xiào（统读）
些 xiē（统读）
颉 xié
～颃
携 xié（统读）
偕 xié（统读）
挟 xié（统读）
械 xiè（统读）
馨 xīn（统读）
囟 xìn（统读）
行 xíng
操～　德～　发～
品～
省 xǐng
内～　反～　～亲
不～人事
芎 xiōng（统读）
朽 xiǔ（统读）
宿 xiù
星～　二十八～
煦 xù（统读）
蓿 xu
苜～
癣 xuǎn（统读）
削（一）xuē（文）
剥～　～减　瘦～
（二）xiāo（语）
切～　～铅笔　～球
穴 xué（统读）
学 xué（统读）
雪 xuě（统读）
血（一）xuè（文）用于复音词及成语，如“贫～”、“心～”、“呕心沥～”、“～泪史”、“狗～喷头”等。
（二）xiě（语）口语多单用，如“流了点儿～”及几个口语常用词，如“鸡～”、“～晕”、“～块子”等。
谑 xuè（统读）
寻 xún（统读）
驯 xùn（统读）
逊 xùn（统读）
熏 xùn
煤气～着了
徇 xùn（统读）
殉 xùn（统读）
蕈 xùn（统读）

Y

押 yā（统读）
崖 yá（统读）
哑 yǎ
～然失笑
亚 yà（统读）
殷 yān
～红
芫 yán
～荽
筵 yán（统读）
沿 yán（统读）
焰 yàn（统读）

夭 yāo（统读）
肴 yáo（统读）
杳 yǎo（统读）
舀 yǎo（统读）
钥（一）yào（语）
～匙
（二）yuè（文）
锁～
曜 yào（统读）
耀 yào（统读）
椰 yē（统读）
噎 yē（统读）
叶 yè
～公好龙
曳 yè
弃甲～兵　摇～
～光弹
屹 yì（统读）
轶 yì（统读）
谊 yì（统读）
懿 yì（统读）
诣 yì（统读）
艾 yì
自怨自～
荫 yìn（统读）
（“树～”、“林～道”应作“树阴”、“林阴道”）
应（一）yīng
～届　～名儿　～许
提出的条件他都～了
是我～下来的任务
（二）yìng
～承　～付　～声
～时　～验　～邀
～用　～运　～征
里～外合
萦 yíng（统读）
映 yìng（统读）
佣 yōng
～工
庸 yōng（统读）
臃 yōng（统读）
壅 yōng（统读）
拥 yōng（统读）
踊 yǒng（统读）
咏 yǒng（统读）
泳 yǒng（统读）
莠 yǒu（统读）
愚 yú（统读）
娱 yú（统读）
愉 yú（统读）
伛 yǔ（统读）
屿 yǔ（统读）
吁 yù
呼～
跃 yuè（统读）
晕（一）yūn
～倒　头～
（二）yùn
月～　血～　～车
酝 yùn（统读）

Z

匝 zā（统读）
杂 zá（统读）
载（一）zǎi
登～　记～
（二）zài
搭～　怨声～道
重～　装～
～歌～舞
簪 zān（统读）
咱 zán（统读）
暂 zàn（统读）
凿 záo（统读）
择（一）zé
选～
（二）zhái
～不开　～菜　～席
贼 zéi（统读）
憎 zēng（统读）
甑 zèng（统读）
喳 zhā
唧唧～～
轧（除“～钢”、“～辊”念 zhá 外，其他都念 yà）（gá 为方言，不审）
摘 zhāi（统读）
粘 zhān
～贴
涨 zhǎng
～落　高～
着（一）zháo
～慌　～急　～家
～凉　～忙　～迷
～水　～雨
（二）zhuó
～落　～手　～眼
～意　～重
不～边际
（三）zhāo
失～
沼 zhǎo（统读）
召 zhào（统读）
遮 zhē（统读）
蛰 zhé（统读）
辙 zhé（统读）
贞 zhēn（统读）
侦 zhēn（统读）
帧 zhēn（统读）
胗 zhēn（统读）
枕 zhěn（统读）
诊 zhěn（统读）
振 zhèn（统读）
知 zhī（统读）
织 zhī（统读）
脂 zhī（统读）
植 zhí（统读）
殖（一）zhí
繁～　生～　～民
（二）shi
骨～
指 zhǐ（统读）
掷 zhì（统读）
质 zhì（统读）

蛭 zhì（统读）

秩 zhì（统读）

栉 zhì（统读）

炙 zhì（统读）

中 zhōng

人～（人口上唇当中处）

种 zhòng

点～（义同"点播"。动宾结构念 diǎnzhǒng，义为点播种子）

诌 zhōu（统读）

骤 zhòu（统读）

轴 zhòu

大～子戏　压～子

碡 zhou

碌～

烛 zhú（统读）

逐 zhú（统读）

属 zhǔ

～望

筑 zhù（统读）

著 zhù

土～

转 zhuǎn

运～

撞 zhuàng（统读）

幢（一）zhuàng

一～楼房

（二）chuáng

经～（佛教所设刻有经咒的石柱）

拙 zhuō（统读）

茁 zhuó（统读）

灼 zhuó（统读）

卓 zhuó（统读）

综 zōng

～合

纵 zòng（统读）

粽 zòng（统读）

镞 zú（统读）

组 zǔ（统读）

钻（一）zuān

～探　～孔

（二）zuàn

～床　～杆　～具

佐 zuǒ（统读）

唑 zuò（统读）

柞（一）zuò

～蚕　～绸

（二）zhà

～水（在陕西）

做 zuò（统读）

作（除"～坊"读 zuō 外，其余都读 zuò）

说　明

一、本表所审，主要是普通话有异读的词和有异读的作为"语素"的字。不列出多音多义字的全部读音和全部义项，与字典、词典形式不同，例如："和"字有多种义项和读音，而本表仅列出原有异读的八条词语，分列于 hè 和 huo 两种读音之下（有多种读音，较常见的在前。下同）；其余无异读的音、义均不涉及。

二、在字后注明"统读"的，表示此字不论用于任何词语中只读一音（轻声变读不受此限），本表不再举出词例。例如："阀"字注明"fá（统读）"，原表"军阀"、"学阀"、"财阀"条和原表所无的"阀门"等词均不再举。

三、在字后不注"统读"的，表示此字有几种读音，本表只审订其中有异读的词语的读音。例如"艾"字本有 ài 和 yì 两音，本表只举"自怨自艾"一词，注明此处读 yì 音；至于 ài 音及其义项，并无异读，不再赘列。

四、有些字有文白二读，本表以"文"和"语"作注。前者一般用于书面语言，用于复音词和文言成语中；后者多用于口语中的单音词及少数日常生活事物的复音词中。这种情况在必要时各举词语为例。例如："杉"字下注"（一）shān（文）：紫～、红～、水～；（二）shā（语）：～篙、～木"。

五、有些字除附举词例之外，酌加简单说明，以便读者分辨。说明或按具体字义，或按"动作义"、"名物义"等区分，例如："畜"字下注"（一）chù（名物义）：～力、家～、牲～、幼～；（二）xù（动作义）：～产、～牧、～养"。

六、有些字的几种读音中某音用处较窄，另音用处甚宽，则注"除××（较少的词）念乙音外，其他都念甲音"，以避免列举词条繁而未尽、挂一漏万的缺点。例如："结"字下注"除'～了个果子'、'开花～果'、'～巴'、'～实'念 jiē 之外，其他都念 jié"。

七、由于轻声问题比较复杂，除《初稿》涉及的部分轻声词之外，本表一般不予审订，并删去部分原审的轻声词，例如“麻刀（dao）”、“容易（yi）”等。

八、本表酌增少量有异读的字或词，作了审订。

九、除因第二、六、七各条说明中所举原因而删略的词条之外，本表又删汰了部分词条。主要原因是：1. 现已无异读（如“队伍”、“理会”）；2. 罕用词语（如“俵分”、“仔密”）；3. 方言土音（如“归里包堆〔zuī〕”、“告送〔song〕”）；4. 不常用的文言词语（如“刍荛”、“氍毹”）；5. 音变现象（如“胡里八涂〔tū〕”、“毛毛腾腾〔tēngtēng〕”）；6. 重复累赘（如原表“色”字的有关词语分列达 23 条之多）。删汰条目不再编入。

十、人名、地名的异读审订，除原表已涉及的少量词条外，留待以后再审。

现代汉语常用字表[①]

常用字（2 500 字）

1 的一是了不在有人上这大我国来们和个他中说 20
21 到地为以子小就时全可下要十生会也出年得你 40
41 主用那道学工多去发作自好过动对行里能二天 60
61 三同成活太事顺民日家方后都于之分经种还看 80
81 产所起把进前着没而样部长又问法从本定见两 100
101 新现如么力等电开五心只实社水外政很高月业 120
121 当义些加老著四头因向理点合明无机意使第正 140
141 度物想体此知关制然其表重化应各但者间百比 160
161 什儿公做九相气命西话将内与由利今手平量员 180
181 回情几最八能位结性代教次路党六便原军总走 200
201 象口七先常题入给已队战果完反白建革立少文 220
221 打论门东女放期真数展资通农合解叫提或山线 240
241 条别万系已变形它边阶报官决她及争声北求世 260
261 要美再听才运必安取被南接华干区身济共计特 280
281 改吃书马组界议车并海育思设件光强品直许造 300
301 务流治领联金记任受极基质指帮目市快千导花 320
321 科难深保住统管处认志图则研劳每场带亲至根 340
341 更斗收信究且怎近非料何呢热术夫眼交布石达 360
361 步拉众省风据奸增程火团字却油米委色式切望 380
381 器办群观算调母土较请元爱持清广张连压觉识 400
401 林际举即死专局类空单权毛师商孩装批府找往 420
421 王校该未席约照易神克号京转须半习青早规验 440
441 拿服节精树传备钱技讲告德参斯具织集病友谈 460
461 示积亚复厂越支婚历兵胜选整铁势笑院板球河 480
481 吗除准况影倒若格断甚速言采哪离县写台古远 500
501 士感般呀低确晚害细标兴房游消够坐足史飞注 520
521 紧食列失候周破推温英喜片苏首价双赛证木角 540
541 族苦引始哥跟念故助容需落草项功送巴船罢鱼 560
561 虽音试包洋怕似养满防红修田妇银城职止希查 580
581 江站村曾黑段随费黄父续乐块买衣型状视愿投 600
601 司欢效响刻存尽跑坚差滑武纪围阿层划企客底 620
621 屋阳律妈派啊护施富像留认敌吧供皮维什即例 640
641 急第答严轮孔击款息扬叶轻朝率责营雨监忙称 660
661 继固渐医良初刀星按坏帝负待姑夜属密简排均 680
681 显旧啦谁尺云副男致造协靠艺脚换配宽迫洲久 700

① 按频度高低排列，高的在前，低的在后。每行两头的字注明序号。

701 财免旅错姐归令余读创置益穿端抗独某判闻敢 720
721 午冷材春守虫仪态圆岁预宣略源素矿充刚语左 740
741 考仍恩烟构乡酒付画座君逐卖卫跳绝朋降李占 760
761 汽药货救另获微伤奇减策句赶承州终娘案诉右 780
781 依短察芬优杂波居爷限呼停互章纸封央脸普瓶 800
801 演室背饭借顶肯乱班诸床乎善环您困吸假齐福 820
821 慢血激毫担桥讨凭印钟鲜掉零童怪戏述汉尼含 840
841 散钉恶斤肉肆牛模液罪评检范晴变茶香访射烧 860
861 灯兰沙针罗旁替脑输烈练境努径升钢哭突恐贵 880
881 植粉酸削丝误野礼巷冲测麦露否登危搞歌亮欧 900
901 痛唱玩肥超菜攻鼓退藏谢哈暗缺户迎堂训陈敬 920
921 馆险妹移弹景顾课惊播挥熟票夺培棉夏灭抓味 940
941 松掌架静曲粮束赞犯忽编异翻促套脱鼠祖尚尤 960
961 嘴础伟骨潮载威阵闹园磨玉鸡侵竟概抵季执冬 980
981 核补孙遇兄辨弄讯丰顺宝庄永毒托睡枝洞录港 1000
1001 宗纳甲盖胡倍稳届附庭泥镇贫岛毕洗笔煤亿卡 1020
1021 盘弱街损耳控狗晓铜末镜楼败航寻湖恼介宁招 1040
1041 凤爸咱蒙混麻昨雷份索店探舞摇横凡岸莫龙沿 1060
1061 临启盛操羊雄销伸鸟奶塞额吹幕途陆筑齿扩括 1080
1081 缘阴阴拜猪旗绿氏私冰聪谋穷献沉抢灰践奋警 1100
1101 秋召绩敞触休瓦征疑残析透欲壁狠剧牙幸苗氧 1120
1121 妻怀喝荣篇订巨贸顿版剂瞧挂摆楚税厚抱握虎 1140
1141 健卷胞刺忘炉逃缩偏隔聚窗庆寨追序喊软闭刘 1160
1161 亩醒伯遍抽杆亡盾唯枪杯姓谷硬灵晨袋皆圈域 1180
1181 鲁勇暴雪恨械惯寸津绍佛墙粒染井乙薄奖奴乃 1200
1201 迅汗映猫彩蛋牌盐距桌股吨皇奏辛伐涉箱网盟 1220
1121 振秩寒净博泪折诗矛裂湿尊延彻幼番劝糖洁稻 1240
1241 粗禁遣尾菌废裁燃伙愈丹瞒徒拍捉汇牧珠稿灾 1260
1261 浪援怒堆避怜纯智丽雕铺驻拖康典妙岩浅抬坦 1280
1281 瓜杨壮俗彼督耐勒赵剥虚钻乘繁勤殖贝贯脉兔 1300
1301 纷尖缓圣遗祝迷洪库惜炮择竹忍鉴渡辆柱碎池 1320
1321 旋川塔耕柴审辞插债湾震纵呆株宫遭签允扫累 1340
1341 鞋螺奔贡宜擦暖趣润侧冒猛迹骂旱豆帽爬迟饮 1360
1361 巧乌鬼释寄仪慌悟甘壤诚淡冠沈梦荷页丈伍憧 1380
1381 祥爆厅碗滚授玻奉捕乏扎墨词夹摄仙艰秘泻倘 1400
1401 婆唤垂悉喷炼糊涂叹丁壳泰鸣予倾贺舍虑秀朗 1420
1421 售腿妄稍奥辈辟斜叔宪腐幅挑锦劲璃腰沈乒阀 1440
1441 吉森荒邻泛蜂闪灌疗隶竞耗卵辩剩厘割添颜障 1460
1461 臣吴扇亏拔珍黎胶绕仁偷伏仔暂荡欺违棒患贴 1480
1481 骗貌潜浮赏锋晶拥殊唐赤宾默刑币鼻污泼祸刊 1500
1501 胆衡纺沟悲纤扶撤揭泽渔孤呈巩申狐姻漏恰胸 1520
1521 摸励仿戴盆妥融辉邮梁哲纱宋炭唉仗盗挖碰朱 1540

1541 截符狂疾毁购邀肃饰恢骤贼顽扑磁袖肚耀纹牲 1560
1561 栽龄鉴纲紫闷役阅燕坡咬刷拾肩缝储踏峰绳烂 1580
1581 柳颗忠蒸挤覆乳匪租吐帐搬旨碍欠详瞎阔搭钉 1600
1601 嫂弃兼蓄趁腾塑徐贴雅尘鹊芽陷蝇筒饼稀畜焦 1620
1621 饿炸岂臂宿饲喂凉豪倡籍丢舒摩侮忧眉猴尝凶 1640
1641 朵郎闯凝誉饱弯袭腹秤遵叙窝脂税跌拆拒键秒 1660
1661 瑞冻昼艇趋驾昌斑箭俱寿汤跃偶烦盂绪牵牢兽 1680
1681 仰桑谅隐妨悄忆耻泉汪蚊慰递滴屈吓扰篮筹悉 1700
1701 铃葡佩剑仇享犹悬密卧槽缸逼嫁劣罚丧漠柔宴 1720
1721 锅歇抛昏羽滋梅庙铸拨戒蓝码剪敲闲译岭挺驱 1740
1741 掘瘦匹蛇扣撞乞猜骑敏矮巡杜埋锻郑昆狼桃肝 1760
1761 疮蚕鸦症苍轨伴隆赖惠陪返惨轰屡伪勿膜贪捐 1780
1781 棋叛翁辽橡浙舌贷雀晴椅勉涨俩琴吊册棍弦鸭 1800
1801 舅恭爹愧辱甸旦匠摘吵匀壶笼遮饥筋巾傅拼宅 1820
1821 愤肤愚循链隙粘赔飘捧蓬哀孝漆穗乔侨辅躲渠 1840
1841 丙锁狡拳脏谊眠宇墓梯芳崇涌衰蚀疆岗塘疯铅 1860
1861 迈泡厌浆骄甜惑竭拓凯辽滩仙绑逢栏梗赴恐慎 1880
1881 扯厉仆慈冤穴嚷吞嫩杰携桂糕柜慕怨浇柏悔贤 1900
1901 浸陶描胀偿掩鹿腊醉翼柄丑催丛昂薪浑纠棵跨 1920
1921 咐尸睁咳萄晒酬肠腔钞龟惭熊劫戚猎鹅霉挽仓 1940
1941 舰扭御溪蜡填虾胁爪霸牺串餐臭雾绣络漫妖堡 1960
1961 赠狮鄙驴卜竿厨绸蚁锐洒弓燥婶狱暑姨佳炎颂 1980
1981 畅驶嘱贞羞踢捷绘蔬煮廉挡鹰滤旺葛烛刮财锡 2000
2001 询汁弊砖枯矩殿桶坑傲辰顷膀峡轧熔滩魂撒逆 2020
2021 颈溜漂梳慧躺茎吩疏盼舟淋郊欣恳堪衫誓裳罐 2040
2041 晋扔驰抖粪驼棚爽谱枣嫌谣竖肺侍挨菊狸犬陕 2060
2061 酱饶裕姿剖歪勾歼卸脾滨翅疼毅搁陵冶贩蛙皱 2080
2081 僚怠躬宏颠蚂垫摊秆袍惹披泳蝶缠娃抹叨棕斥 2300
2101 董档诱泊侦葬朴垦券疫恒碧骆浩堵脆鞠慨丘酷 2320
2121 茫疲砍绒渗胃蹲纽盈址痕糟匆溉搜拘轿宙诊叮 2340
2141 稼拌贱膨狭押惰肿盲摔佣霞碑芦摧钧脊痰堤艘 2360
2361 蒜滔橘浴蠢廊惕陡裙哑宰淹喇倚粱垮拐忌瓣逗 2380
2381 脖伶斧踩膊屯搏蹄肾芝韵耽匙劈挠涝躁俘吼碌 2400
2401 辫圾筐膛猾绞笛旷嚼扒乖秃拉糠诵甩窜粥斩僻 2420
2421 煌熄锣眨樱丸蛛贿歉胜拴钥筝崭晖烫眯蜘虏雹 2440
2441 笨嗽澡榨雁椒炊娱谜栗啄寇稠讽笋镘侄魄宵煎 2460
2461 揪辜厕殃茄撇聋幕岔槐痒虹捎勺睬葵栋蹦绢搂 2480
2481 柿趴榆镰删捡剃咏蜓疤蜻挎箩锹菠饺叼芹姥馋 2500

次常用字（1 000 字）

2501 尔昵侯兜轴伊谓乾哩萨措溶爵犀邦俄埃彪柬琳 2520
2521 频砂迂硫伦廷赫综函宦呵诺碳洛泵署焊菲咧姊 2540
2541 嗡袁磷秦滞娶媳哎姆雇贾澳颇胎碱枚卢氢奈辑 2560

2561 曼莱艾譬氯拟寂儒隅勃戈吏吁啥翔渤赐阐邓穆 2580
2581 铝蝙锥弧仲瓷敦凌蟹舶祈缚凛怔铣履硅匈郭卑 2600
2601 凸韩氨抑契贮甫昭卓梧谬磅魏钠霍谴芯氮蒋帕 2620
2621 钙褐哼辐杭勘淀衷蒂微俺菩涕癌勋敷刨兢饮坯 2640
2641 鹏拱纬椿颁哟媒讼狷吱账酵暇唔诡肖钾粹蒲硝 2660
2661 丐曹棱巢掷歧凹淮拓醇裸咨籽珊姚捂豫聘屏氛 2680
2681 衍熙栈彭蜗禀逸凿潘蝗鸿瞪绅苇藤吕瘤驮服湘 2700
2701 崩棘觅粤涡卿衙靖腺舆罕逻辖枢诬趾幽缔赋锭 2720
2721 锌冯寡斋涤婿浦玛谐萧刹溃嘿孵馏坎雌岳宠胚 2740
2741 晰捣奠祭弥挫怯吟拧婴叭吻篷疟玫栓颖玄桩屁 2760
2761 泣诈簇缆墩瞬蔗噪韧篡肪寓啼殷憾耸峻恕焚玲 2780
2781 鼎甸兑饵稚鹤凄痴椭逊豹檐溢板逛碟沼蹁鳄棺 2800
2801 迄蛉嵌镀雏枉稽咒瑰沥喧彰庇泌砸搀灼茬萎鳞 2820
2821 咕杉淑坠栖焕糙蝉僧邢嚣闺螟嘲镶葫汛筷苟铭 2840
2841 忿骚昧潭昔礁硬畔梭懈讥乍厢豁澄囚矢栅蔓聊 2860
2861 沪颊惶遂虐嗅鲸鞍尉撮恍喻耿仓鹉眷椎荆汰缅 2880
2881 拙琼谭磕剿耙汞靴鲤藻蚜洼枫煞褂懊烹杖赦睦 2900
2901 蕴窑夷瞻蕾苔魁渊锰钝熏翰楞宛矫菱啡簿捍蔫 2920
2921 溅歹篱闽汹媚隧畦硕妆芭蚌捻腕揖堕薛聂哺亥 2940
2941 伺寝捶秉簸氓碛壕廓蹬褥佑骇躯鳍淫毡竣舵眶 2960
2961 囱翘揩椰碘钧咖蓉寞熬蛹赎净橱膳驯庶窟瑟隘 2980
2981 娜朦羔酌圃黍蟆呕巍畸擅柑钮畴彬缕屉砚楔腻 3000
3001 沛咙缀茸苛卤荔袱搓茵淤窍玷琐憎阉募肴揽鸵 3020
3201 撰襟徒铡鹦琢讶坪绷嘶拂靶砾崔匣啸慷秽啤菇 3040
3221 匾匿侈憋呛铆揣撼濒踩谆惦嘀蔼抒羹巫芋阱幢 3240
3241 晦敛桦峦鸳瘫腋邑琅桅鸯淳霹笙颓瘩铛骏侣蘑 3260
3261 旭蘸悍奕茉漱屹曙漾涧垢湃坞芜瓢叽唬偏纫愕 3280
3281 傀狈轩昙侠鹃蚓跋榕谚谤莺赘肛懦莹捺赂鬓弛 3300
3301 冗楷嗤蛊掰蚯呻瘪诽绎沧臊矗酣篓掐楣柠孳揍 3320
3321 侥殴祟箕掖梆岖遏檬窒幌唆臀琉矾雳呔唠喊娩 3340
3341 拷幔翩蒿缭酪蹋箫擎捅蚣悯薇樊憨蜓缰剑荠紊 3360
3361 蜈沮诲掂澎抡惋酗碴撵蛆吭舔跛跷倔泞辙蹭沽 3380
3381 螃瘾杈夯靡炫眷绰翎蛀舷蝎麸诅碉摹偎癞掸咭 3400
3401 蓖赊韭蚤藕狞芙褪焙肮璧嫡痪腌嫉锹凫嘹墅榔 3420
3421 疚燎惫讹藐恬膘袒夭牍撬篙缤锉疹蹂檀囤猬镐 3440
3441 蝌馁肆膀荞嚎蚪芍咪盹辕秕衩噩筏娄憔缨坷吝 3460
3461 涣镣茴闰悴裆褒脐鳖痉抠镊铐赡飒漩瓤蛔秫匕 3480
3481 瞳痘馍苫筲滓癣狰玖楱潦贰参涮瘸捌檀柒瞭啰 3500
（附注：最后二字缺少频度资料，暂放于此）

第一批异形词整理表

中华人民共和国教育部国家语言文字工作委员会发布

（2002 年 3 月 31 日试行）

1 范围

本规范是推荐性试行规范。根据“积极稳妥、循序渐进、区别对待、分批整理”的工作方针，选取了普通话书面语中经常使用、公众的取舍倾向比较明显的 338 组（不含附录中的 44 组）异形词（包括词和固定短语）作为第一批进行整理，给出了每组异形词的推荐使用词形。

本规范适用于普通话书面语，包括语文教学、新闻出版、辞书编纂、信息处理等方面。

2 规范性引用文件

第一批异体字整理表（1955 年 12 月 22 日中华人民共和国文化部、中国文字改革委员会发布）

汉语拼音方案（1958 年 2 月 11 日中华人民共和国第一届全国人民代表大会第五次会议批准）

普通话异读词审音表（1985 年 12 月 27 日国家语言文字工作委员会、国家教育委员会和广播电视部发布）

简化字总表（1986 年 10 月 10 日经国务院批准国家语言文字工作委员会重新发表）

现代汉语常用字表（1988 年 1 月 26 日国家语言文字工作委员会、国家教育委员会发布）

现代汉语通用字表（1988 年 3 月 25 日国家语言文字工作委员会、中华人民共和国新闻出版署发布）

GB/T 16159—1996　汉语拼音正词法基本规则

3 术语

3.1　异形词（variant forms of the same word）

普通话书面语中并存并用的同音（本规范中指声、韵、调完全相同）、同义（本规范中指理性意义、色彩意义和语法意义完全相同）而书写形式不同的词语。

3.2　异体字（variant forms of a Chinese character）

与规定的正体字同音、同义而写法不同的字。本规范中专指被《第一批异体字整理表》淘汰的异体字。

3.3　词形（word form/lexical form）

本规范中指词语的书写形式。

3.4　语料（corpus）

本规范中指用于词频统计的普通话书面语中的语言资料。

3.5　词频（word frequency）

在一定数量的语料中同一个词语出现的频度，一般用词语的出现次数或覆盖率来表示。本规范中指词语的出现次数。

4 整理异形词的主要原则

现代汉语中异形词的出现有一个历史发展过程，涉及形、音、义等多个方面。整理异形词必须全面考虑、统筹兼顾。既立足于现实，又尊重历史；既充分注意语言的系统性，又承认发展演变中的特殊情况。

4.1 通用性原则

根据科学的词频统计和社会调查，选取公众目前普遍使用的词形作为推荐词形。把通用性原则作为整理异形词的首要原则，这是由语言的约定俗成的社会属性所决定的。据多方考察，90%以上的常见异形词在使用中词频逐渐出现显著性差异，符合通用性原则的词形绝大多数与理据性等原则是一致的。即使少数词频高的词形与语源或理据不完全一致，但一旦约定俗成，也应尊重社会的选择。如“毕恭毕敬 24——必恭必敬 0”（数字表示词频，下同），从源头来看，“必恭必敬”出现较早，但此成语在流传过程中意义发生了变化，由“必定恭敬”演变为“十分恭敬”，理据也有了不同。从目前的使用频率看，“毕恭毕敬”通用性强，故以“毕恭毕敬”为推荐词形。

4.2 理据性原则

某些异形词目前较少使用，或词频无显著性差异，难以依据通用性原则确定取舍，则从词语发展的理据性角度推荐一种较为合理的词形，以便于理解词义和方便使用。如“规诫 1——规戒 2”，“戒”“诫”为同源字，在古代二者皆有“告诫”和“警戒”义，因此两词形皆合语源。但现代汉语中“诫”多表“告诫”义，“戒”多表“警戒”义，“规诫”是以言相劝，“诫”的语素义与词义更为吻合，故以“规诫”为推荐词形。

4.3 系统性原则

词汇内部有较强的系统性，在整理异形词时要考虑同语素系列词用字的一致性。如“侈靡 0——侈糜 0 | 靡费 3——糜费 3”，根据使用频率，难以确定取舍。但同系列的异形词“奢靡 87——奢糜 17”，前者占有明显的优势，故整个系列都确定以含“靡”的词形为推荐词形。

以上三个原则只是异形词取舍的三个主要侧重点，具体到每组词还需要综合考虑决定取舍。

另外，目前社会上还流行着一批含有非规范字（即国家早已废止的异体字或已简化的繁体字）的异形词，造成书面语使用中的混乱。这次选择了一些影响较大的列为附录，明确作为非规范词形予以废除。

5 《第一批异形词整理表》说明

5.1 本表研制过程中，用《人民日报》1995—2000 年全部作品作语料对异形词进行词频统计和分析，并逐条进行人工干预，尽可能排除电脑统计的误差，部分异形词还用《人民日报》1987—1995 年语料以及 1996—1997 年的 66 种社会科学杂志和 158 种自然科学杂志的语料进行了抽样复查。同时参考了《现代汉语词典》《汉语大词典》《辞海》《新华词典》《现代汉语规范字典》等工具书和有关讨论异形词的文章。

5.2 每组异形词破折号前为选取的推荐词形。表中需要说明的个别问题，以注释方式附在表后。

5.3 本表所收的条目按首字的汉语拼音音序排列，同音的按笔画数由少到多排列。

5.4 附录中列出的非规范词形置于圆括号内，已淘汰的异体字和已简化的繁体字在左上角用“*”号标明。

第一批异形词整理表

A

按捺—按纳

按语—案语

B

百废俱兴—百废具兴
百叶窗—百页窗
斑白—班白、颁白
斑驳—班驳
孢子—胞子
保镖—保镳
保姆—保母、褓姆
辈分—辈份
本分—本份

笔画—笔划
毕恭毕敬—必恭必敬
编者按—编者案
扁豆—萹豆、稨豆、藊豆
标志—标识
鬓角—鬓脚
秉承—禀承
补丁—补靪、补钉

C

参与—参预
惨淡—惨澹
差池—差迟
掺和—搀和①
掺假—搀假
掺杂—搀杂
铲除—刬除
徜徉—倘佯
车厢—车箱
彻底—澈底
沉思—沈思②
称心—趁心

成分—成份
澄澈—澄彻
侈靡—侈糜
筹划—筹画
筹码—筹马
踌躇—踌蹰
出谋划策—出谋画策
喘吁吁—喘嘘嘘
瓷器—磁器
赐予—赐与
粗鲁—粗卤

D

搭档—搭当、搭挡
搭讪—搭赸、答讪
答复—答覆
戴孝—带孝
担心—耽心
担忧—耽忧
耽搁—担搁
淡泊—澹泊
淡然—澹然
倒霉—倒楣
低回—低徊③
凋敝—雕敝、雕弊④
凋零—雕零
凋落—雕落
凋谢—雕谢

跌宕—跌荡
跌跤—跌交
喋血—蹀血
叮咛—丁宁
订单—定单⑤
订户—定户
订婚—定婚
订货—定货
订阅—定阅
斗拱—枓拱、枓栱
逗留—逗遛
逗趣儿—斗趣儿
独角戏—独脚戏
端午—端五

E

二黄—二簧

二心—贰心

F

发酵—（酦）酵

发人深省—发人深醒

繁衍—蕃衍

吩咐—分付

分量—份量

分内—份内

分外—份外

分子—份子[⑥]

愤愤—忿忿

丰富多彩—丰富多采

风瘫—疯瘫

疯癫—疯颠

锋芒—锋铓

服侍—伏侍、服事

服输—伏输

服罪—伏罪

负隅顽抗—负嵎顽抗

附会—傅会

复信—覆信

覆辙—复辙

G

干预—干与

告诫—告戒

耿直—梗直、鲠直

恭维—恭惟

勾画—勾划

勾连—勾联

孤苦伶仃—孤苦零丁

辜负—孤负

古董—骨董

股份—股分

骨瘦如柴—骨瘦如豺

关联—关连

光彩—光采

归根结底—归根结柢

规诫—规戒

鬼哭狼嚎—鬼哭狼嗥

过分—过份

H

蛤蟆—虾蟆

含糊—含胡

含蓄—涵蓄

寒碜—寒伧

喝彩—喝采

喝倒彩—喝倒采

轰动—哄动

弘扬—宏扬

红彤彤—红通通

宏论—弘论

宏图—弘图、鸿图

宏愿—弘愿

宏旨—弘旨

洪福—鸿福

狐臭—胡臭

蝴蝶—胡蝶

糊涂—胡涂

琥珀—虎魄

花招—花着

划拳—豁拳、搳拳

恍惚—恍忽

辉映—晖映

溃脓—殨脓

浑水摸鱼—混水摸鱼

伙伴—火伴

J

机灵—机伶

骄奢淫逸—骄奢淫佚

激愤—激忿
计划—计画
纪念—记念
寄予—寄与
夹克—茄克
嘉宾—佳宾
驾驭—驾御
架势—架式
嫁妆—嫁装
简练—简炼
角门—脚门
狡猾—狡滑
脚跟—脚根
叫花子—叫化子
精彩—精采
纠合—鸠合
纠集—鸠集
就座—就坐
角色—脚色

K

克期—刻期
克日—刻日
刻画—刻划
阔佬—阔老

L

褴褛—蓝缕
烂漫—烂缦、烂熳
狼藉—狼籍
榔头—狼头、鎯头
累赘—累坠
黧黑—黎黑
连贯—联贯
连接—联接
连绵—联绵[7]
连缀—联缀
联结—连结
联袂—连袂
联翩—连翩
踉跄—踉蹡
嘹亮—嘹喨
缭乱—撩乱
伶仃—零丁
囹圄—囹圉
溜达—蹓跶
流连—留连
喽啰—喽罗、偻啰
鲁莽—卤莽
录像—录象、录相
络腮胡子—落腮胡子
落寞—落漠、落莫

M

麻痹—痲痹
麻风—痲风
麻疹—痲疹
马蜂—蚂蜂
马虎—马糊
门槛—门坎
靡费—糜费
绵连—绵联
腼腆—靦覥
模仿—摹仿
模糊—模胡
模拟—摹拟
摹写—模写
摩擦—磨擦
摩拳擦掌—磨拳擦掌
磨难—魔难
脉脉—眽眽
谋划—谋画

N

那么—那末
内讧—内哄
凝练—凝炼
牛仔裤—牛崽裤
纽扣—钮扣

P

扒手—掱手

盘根错节—蟠根错节

盘踞—盘据、蟠踞、蟠据

盘曲—蟠曲

盘陀—盘陁

磐石—盘石、蟠石

蹒跚—盘跚

彷徨—旁皇

披星戴月—披星带月

疲沓—疲塌

漂泊—飘泊

漂流—飘流

飘零—漂零

飘摇—飘飖

凭空—平空

Q

牵连—牵联

憔悴—蕉萃

清澈—清彻

情愫—情素

拳拳—惓惓

劝诫—劝戒

R

热乎乎—热呼呼

热乎—热呼

热衷—热中

人才—人材

日食—日蚀

入座—入坐

S

色彩—色采

杀一儆百—杀一警百

鲨鱼—沙鱼

山楂—山查

舢板—舢舨

艄公—梢公

奢靡—奢縻

申雪—伸雪

神采—神彩

湿漉漉—湿渌渌

什锦—十锦

收服—收伏

首座—首坐

书简—书柬

双簧—双锁

思维—思惟

死心塌地—死心踏地

T

踏实—塌实

甜菜—菾菜

铤而走险—挺而走险

透彻—透澈

图像—图象

推诿—推委

W

玩意儿—玩艺儿

魍魉—蝄蜽

诿过—委过

乌七八糟—污七八糟

无动于衷—无动于中

毋宁—无宁

毋庸—无庸

五彩缤纷—五采缤纷

五劳七伤—五痨七伤

X

息肉—瘜肉

稀罕—希罕

相貌—像貌

潇洒—萧洒

稀奇—希奇
稀少—希少
稀世—希世
稀有—希有
翕动—噏动
洗练—洗炼
贤惠—贤慧
香醇—香纯
香菇—香菰

小题大做—小题大作
卸载—卸儎
信口开河—信口开合
惺忪—惺松
秀外慧中—秀外惠中
序文—叙文
序言—叙言
训诫—训戒

Y

压服—压伏
押韵—压韵
鸦片—雅片
扬琴—洋琴
要么—要末
夜宵—夜消
一锤定音—一槌定音
一股脑儿—一古脑儿
衣襟—衣衿
衣着—衣著
义无反顾—义无返顾
淫雨—霪雨
盈余—赢余
影像—影象
余晖—余辉

渔具—鱼具
渔网—鱼网
与会—预会
与闻—预闻
驭手—御手
预备—豫备[8]
原来—元来
原煤—元煤
原原本本—源源本本、元元本本
缘故—原故
缘由—原由
月食—月蚀
月牙—月芽
芸豆—云豆

Z

杂沓—杂遝
再接再厉—再接再砺
崭新—斩新
辗转—展转
战栗—颤栗[9]
账本—帐本[10]
折中—折衷
这么—这末
正经八百—正经八摆
芝麻—脂麻
肢解—支解、枝解

直截了当—直捷了当、直接了当
指手画脚—指手划脚
周济—赒济
转悠—转游
装潢—装璜
孜孜—孳孳
姿势—姿式
仔细—子细
自个儿—自各儿
佐证—左证

注　释

①“掺”“搀”实行分工：“掺”表混合义，“搀”表搀扶义。

②“沉”本为“沈”的俗体，后来“沉”字成了通用字，与“沈”并存并用，并形成了许多异形词，如“沉没—沈没｜沉思—沈思｜深沉—深沈”等。现在“沈”只读 shěn，用于姓氏。地名沈阳的“沈”是“瀋”的简化字。表示“沉没”及其引申义，现在一般写作“沉”，读 chén。

③《普通话异读词审音表》审定“徊”统读 huái。“低回”一词只读 dīhuí，不读 dīhuái。

④“凋”“雕”古代通用，1955 年《第一批异体字整理表》曾将“凋”作为“雕”的异体字予以淘汰。1988 年《现代汉语通用字表》确认“凋”为规范字，表示“凋谢”及其引申义。

⑤“订”“定”二字中古时本不同音，演变为同音字后，才在“预先约定”的义项上通用，形成了一批异形词。不过近几十年二字在此共同义项上又发生了细微的分化：“订”多指事先经过双方商讨的，只是约定，并非确定不变的；“定”侧重在确定，不轻易变动。故有些异形词现已分化为近义词，但本表所列的“订单—定单”等仍为全等异形词，应依据通用性原则予以规范。

⑥此词是指属于一定阶级、阶层、集团或具有某种特征的人，如“地主～｜知识～｜先进～”。与分母相对的“分子”、由原子构成的“分子”（读 fēnzǐ）、凑份子送礼的“份子”（读 fènzi），音、义均不同，不可混淆。

⑦“联绵字”“联绵词”中的“联”不能改写为“连”。

⑧“预”“豫”二字，古代在“预先”的意义上通用，故形成了“预备—豫备｜预防—豫防｜预感—豫感｜预期—豫期”等 20 多组异形词。现在此义项已完全由“预”承担。但考虑到鲁迅等名家习惯用“豫”，他们的作品影响深远，故列出一组特作说明。

⑨“颤”有两读，读 zhàn 时，表示人发抖，与“战”相通；读 chàn 时，主要表物体轻微振动，也可表示人发抖，如“颤动”既可用于物，也可用于人。什么时候读 zhàn，什么时候读 chàn，很难从意义上把握，统一写作“颤”必然会给读者带来一定困难，故宜根据目前大多数人的习惯读音来规范词形，以利于稳定读音，避免混读。如“颤动、颤抖、颤巍巍、颤音、颤悠、发颤”多读 chàn，写作“颤”；“战栗、打冷战、打战、胆战心惊、冷战、寒战”等词习惯多读 zhàn，写作“战”。

⑩“账”是“帐”的分化字。古人常把账目记于布帛上悬挂起来以利保存，故称日用的账目为“帐”。后来为了与帷帐分开，另造形声字“账”，表示与钱财有关。“账”“帐”并存并用后，形成了几十组异形词。《简化字总表》《现代汉语通用字表》中“账”“帐”均收，可见主张分化。二字分工如下：“账”用于货币和货物出入的记载、债务等，如“账本、报账、借账、还账”等；“帐”专表用布、纱、绸子等制成的遮蔽物，如“蚊帐、帐篷、青纱帐（比喻用法）”等。

附　录

含有非规范字的异形词（44 组）

抵触（*牴触）

抵牾（*牴牾）

喋血（*啑血）

仿佛（彷*佛、*髣*髴）

飞扬（飞*颺）
氛围（*雰围）
构陷（*搆陷）
浩渺（浩*淼）
红果儿（红*菓儿）
胡同（*衚*衕）
糊口（*餬口）
蒺藜（蒺*蔾）
家伙（*傢伙）
家具（*傢具）
家什（*傢什）
侥幸（*儌*倖、徼*倖）
局促（*侷促、*跼促）
撅嘴（*噘嘴）
克期（*剋期）
空蒙（空*濛）
昆仑（*崑*崙）
劳动（劳*働）
绿豆（*菉豆）
马扎（马*劄）
蒙眬（*矇眬）
蒙蒙（*濛*濛）
弥漫（*瀰漫）
弥蒙（*瀰*濛）
迷蒙（迷*濛）
渺茫（*淼茫）
飘扬（飘*颺）
憔悴（*顦*顇）
轻扬（轻*颺）
水果（水*菓）
趟地（*蹚地）
趟浑水（*蹚浑水）
趟水（*蹚水）
纨绔（纨*袴）
丫杈（*椏杈）
丫枝（*椏枝）
殷勤（*慇*懃）
札记（*劄记）
枝丫（枝*椏）
跖骨（*蹠骨）

图书在版编目（CIP）数据

《现代汉语》练习与参考/张谊生主编. —北京：中国人民大学出版社，2013.7
21 世纪中国语言文学系列教材
ISBN 978-7-300-17728-1

Ⅰ.①现… Ⅱ.①张… Ⅲ.①现代汉语—高等学校—教学参考资料 Ⅳ.①H109.4

中国版本图书馆 CIP 数据核字（2013）第 141802 号

21 世纪中国语言文学系列教材
《现代汉语》练习与参考
张谊生 主 编
Xiandai Hanyu Lianxi yu Cankao

出版发行	中国人民大学出版社		
社　　址	北京中关村大街 31 号	**邮政编码**	100080
电　　话	010－62511242（总编室）		010－62511770（质管部）
	010－82501766（邮购部）		010－62514148（门市部）
	010－62515195（发行公司）		010－62515275（盗版举报）
网　　址	http://www.crup.com.cn		
经　　销	新华书店		
印　　刷	北京市鑫霸印务有限公司		
开　　本	787 mm×1092 mm　1/16	**版　　次**	2013 年 9 月第 1 版
印　　张	16 插页 1	**印　　次**	2023 年 6 月第 2 次印刷
字　　数	393 000	**定　　价**	49.00 元

关联课程教材推荐

ISBN	书名	作者	单价（元）
978-7-300-22073-4	古代汉语（第二版）	殷国光　赵彤	39.80
978-7-300-22534-0	汉语史纲要（第二版）	殷国光　等	55.00
978-7-300-29629-6	汉语音韵学概论（第二版）	赵彤	35.00
978-7-300-20237-2	交际语言学（第二版）	岑运强	38.00
978-7-300-26570-4	现代汉语（第二版·数字教材版）	张谊生	68.00
978-7-300-28454-5	应用语言学纲要（第三版）	齐沪扬　陈昌来	49.00
978-7-300-30672-8	语言学概论（第五版）	周士宏　岑运强	49.00
978-7-300-29638-8	中文学科论文写作（第三版）	卢卓群　普丽华	49.00

配套教学资源支持

尊敬的老师：

衷心感谢您选择人大版教材！相关的配套教学资源，请到中国人民大学出版社官网（www. crup. com. cn）下载。部分教学资源需要验证您的教师身份后，才可以下载。请您登录出版社官网后，点右上角"注册"，填写"会员中心"的"我的教师认证"项目，等待后台审核。我们将尽快为您开通下载权限。

如您急需教学资源或教材样书，也可以直接与我们的编辑联系。

联系人：龚洪训　　电话：010－62515637　　电子邮箱：6130616@qq. com

欢迎加入全国汉语言文学教师群（QQ 群号：1062057602），交流教学心得，分享教学资源。

俯仰天地　心系人文

www. crup. com. cn

中国人民大学出版社

欢迎登录浏览，了解图书信息，下载教学资源